L'AMOUR AU DÉFI

Données de catalogage avant publication (Canada)

Suzanne, Natalie
 L'amour au défi : mieux comprendre sa vie affective et sexuelle

 1. Sexualité. 2. Affectivité. I. Titre.

HQ21.S89 2002   306.7   C2002-941151-3

DISTRIBUTEURS EXCLUSIFS :

- Pour le Canada
  et les États-Unis :
  MESSAGERIES ADP*
  955, rue Amherst
  Montréal, Québec
  H2L 3K4
  Tél. : (514) 523-1182
  Télécopieur : (514) 939-0406
  * Filiale de Sogides ltée

- Pour la France et les autres pays :
  VIVENDI UNIVERSAL PUBLISHING SERVICES
  Immeuble Paryseine, 3, Allée de la Seine
  94854 Ivry Cedex
  Tél. : 01 49 59 11 89/91
  Télécopieur : 01 49 59 11 96
  Commandes : Tél. : 02 38 32 71 00
  Télécopieur : 02 38 32 71 28

- Pour la Suisse :
  VIVENDI UNIVERSAL PUBLISHING SERVICES SUISSE
  Case postale 69 - 1701 Fribourg - Suisse
  Tél. : (41-26) 460-80-60
  Télécopieur : (41-26) 460-80-68
  Internet : www.havas.ch
  Email : office@havas.ch
  DISTRIBUTION : OLF SA
  Z.I. 3, Corminbœuf
  Case postale 1061
  CH-1701 FRIBOURG
  Commandes : Tél. : (41-26) 467-53-33
  Télécopieur : (41-26) 467-54-66

- Pour la Belgique et le Luxembourg :
  VIVENDI UNIVERSAL PUBLISHING SERVICES BENELUX
  Boulevard de l'Europe 117
  B-1301 Wavre
  Tél. : (010) 42-03-20
  Télécopieur : (010) 41-20-24
  http://www.vups.be
  Email : info@vups.be

Pour en savoir davantage sur nos publications,
visitez notre site : **www.edhomme.com**
Autres sites à visiter : www.edjour.com
www.edtypo.com • www.edvlb.com
www.edhexagone.com • www.edutilis.com

© 2002, Les Éditions de l'Homme,
une division du groupe Sogides

Tous droits réservés

Dépôt légal : 3ᵉ trimestre 2002
Bibliothèque nationale du Québec

ISBN 2-7619-1738-3

Gouvernement du Québec – Programme de crédit d'impôt pour l'édition de livres – Gestion SODEC.

L'Éditeur bénéficie du soutien de la Société de développement des entreprises culturelles du Québec pour son programme d'édition.

Nous reconnaissons l'aide financière du gouvernement du Canada par l'entremise du Programme d'aide au développement de l'industrie de l'édition (PADIÉ) pour nos activités d'édition.

Natalie Suzanne
sexologue clinicienne et psychothérapeute

L'AMOUR AU DÉFI

Mieux comprendre sa vie affective et sexuelle

À Madeleine, ma mère, et à Marcel, mon père.
Je suis très heureuse de vous avoir choisis comme parents. Sans vos forces et vos faiblesses, je ne serais jamais devenue ce que je suis, et ce dont je suis fière.

À ma grande sœur, Sylvie.
J'ai cinq ans. Tu as neuf ans. Je t'aperçois de loin et mon cœur s'arrête. Ton manteau de couleur orange te sied bien, à l'image de la chaleur que je ressens à l'idée de te serrer dans mes bras. Mais je ne dis rien et je resterai longtemps sans rien dire, trop longtemps. Mais déjà, je sais que je t'aime et que je t'aimerai éternellement, et ce, malgré nos différences et nos silences.

Remerciements

Entre ce livre et moi-même, ce fut et ce sera toujours une belle histoire d'amour. Elle n'aurait pu voir le jour sans l'appui moral de ceux et celles qui l'ont encouragée et nourrie.

En tout premier lieu, je tiens à remercier les hommes et les femmes qui m'ont consultée et me consultent en tant que thérapeute. En me donnant la permission de me référer à leurs expériences intimes, ils me donnaient la merveilleuse opportunité de les partager avec d'autres. Cela aidera à éclairer le chemin que nous empruntons pour mieux nous rendre jusqu'à nous-mêmes.

Je souhaite également remercier ceux qui m'ont mal aimée et abandonnée, ceux que j'ai mal aimés et abandonnés. Je les prie de me pardonner, non seulement pour le mal que je leur ai fait, mais pour celui que je leur ai permis de me faire. Sans toutes ces grandes déchirures du cœur, je n'aurais jamais compris que la liberté et la paix intérieures se gagnent et se méritent.

Je serai toujours reconnaissante au Créateur de ce magique univers d'avoir mis sur ma route Isabelle Nazare-Aga. Elle eut suffisamment confiance en moi pour me présenter Jacques Laurin. Dès notre première rencontre, cet homme de cœur et éditeur sut allonger mes ailes pour qu'elles aient la force de mener à bien le projet de ce livre. Je désire également remercier Julie Côté-Rousseau, sexologue, qui fut ma première lectrice, et qui accepta avec générosité de se livrer à quelques recherches dont cet ouvrage a bénéficié. Ma gratitude va aussi à Pierre Derek, compagnon de vie d'autrefois et ami de toujours. Par son sens de l'humour incomparable et son intelligence du cœur si vive, il sut transformer certains jours gris et froids d'écriture en paysages méditerranéens. J'aimerais également dire mille mercis à mes ami(e)s, parents, frères et sœurs pour leur confiance inconditionnelle et leur soutien continu.

Je ne saurais oublier Louise-Andrée Saulnier, sexologue clinicienne, qui a contribué à faire naître l'idée de ce livre. De par le travail méritoire qu'elle accomplit quotidiennement à la télévision, elle donne au public l'opportunité de mieux comprendre le rôle que peuvent jouer les sexologues éducateurs ou cliniciens.

Finalement, ma reconnaissance va à toute l'équipe éditoriale et graphique des Éditions de l'Homme ainsi qu'à Pierre Bourdon qui me donna non pas le sentiment de signer un contrat d'affaires, mais une entente entre gens de cœur qui peuvent être complices.

Avant-propos

> C'est une des grandes joies de la vie de poursuivre sa route avec un but qui est reconnu par soi-même comme sacré, d'être une des forces de la nature au lieu de se plaindre que le monde ne se dévoue pas entièrement à faire de vous un être comblé.
>
> George Bernard Shaw

« Pourquoi êtes-vous devenue sexologue ? » Voilà une question que l'on me pose très souvent et qui est très représentative, je crois, de la curiosité que plusieurs éprouvent à propos de tout ce qui, de près ou de loin, concerne la sexualité. Cette dernière pique effectivement beaucoup notre curiosité. Pourquoi ? Je pourrais énumérer mille et une raisons possibles ; entre autres, je crois que les siècles d'interdits et de mystères dont la sexualité est imprégnée ne sont pas étrangers à ce phénomène. En effet, ces derniers ont fait naître en nous des sentiments mitigés qui sont souvent lourds à porter et qui soulèvent un questionnement qui ne l'est pas moins. Mais comment se fait-il que malgré tant d'interdictions et de remontrances, nous soyons demeurés si attentifs à la sexualité ? C'est sans doute parce qu'elle fait partie de nous et qu'elle est très attirante puisqu'elle peut nous apporter ce que nous recherchons tous : le plaisir. Plaisir de donner, de recevoir, de partager, de ressentir… bref, le plaisir de se sentir vivant.

Ma grande histoire d'amour avec la sexologie a débuté au cours des années 1980. Comme elle pourrait être bien longue à raconter, laissez-moi vous en dévoiler l'essentiel. Un soir, je me retrouve dans une discothèque de la ville de Québec, la mine quelque peu déconfite puisque je n'aime pas beaucoup les foules et encore moins les ambiances bruyantes. Un homme sympathique s'approche de moi et me dit : « Bonjour ! Vous êtes la chanteuse Natalie Suzanne, je crois. Ça me fait plaisir de vous rencontrer parce que nous faisons tourner vos disques à CHOI FM. Je suis le directeur des ventes de cette station. » À l'époque, j'étais effectivement chanteuse. Nous engageons donc la conversation et d'un sujet à un autre, je finis par lui faire cet aveu : « Vous savez, chaque fois que je mets les pieds dans un studio de radio, j'envie l'animateur ou l'animatrice qui me reçoit pour m'interviewer. Je ne sais pas exactement pourquoi, mais je trouve ça extraordinaire qu'ils puissent communiquer avec tant de gens, tout en demeurant dans leur monde, dans leur petite bulle ! »

Je sais aujourd'hui que le contexte dans lequel travaillaient ces animateurs était venu toucher une corde sensible chez moi. Je me rappelle qu'à cette époque, j'étais plutôt renfermée sur moi-même, voire timide. Ce qui ne paraissait pas toujours, bien sûr, puisque j'avais eu bien du temps pour développer certains mécanismes de défense qui me donnaient parfois l'allure d'une fille olé ! olé ! que rien ne peut déboussoler. Mais à l'intérieur de moi, je me sentais plutôt petite et maladroite… alors, imaginez un peu ce que je pouvais ressentir lorsque j'avais à interpréter une chanson sur une scène ! Si on m'avait offert la possibilité de le faire cachée dans une boîte à chapeau, je crois bien que j'aurais sauté sur l'occasion ! Je peux même vous avouer maintenant que mes plus beaux souvenirs en tant que chanteuse remontent à ces nuits où, seule dans un studio, je répétais la chanson que nous allions enregistrer quelques heures plus tard… J'aimais tellement chanter ! Mais le moins que l'on puisse dire, c'est que ce manque d'amour de soi était peu commode pour une jeune fille qui voulait poursuivre une carrière de chanteuse !

Mais revenons à mon histoire. Ce soir-là, ce directeur des ventes me fait une confidence qui, bien qu'il ne le sache pas, va changer ma vie : « Si ça vous intéresse à ce point-là, appelez le directeur des programmes de la station, parce que bientôt l'animatrice de fin de soirée va nous quitter pour aller vivre à Toronto. Il aura sûrement besoin de la remplacer. » Je téléphone donc à celui qu'aujourd'hui j'appelle affectueusement François et il me demande de me rendre dans les studios de CHOI FM pour faire un *screen test*, comme il le dit si bien. J'avoue que j'étais plutôt nerveuse et, surtout, que je n'avais pas la moindre idée de ce qui m'attendait ! À ma grande surprise, ce directeur des programmes a été satisfait de mon bout d'essai. Quelques semaines plus tard, il me donne rendez-vous avec lui et le directeur général de la station pour que nous puissions discuter d'un éventuel contrat. Lors de cette rencontre, ce directeur général me dit : « Vous savez, nos cotes d'écoute pourraient être meilleures le soir ! Nous aurions donc intérêt à changer la formule de l'émission. Avez-vous des suggestions ? » C'est ainsi que, prenant mon intuition et mon courage à deux mains, je leur propose quelques jours plus tard une émission à caractère érotique. Intéressés par ce projet, ils émettent pourtant quelques réserves : « Vous savez, l'idée est bonne, mais il faudrait faire attention parce que nous ne savons pas comment les auditeurs vont réagir si on va trop loin. Enfin… ça dépend de ce que vous leur conterez… Allez-y, mais allez-y mollo dans un premier temps ! »

Leur réaction me paraît légitime et ne me surprend pas. Je pourrais même ajouter qu'elle me fait sourire. Pourquoi ? Je ne saurais trop le dire. Peut-être est-ce dû à l'intuition que j'ai toujours eue mais à laquelle je commence à peine à me fier… Je signe donc le contrat en me disant que je respecterai leur consigne mais en même temps, j'ai la vive sensation que je ne devrai pas m'y plier très longtemps… Je sais que j'arriverai non seulement à animer une émission de radio mais que je conduirai celle-là à bon port. Avec le temps, je suis convaincue que j'arriverai à atteindre les auditeurs dans ce qui, à mon avis, les touche profondément : leur vie amoureuse et sexuelle. Aujourd'hui, je sais que j'avais raison d'y croire car en une année, les cotes d'écoute sont passées d'environ 2 000 à 20 000 auditeurs !

Je remercie aujourd'hui le ciel de m'avoir choisie pour animer cette émission dont le beau titre avait été emprunté à un poème de Gilles Vigneault qui s'appelle *Au doux milieu de vous*. Je pourrais énumérer bien des raisons pour lesquelles j'ai adoré cette expérience, mais entre autres choses, je retiens qu'elle m'a apporté deux grandes certitudes. La première est que, malgré ma difficulté à exprimer ce que je ressentais, j'avais beaucoup à dire et à révéler sur moi-même et qu'il était vital que je le fasse. J'ai également été confortée dans l'idée que j'étais extrêmement intéressée par les rapports que les êtres humains entretiennent entre eux et ce, sur tous les plans.

Au cours des années qui ont suivi la signature de ce contrat, j'ai parfois été bien critiquée puisque j'osais dire tout haut ce que plusieurs pensent tout bas. S'il m'est arrivé de ressentir un léger pincement au cœur, je m'en suis vite remise. Un sentiment m'habitait constamment, celui d'être intègre et de rester fidèle à mes principes pour mieux accompagner les gens à l'esprit ouvert qui voulaient apprendre. D'autant plus qu'à cette période, j'apprenais également puisque je n'étais pas encore sexologue. Obnubilée comme je l'étais par l'idée de ne pas dire ou de ne pas raconter n'importe quoi aux auditeurs, je suis devenue un véritable rat de bibliothèque ! Masters et Johnson, Jean-Yves Desjardins, Shere Hite, Helen Singer Kaplan, Freud et bien d'autres m'ont souvent tenu compagnie avant que je fasse mon entrée en ondes… Des auteurs que j'ai retrouvés avec beaucoup de joie lorsque, treize ans plus tard, j'ai fait mon entrée en tant qu'étudiante au département de sexologie de l'Université du Québec à Montréal. Comme j'arrivais tout droit du département des communications où j'avais fait une maîtrise, on m'a demandé : « Qu'est-ce qui vous a amenée en sexologie ? » J'ai alors répondu en riant : « La radio ! »

Introduction

Très souvent, les gens ne semblent pas voir le lien qui peut exister entre les communications et la sexologie. « Comment se fait-il que tu aies travaillé si longtemps dans le domaine des communications et que maintenant, tu sois devenue sexologue ? » me demande-t-on. Pourtant, si on y regarde d'un peu plus près, je crois qu'on peut établir un lien étroit entre ces deux domaines. C'est du moins ce que j'ai fait en acquérant de l'expérience, en ce sens que j'ai vraiment pris conscience que, pour être une bonne sexologue, je me devais d'être une bonne communicatrice et que, pour être une bonne communicatrice, je me devais d'être une bonne psychologue. Vous remarquerez sans doute que je ne dis pas « sexologue », mais « psychologue ». Ce qui m'amène à soulever une question qui me tient beaucoup à cœur : qu'est-ce au juste qu'une sexologue ? Bien des gens ont tendance à « génitaliser » le rôle qu'elle joue, tout comme ils « génitalisent » souvent la vision et la perception qu'ils ont de la sexualité. Ce phénomène peut se comprendre par l'énorme influence que Masters et Johnson ont exercée dans les années 1970. Même si ce gynécologue et cette psychologue ont apporté une contribution non négligeable dans le domaine de la sexologie, ils ont tout de même donné l'impression que les sexologues travaillaient davantage sur le plan technique de la sexualité. Souvent, j'ai été obligée de dire à certaines personnes : « Vous savez, des organes génitaux, ça ne tient pas dans les airs tout seul ! Ils sont forcément rattachés à quelque chose… ou à quelqu'un ! Ça veut dire qu'il faut se questionner sur ce qu'est ce quelqu'un, sur ce qu'il a vécu et sur ce qu'il vit, si on veut connaître les raisons qui le conduisent à éprouver des difficultés sur le plan sexuel. »

Les patients que je rencontre ont souvent tendance à focaliser sur la dimension physiologique de la sexualité, sans prendre le temps de penser que cette dernière a également une dimension psychologique très importante. En fait, la sexualité comporte plusieurs dimensions qui ne peuvent pas être isolées les unes des autres, ce que plusieurs sexologues éducateurs ou cliniciens compétents s'efforcent de plus en plus de faire comprendre. Ce qui est spécifique au sexologue québécois, c'est qu'il a une formation de base multidisciplinaire en sexologie, laquelle est pratiquement unique au monde. Cette formation amène donc le sexologue à intégrer dans sa pratique ces différentes dimensions qui sont d'ordre biologique, psychologique, moral, social et affectif. Différentes composantes qui, chez un individu, doivent tendre vers un certain équilibre afin qu'il vive en accord avec lui-même et, par conséquent, avec sa sexualité.

Si j'ai toujours porté un grand intérêt aux rapports humains qui existent entre les hommes et les femmes, c'est parce que je les aime. Et c'est cet amour qui a fait germer en moi l'idée d'écrire un livre sur leur vie amoureuse et sexuelle. J'ai hésité un certain temps avant de prendre la décision de passer à l'action, car il me fallait opter pour un sujet qui me touche et me passionne, d'une part, et qui, d'autre part, répondrait à un besoin auprès de lecteurs potentiels.

C'est en discutant avec la sexologue Louise-Andrée Saulnier que j'ai trouvé. Comme je lui demandais son avis sur les sujets qui étaient susceptibles d'intéresser un large public, elle me dit spontanément : « C'est incroyable de voir le nombre de femmes qui m'écrivent pour me demander ce qu'elles devraient faire pour rencontrer un homme attirant et intéressant ! Ces femmes souffrent de vivre seules ou d'avoir vécu à répétition des relations amoureuses pénibles et elles voudraient s'en sortir. Et je te jure qu'elles ne sont pas tendres avec les hommes ! »

Introduction

Ayant déjà perçu le même phénomène que Louise-Andrée dans mon entourage, je décidai de pousser plus à fond ce sujet qui me semblait extrêmement révélateur du genre de relation que les femmes de notre époque entretiennent avec les hommes. Cependant, en commençant à écrire sur la vie amoureuse et sexuelle des femmes, je me rendis rapidement compte qu'il m'était impossible de ne pas écrire aussi sur le centre de leurs préoccupations : les hommes. Je décidai donc de réajuster mon tir et d'écrire un livre qui permettrait tant aux femmes qu'aux hommes de se donner les moyens d'éviter de vivre des histoires d'amour malheureuses à répétition.

En abordant les différents thèmes de ce livre, je vais essayer de faire en sorte que vous puissiez mesurer toute l'importance de vous connaître mieux et de régler certains conflits intérieurs afin d'arriver à un minimum de sérénité et de paix intérieure. Ainsi, vous serez mieux outillé pour établir une relation avec un homme ou une femme que vous pourrez qualifier d'« âme sœur ».

Vous détenez un grand pouvoir : celui d'agir amoureusement et positivement envers vous-même pour vous guérir enfin de vos multiples déceptions amoureuses et sexuelles. Ce livre vous offre également des outils parmi lesquels vous pouvez puiser pour éviter de vous sentir isolé dans la démarche que vous entreprendrez sur le chemin vers un mieux-être psychologique, spirituel et sexuel. Si vous êtes une baby-boomer, on vous a appris à être gentille, à écouter et à consoler. Pour que vous puissiez vivre une relation amoureuse égalitaire et partagée, vous vous devez de vous aimer et de vous affirmer. Pour ce faire, vous devez changer le regard que vous portez sur vous-même et sur votre manière de vivre une relation. Un changement qui remettra en question plusieurs de vos choix et de vos décisions et qui, certes, vous confrontera à certaines peurs : peur du rejet, de l'abandon, de la solitude, et incapacité d'être entendue pour ce que vous êtes intrinsèquement. Mais ayez confiance, car si j'ai écrit ce livre en puisant dans une foule d'informations que je détenais en tant que sexologue et psychothérapeute, c'est d'abord mon cœur de femme qui a guidé ma main. Une femme qui est venue au monde le jour où la petite fille en elle a cessé d'avoir peur. Mais pour ce faire, il a fallu que la femme apprivoise la petite fille en la questionnant sur des sujets qui lui faisaient souvent monter les larmes aux yeux. Pourtant, ce grand questionnement en lien avec son développement psychosexuel et affectif, sur le sens même de l'amour, du pardon, de l'estime de soi et de la solitude, ne l'a pas fait vieillir mais grandir.

Il m'apparaît donc juste de dire que ce livre peut également rejoindre toute jeune femme qui a à cœur de ne pas répéter les erreurs qu'elle a observées dans les relations hommes/femmes.

Aussi, ce livre donne aux hommes l'opportunité de constater que ce phénomène n'est pas strictement réservé à la gent féminine. En effet, bien des hommes se connaissent peu, ne peuvent pas affirmer ce qu'ils sont réellement et ont de la difficulté à trouver un juste équilibre entre l'expression de leur masculinité et de leur féminité. Il est donc tout aussi impératif pour eux d'avoir la capacité de revenir à eux-mêmes. Selon moi, ce n'est qu'en s'engageant dans une réflexion profonde sur ce qu'ils sont qu'ils pourront se transformer, et ce livre peut les aider à y parvenir. De plus, il les amènera à mieux comprendre ce que les femmes attendent d'eux sur les plans amoureux et sexuel.

Nous désirons tous vivre un grand amour… Ce livre vous propose donc de vous arrêter à ces questions qui me semblent fondamentales pour y parvenir :

- Qu'est-ce au juste qu'un véritable amour ?
- Est-ce que je m'aime ?
- Suis-je en paix avec ma sexualité ?
- Qu'est-ce que je connais sur mon développement psychosexuel et affectif ? Sur celui de l'autre sexe ?
- Pour quelles raisons est-il(elle) si différent(e) de moi ?
- De quelle manière le féminisme a-t-il marqué mes relations amoureuses ?
- Comment pardonner à mes parents de façon à ne pas projeter de la haine sur un(e) partenaire ?

- Suis-je capable d'établir une bonne communication relationnelle ?
- Quelle est l'influence de la communication sexuelle que j'ai avec moi-même sur celle que j'ai avec l'autre ?
- Suis-je mal à l'aise de lui parler de ma sexualité ?
- Serais-je bisexuel(le) ?
- M'est-il possible de bien vivre ma solitude intérieure ?

C'est ainsi que, dans un premier temps, je tenterai de saisir le sens même de ce que peut être un véritable amour afin que vous puissiez mieux le comprendre et ainsi, l'attirer à vous.

Chapitre premier

L'amour dans tous ses états

> L'amour n'est provoqué que par le mensonge et consiste seulement dans le besoin de voir nos souffrances apaisées par l'être qui nous a fait souffrir.
>
> Marcel Proust

*O*h! mon amour, mon doux, mon tendre, mon merveilleux amour... Ces paroles de Brel me rappellent combien l'amour donne naissance aux discours les plus féconds : il se fait présent dans nombre de nos discussions (Es-tu en amour? Les amours, ça va? Parle-moi de tes amours...), trône fièrement et assidûment au milieu de la page couverture d'une multitude de magazines et donne à nos scénaristes, écrivains et paroliers une piste de choix pour que leur ouvrage figure sur la liste des meilleures ventes. Bref, l'être humain aime aimer l'amour. Il en parle, en rêve, le porte aux nues, l'idéalise, et ce, beaucoup plus qu'il n'essaie d'en comprendre le sens et la portée. Bien sûr, l'amour donnerait bien du fil à retordre à tout chercheur scientifique qui se targuerait de vouloir présenter une définition unique, juste et complète de ce qu'il peut être. Or, comme je n'ai aucune intention de me perdre dans un labyrinthe de frustrations, je me contenterai de vous faire part de quelques observations que j'ai faites en regard de l'amour et de ce qu'il peut signifier. Je suis persuadée que si vous désirez vous engager dans une voie qui vous permettra de vivre un amour sain et partagé, l'une des premières règles est d'avoir une image plus réaliste de ce que l'amour peut être. J'entends ici l'Amour avec un grand A, celui que vous espérez sans doute avec des papillons dans le ventre, convaincu en votre for intérieur de porter en vous quelque chose de précieux que vous aimeriez offrir à un être qui sera comblé et enchanté de l'accepter. Un être qui sera pourvu d'aussi bonnes intentions que les vôtres.

Amour : raison ou passion ?

Comme je l'ai déjà mentionné, il n'est pas aisé de définir le mot « amour ». Mais le discours que nous tenons à son endroit oppose souvent l'amour-passion à l'amour-raison. Les Grecs avaient recours à deux mots distincts pour se référer à ces deux types d'amour : Agape et Éros. Le premier désignait l'amour authentique, altruiste, engagé et le second désignait l'amour empreint de passion.

Il m'a souvent été donné d'observer, de par mon travail clinique, à quel point hommes et femmes essaient de retrouver ces deux types d'amour — qui s'opposent pourtant — au sein même de chacune de leurs relations amoureuses. En fait, ils souhaitent avoir ce qui leur semble être le meilleur des deux mondes, c'est-à-dire vivre un amour qui soit à la fois stable, engagé, serein et éternellement passionné. Sans doute est-ce pour cette raison : le passionné Éros est fort attirant, mais incomplet par lui-même. Le sage Agape est également fort attirant de par cette sécurité qu'il semble nous offrir, mais combien insuffisant sans passion.

Éros

Mais regardons d'un peu plus près le vrai visage d'Éros. Éros vous présente le véritable amour en vous mettant en scène avec un être fort différent de vous, énigmatique et fuyant. Lorsque ce dernier n'est pas près de vous, vous n'hésitez pas à faire fi de toute autre préoccupation et à vous vider de votre essence pour ne vivre que dans l'anticipation de sa prochaine venue. Un amour difficile fait de rebondissements où vos sentiments et émotions oscillent entre joie et peine, consolation et meurtrissure, paix et guerre. L'intensité de l'amour que vous éprouvez étant, bien sûr, à l'image de la douleur que vous ressentez. Il vous semble donc tout à fait « naturel » de vivre d'angoisse, de drame, de rejet et de désir. Éros représente donc cet engouement que vous ressentez si intensément au début d'une relation amoureuse, relation au cours de laquelle vous « sombrez » dans l'autre, c'est-à-dire dans l'être aimé.

Une phényléthylamine euphorisante

Lorsque vous êtes sous l'emprise d'Éros, l'état amoureux dans lequel vous vous trouvez est influencé, entre autres choses, par un facteur biologique. Je crois donc qu'il est important de vous apporter quelques précisions à ce sujet : lorsque vous apercevez une personne et que vous vous sentez irrésistiblement attiré par elle, les neurones de votre système limbique — le centre de vos émotions — sont saturés de phényléthylamine (PEA). Sur le plan amoureux, vous ressentez donc une espèce de trouble, d'agitation intérieure. Pourquoi ? Parce que si la PEA est un neuromédiateur qui permet à l'impulsion électrique de passer d'un neurone à un autre, elle est également une amphétamine naturelle. La PEA est une amine qui joue le rôle d'un excitant, une substance chimique cérébrale qui déclenche des sensations d'allégresse. Un euphorisant, en quelque sorte, comme l'illustre si bien ce témoignage :

> Quand je l'ai rencontré au début, c'était tellement… Nous faisions l'amour pendant des heures, nous discutions, ricanions de tout et de rien… J'arrivais au bureau et, même si j'avais souvent dormi seulement trois ou quatre heures, je me sentais… je me sentais fatiguée un peu mais en même temps, on aurait dit que… je ne sais pas, peut-être comme quelqu'un qui

avait bu deux bons *espresso* [...] Mes amis me voyaient et me disaient que j'avais les yeux pétillants, que j'étais différente... Et c'est vrai : je me sentais belle, heureuse, en super forme !

La grande passion : éphémère ou non ?

Cependant, la fin d'une passion amoureuse sera toujours inscrite dans la physiologie de votre cerveau, puisque l'activité de ce dernier ne pourrait pas se maintenir indéfiniment en surrégime. De deux choses l'une : vos terminaisons nerveuses s'habitueront aux neuromédiateurs de votre cerveau ou les doses de PEA commenceront à chuter. Et la raison en est fort simple : à long terme, votre cerveau ne pourrait pas résister à ces drogues, même si elles sont naturelles... À partir du moment où vous ressentez des symptômes d'exaltation liés à la PEA, vous pouvez compter de dix-huit mois à trois ans avant que ces derniers commencent à disparaître. Par la suite, une émotion plus discrète se fera sentir : l'attachement. Lorsque l'amour-passion s'envole et que l'attachement grandit, laissant place à un sentiment de sécurité, un nouveau système chimique entre en scène : les endorphines — ou endomorphines — qui sont chimiquement analogues à la morphine. Contrairement à la PEA, ces dernières calment l'esprit, diminuent l'anxiété et suppriment la douleur. Lorsque deux amoureux se retrouvent à la phase de l'attachement amoureux, ils stimulent leur sécrétion d'endorphines. C'est ainsi qu'ils renforcent mutuellement leur sentiment de stabilité, de sécurité, de paix et de tranquillité.

Les drogués de la PEA

Vous avez sans doute déjà remarqué que certaines personnes ne sont pas capables de vivre la phase de l'attachement amoureux. Aussitôt que l'une de leurs grandes passions amoureuses commence à battre de l'aile, ils cherchent désespérément à se retrouver dans les bras d'Éros pour découvrir à nouveau cet état amoureux qui les transporte, les fait chavirer et s'envoler vers les plus hautes cimes… Ce sont des « drogués de la PEA » qui, incapables de se sevrer de ces amphétamines naturelles, butinent de passion amoureuse en passion amoureuse pour ne jamais quitter cet état euphorisant. Bien sûr, le profil psychologique de ces individus joue également un rôle fort important en ce qui concerne les attitudes et les comportements qu'ils adoptent. Nous nous y attarderons donc au quatrième chapitre de ce livre. J'ajouterais ici que les jeunes couples d'amoureux n'arrêtent pas, après trois ans, de sécréter de la PEA de manière radicale et définitive. Ces doses sont tout simplement plus basses que pendant la période de leur coup de foudre et sont soumises à certaines fluctuations.

> Je suis partie en voyage d'affaires pendant trois semaines […] Lorsque je l'ai aperçu à l'aéroport, je me suis sentie un peu gauche, un sentiment étrange à l'intérieur, tellement excitée […] J'avais tellement envie de lui et, dans la voiture, nous avons fait durer le plaisir, je pense… nous nous sommes à peine touchés […] Quand nous sommes arrivés à la maison, nous avons commencé à faire l'amour dans les escaliers… comme la première fois ! C'est ça, c'était magique, comme la première fois…

Agape

Parlons maintenant d'Agape. Ce type d'amour vous met en scène en tant que personne actualisée et accomplie, avec un être qui présente le même profil que vous, sur ce plan. Ici, le véritable amour se marie avec la paix, la sécurité, l'harmonie, le don de soi, la compréhension et la sollicitude. Une remise en question mutuelle est de mise afin de vous assurer des lendemains meilleurs, empreints d'une intimité qui ne cesse de croître. Le climat de paix, d'amitié et de partage dans lequel vous évoluez vous permet de vous exprimer librement en toute confiance, de vous réaliser pleinement. Agape est donc ce type d'amour que vous pouvez vivre lorsque vous parvenez à franchir ces obstacles qui vous séparent de vous-même.

Devenant «aimant», vous êtes prêt à «basculer» en vous plutôt qu'en l'autre. Agape, véritable amour, à mon sens, aurait cependant intérêt à se fondre parfois — je dis bien «parfois» — en Éros, afin de lui soutirer quelques-unes de ses qualités. En effet, je ne crois pas qu'un amour sain et vrai puisse se trouver seulement dans la passion ou seulement dans la raison. Lorsque deux êtres sont capables de faire preuve de sollicitude et de respect l'un envers l'autre, je crois que nous pouvons croire qu'un amour véritable existe entre eux. Cette attitude demande un travail quotidien qui a d'abord commencé sur soi-même.

> Je me rends compte que je ne me connais pas. Je me sens vulnérable à l'idée de savoir qui je suis, à l'idée de regarder ce qui me fait défaut, en pleine face. Un tête-à-tête avec moi, ça m'inquiète. C'est peut-être parce que si je sais, si je découvre des choses, je serai obligée de faire quelque chose [...] J'ai tellement de manques à combler... ce qui est drôle, c'est que j'ai toujours reproché aux hommes de ne pas les combler et là, je me rends compte que je ne suis même pas capable de le faire moi-même. Je suis peut-être autant en colère contre moi que je l'étais contre eux [...] Oui, il va falloir que je fasse un grand nettoyage en dedans.

Un plaisir sage

Platon a fait l'éloge du plaisir. Il nous mettait cependant en garde contre ce risque que nous courons à tomber sous l'emprise d'Éros. Selon ce philosophe grec, désir et plaisir sont synonymes de bienfait, à condition que nous ne cédions pas aveuglément à leurs demandes. En effet, lorsque nous agissons ainsi, nous ne sommes plus des êtres libres. Je crois que le système capitaliste dans lequel nous vivons a réprimé longtemps plaisir et désir, dans la mesure où il exigeait des gens qu'ils soient axés sur le travail et non sur la jouissance. Mais ce même système a tôt fait de nous inciter ardemment à nous jeter corps et âme dans cette jouissance, qui est d'ailleurs actuellement présente partout, et ce, pour le grand bien de nos commerçants… Et ces grands réprimés que nous avons été semblent aujourd'hui porter en eux une grande anxiété, celle de voir leur désir perdre son souffle. Notre économie se complaît à nous vendre sexe, plaisir, désir, passion et amour. Ce qui est alarmant, c'est que le message véhiculé est le suivant: la passion vous conduira assurément vers le bonheur, la paix intérieure et la sérénité. Il n'est donc pas étonnant que nous confondions Éros et Agape avec autant de facilité.

Le passionné Éros intoxique le cœur et l'esprit. Alors, soit vous vous purifiez, soit vous mourez, après avoir goûté simultanément au paradis et à l'enfer. Il n'en demeure pas moins qu'Éros a tout de même le mérite de vous faire suivre un chemin qui, si vous écoutez un tant soit peu ce qu'il a à vous révéler, vous apprend à vous connaître vous-même. Un chemin initiatique, en quelque sorte, qui peut vous faire voir le visage d'Agape, un amour véritable qui, pour ne pas s'ennuyer, a besoin que les amants aient à cœur de se renouveler, de se surprendre et de s'émerveiller mutuellement.

Le discours qui est tenu à l'égard de l'amour insiste souvent sur le fait que les partenaires partagent les mêmes goûts, expériences, intérêts et besoins. Or, je ne crois pas que ce soit là la meilleure des assurances que nous puissions avoir contre la dissolution d'un couple. Je crois plutôt que cette assurance réside en la capacité que chacun détient à communiquer ses propres besoins à l'autre et à en discuter. Il est également primordial que chacun s'ouvre à l'idée que l'autre puisse ne pas avoir les mêmes besoins que lui. C'est un climat que vous arriverez à créer le jour où vous deviendrez un être en paix avec lui-même.

Des « je t'aime » maquillés

La capacité à donner semble souvent nous faire défaut. Alors, dites-moi: où en êtes-vous, en tant qu'être humain, avec votre don de soi ? Si je vous pose la question, c'est que je demeure convaincue que le véritable amour ne peut naître que si chacun est capable de donner. En effet, si chacun donnait, nous n'aurions plus besoin de nous demander qui donne et qui reçoit puisque chacun d'entre nous recevrait. Encore faut-il que nous nous entendions sur ce que le verbe « donner » signifie. Voici un exemple de ce que j'entends tous les jours dans mon bureau, lorsque j'invite une femme à prendre contact avec le discours intérieur qu'elle entretient au sujet de l'amour et du don de soi.

> Je l'aimais, alors c'était facile pour moi de penser à lui [...] Ça a été stupide, mais je lui ai tout donné... ça ne m'a pas apporté grand-chose, finalement [...] Et lui, qu'est-ce qu'il m'a donné ? Rien, moins que rien... il était tellement égoïste, il ne se rendait même pas compte que... il était tellement préoccupé par ses petites affaires à lui [...] C'est sa faute, tout ce que j'ai vécu... un égoïste, un vrai, je n'ai jamais vu ça !

Pour moi, ce témoignage est à l'image de l'attitude qu'adoptent la majorité des femmes qui disent donner : elles se victimisent, ont tendance à voir les choses comme étant extérieures à elles-mêmes. Lorsqu'elles se responsabilisent, souvent elles n'acceptent qu'une partie de la responsabilité, en ce sens qu'elles accusent toujours l'autre d'avoir eu une mauvaise influence sur elles. Elles se targuent de donner ou d'avoir donné beaucoup, mais n'ont aucun sens de la gratuité. Le don d'elles-mêmes ne s'appuie que sur ce besoin qu'elles éprouvent **d'être aimées** : je t'aime parce que je te réclame l'amour que j'attendais de mes parents et qu'ils ne m'ont pas donné, je t'aime parce que je veux que tu me dises que je ne serai jamais seule, je t'aime parce que j'aime être aimée, je t'aime parce que j'aime que tu me donnes le sentiment que j'existe réellement, je t'aime parce que j'aime que tu fasses à ma place ce que je ne peux pas faire pour moi-même... Bref, des « je t'aime » qui ne reposent que sur des demandes et des attentes irréalistes. En effet, comment donner véritablement de l'amour — et de surcroît, en recevoir véritablement — si vous n'avez jamais su vous en donner à vous-même ? Est-ce que vous vous aimez vous-même ? Voilà une question qui me semble fondamentale si vous vivez des amours malheureuses à répétition. Si vos expériences passées ne vous ont conduit qu'à panser vos blessures, à maquiller vos angoisses, à rechercher un équilibre plus que chancelant, il y a de fortes chances pour que vous ne vous aimiez pas. Et je ne parle pas ici d'un amour centré sur soi-même au détriment de l'autre. Je vous parle de cette estime de soi, de cette confiance en soi, de cette affirmation de soi qui est à la base d'un amour sain et partagé. Si vous ne vous aimez pas, rien ne pourra jamais combler le manque qui vous habite. Aucun des « je t'aime » qu'on vous murmurera tout bas ou qu'on s'évertuera à vous crier ne pourra jamais vous suffire, car ils sonneront toujours faux à votre oreille. En effet, si vous ne vous aimez pas, vous vous dites — souvent inconsciemment — que vous ne méritez pas qu'on vous aime : « Si moi, je ne m'aime pas, c'est que je ne suis pas aimable, c'est que je ne mérite pas qu'on m'aime. Donc, on ne peut pas m'aimer, c'est impossible. Alors, comment peut-il dire qu'il m'aime ? » Et tous les « je t'aime » du monde vous semblent d'ignobles mensonges auxquels vous ne pouvez ajouter foi. Vous êtes comme une passoire qu'on peut éternellement remplir sans qu'elle puisse retenir quoi que ce soit.

L'amour : le grand responsable

Depuis quelques décennies, nos amours se sont faites caméléons. Telle une chrysalide qui ne demande qu'à laisser échapper un papillon, elles ont du mal à éclore et à prendre leur envol. Privées de modèles adéquats auxquels elles pourraient s'identifier, elles ont sans doute besoin de temps et d'expérience pour découvrir leur vraie nature. Les nouveaux amants que nous sommes essaient donc, tant bien que mal, de se construire une nouvelle identité d'amoureux. Pour le moment, nous avons la triste manie de responsabiliser l'amour et nous le faisons de manière bien utopique : « Comble mes manques ! Recouds mes blessures ! Panse mes cicatrices ! » Que d'espoirs et d'attentes irréalistes démesurés ! Nous voulons croire qu'il est facile d'aimer, et ce, malgré les nombreux échecs amoureux que nous avons connus ou dont nous avons été témoin. Est-ce parce que nous nous complaisons dans la souffrance ? Sans doute… Comme le malheur nous est familier, il nous entraîne dans des sentiers que nous connaissons bien, auxquels nous pouvons nous identifier. Il est donc moins menaçant qu'un bonheur que nous n'avons jamais apprivoisé et que nous ne connaissons pas. Nous souhaitons tous être heureux, mais nous avons peur du bonheur parce qu'il nous est inconnu. Je crois aussi que bien des femmes ont tendance à vouloir se battre, au nom de l'amour : « Je vais me battre, ça va fonctionner, cette fois-ci, je vais faire tout ce qu'il faut pour que ça marche ! » Une telle démarche ne peut que les vider de leur esprit, de leur corps et de leur âme. Car ce n'est pas contre la personne aimée ou contre l'amour qu'elles doivent lutter, mais contre elles-mêmes. Ce n'est pas avec l'amour ou avec les autres qu'elles ont des comptes à régler en tant que femmes et en tant qu'amoureuses, mais avec elles-mêmes. Elles ont à apprivoiser ce sentiment si lourd à porter : la peur d'avoir mal en étant toute seule.

Je le répète : bien souvent, nous nous disons amour et nous disons aimer, alors que nos « je t'aime » ne servent qu'à combler nos manques affectifs. Trop souvent, nous nous disons amour alors que nous ne sommes qu'égoïsme. Et ne vous méprenez pas : ce comportement est tout aussi bien adopté par la gent féminine que masculine. Après une défaite d'ordre sentimental, nous gémissons, pleurons, condamnons, attendons des matins meilleurs et nous recommençons. Comme si de rien n'était… Pourtant, lorsque nous subissons un échec dans quelque autre domaine de notre vie, nous sommes souvent portés à vouloir connaître ce qui nous a fait défaut, nous voulons savoir pourquoi une telle situation s'est présentée à nous et de quelle manière nous pouvons nous en sortir. Si nous choisissons d'assumer la plus grande partie de notre bonheur, nous vivons moins d'attentes par rapport aux autres et évidemment, par rapport à notre partenaire. Nous pouvons alors nous départir de la fâcheuse manie que nous avons de responsabiliser l'autre pour éviter de nous responsabiliser nous-mêmes.

Une union symbiotique

Il y a quelques années, j'ai été littéralement conquise par *L'art d'aimer* d'Erich Fromm, un ouvrage qui trône encore fièrement sur ma table de chevet. Cet humaniste pose une question qui demande une sérieuse réflexion : « Nous référons-nous à l'amour en tant que réponse plénière au problème de l'existence, ou bien visons-nous ces formes imparfaites de l'amour que l'on peut appeler *union symbiotique*[1] ? » Mais qu'est-ce au juste qu'une union symbiotique ? Nous verrons au chapitre 4 qu'au cours de notre période prénatale, nous avons vécu une relation très étroite avec notre mère et que toute notre vie — surtout dans les situations où nous nous sentirons plus vulnérables — nous serons portés à vouloir recréer illusoirement ce lien fusionnel primaire. Fromm nous ramène également à ce modèle biologique où mère et fœtus sont en étroite relation. Pour lui, il s'agit là d'une symbiose *psychique* puisque les corps de la mère et de l'enfant sont indépendants, alors que le même genre d'attachement existe sur le plan psychologique. Pour cet auteur, l'union symbiotique comporte une forme passive : la soumission, qu'il apparente au masochisme. Lorsque nous étions dans le sein de notre mère, ce masochisme nous aurait permis de fuir le sentiment insupportable d'être isolés et séparés, et ce, en faisant partie de cette mère qui nous protégeait et nous guidait. Nous lui accordions alors un pouvoir qui était surestimé : « Elle est tout et je ne suis rien si je ne fais pas partie

---

1. FROMM, Erich. *L'art d'aimer*, Paris, Édition française : EPI, 1968, p. 35.

d'elle. » Nous n'avions aucune intégrité, aucune autonomie, et ce, même si nous n'étions pas seuls. Dans le chapitre 4, nous nous pencherons plus à fond sur les répercussions qu'une telle fusion a pu avoir sur notre développement psychosexuel et affectif.

Fusion et confusion

Robert Blondin a écrit une phrase qui m'a toujours fait sourire : « En cherchant la fusion, on tombe donc dans la confusion mensongère[2]. » Avez-vous remarqué à quel point nous nous défendons bien d'être fusionné à l'autre et d'être jaloux ? Et pourtant, nous nous comportons souvent, à un degré plus ou moins important, comme si nous l'étions. Le très beau livre intitulé *La plus que vive* a permis à Christian Bobin d'exprimer à sa femme la jalousie qu'il ressentait envers elle lorsqu'il l'a rencontrée. Il décrit, et fort bien, les sentiments que le petit garçon en lui éprouvait alors envers elle et dont l'homme qu'il est devenu a dû se départir. Car pour lui, même si amour et jalousie semblent aller de pair, il n'en est rien. J'abonde en son sens lorsqu'il dit que nous croyons, en faisant une crise de jalousie, mettre en relief l'amour que nous ressentons pour l'autre. Nous ne faisons en fait qu'exprimer cet égoïsme que nous portons tous au plus profond de nous. Pour cet écrivain, il n'y a qu'une personne dans la ronde de la jalousie, une seule personne aux prises avec sa folie : « … je t'aime, donc tu me dois tout. Je t'aime, donc je suis dépendant de toi, donc tu es liée par cette dépendance […] et je t'en veux pour tout et pour rien, parce que je suis dépendant de toi et parce que je voudrais ne plus l'être[3]… » Au même titre que Bobin, je vois le discours que nous tenons en tant que jaloux comme quelque chose d'inépuisable. Il s'alimente par lui-même, n'attend et ne tolère aucune réponse. Avant de « grandir », cet écrivain dit s'être plaint de tout son être, car il avait

---
2. BLONDIN, Robert. *Le mensonge amoureux*, Montréal, Les Éditions de l'Homme, 1985, p. 17.
3. BOBIN, Christian, La plus que vive, Paris, Gallimard, 1999, p. 40.

le mauvais sentiment que sa femme embrassait l'univers tout entier, sauf lui : « … c'est le petit enfant en moi qui trépignait et faisait valoir sa douleur […] j'ai vu que tu n'écoutais pas ce genre de choses et j'ai compris que tu avais raison […] Il n'y a aucune trace d'amour là-dedans. Juste un bruit, un ressassement furieux : moi, moi, moi[4]. » Il ajoute que l'enfant colérique qui l'habitait est mort en lui au bout de quelques jours et que c'est peu de temps, puisque chez plusieurs d'entre nous il demeure de façon permanente.

Dominant et dominé

Pour Fromm, l'union symbiotique comporte également une forme active : la domination, qu'il apparente au sadisme. Le sadique désire aussi faire partie d'un autre individu puisqu'il veut échapper à sa solitude et à l'impression qu'il éprouve d'être emprisonné. Et l'individu qui se tourne vers lui avec idolâtrie lui permet de se valoriser et de se surestimer. En fait, sadisme et masochisme sont étroitement liés, chacun d'entre eux étant dépendants de l'autre. Une différence existe cependant entre eux. Le sadique exploite, dirige, blesse et humilie alors que le masochiste est exploité, dirigé, blessé et humilié. Mais tous deux préfèrent la fusion à l'intégrité.

L'âme sœur

Nous sommes tous à la recherche de l'âme sœur. J'oserais même dire que plusieurs d'entre nous sont désespérément à sa poursuite. Certains heureux la trouvent très tôt, à l'aube de leur vie adulte, d'autres la rencontrent beaucoup plus tard et, malheureusement, certains ne connaissent jamais ce grand bonheur. Pourquoi donc en est-il ainsi ? Je suis persuadée que la réponse à cette question se trouve là où nous regardons rarement : à l'intérieur de nous-mêmes.

---

4. *Ibid.*, p. 41.

Mais qu'est-ce au juste qu'une âme sœur? Âme vient du mot latin *anima* qui signifie «souffle vital». Il s'agit d'un principe spirituel qui joint le corps pour constituer l'être humain vivant. Selon la doctrine catholique, l'âme est unie au corps dès sa conception et devient le principe de toute vie et de tout mouvement dans ce corps. Quant à lui, le mot «sœur», qui vient du mot latin *soror,* peut désigner celle qui est née du même père et de la même mère qu'une autre personne, mais on l'emploie également pour désigner toute femme qu'un sentiment profond unit à une autre personne: «Ces deux amies s'aiment comme deux sœurs.» Aussi, il peut être employé pour caractériser la pureté d'une affection qui unit un homme à une femme: «C'est une véritable sœur pour lui!» Ces deux mots, «âme» et «sœur», ont donc été réunis pour désigner une personne avec laquelle nous avons des affinités profondes, une personne avec laquelle nous nous entendons parfaitement bien. Par conséquent, et contrairement à l'idée que souvent nous nous en faisons, je ne crois pas qu'une âme sœur soit nécessairement une personne dont on est ou dont on tombera amoureux. Mais pour les besoins de ce livre, tournons-nous plutôt vers l'Âme sœur avec un grand Â…

De merveilleuses retrouvailles

Ce n'est souvent qu'après bien des essais et des erreurs sur le plan amoureux que vous serez enfin prêt à reconnaître cette Âme sœur. Il y a, pour moi, dans le fait de se trouver devant son Âme sœur pour la première fois, une impression de déjà-vu qui n'a rien à voir avec le coup de foudre que vous éprouvez au début d'un amour de type passionnel, lorsque vous êtes sous l'emprise du passionné Éros. Nous reconnaissons notre Âme sœur comme si nous la connaissions depuis la nuit des temps, comme si, en croisant son regard pour la première fois, nous savions que nous l'avons toujours connue, qu'elle nous a toujours habités. Bien sûr, me direz-vous, cela peut ressembler à un coup de foudre! Certes, mais avec la différence que cette attirance ne naît pas uniquement sur les plans physique ou sexuel mais sur tous les plans.

D'ailleurs, il y a de fortes chances pour que ce soient les multiples coups de foudre que vous avez eus au cours de votre existence qui vous permettent de prendre votre envol vers votre Âme sœur, vers ce que j'appelle ces « merveilleuses retrouvailles ».

Scène 1, prise 33

Chaque fois que vous « tombez » amoureux, vous êtes persuadé, ou vous vous persuadez, devrais-je dire, qu'il s'agit là de la « bonne » personne. Et c'est sans doute vrai, si nous regardons les choses sous cet angle : le coup de foudre se nourrit de ce que vous êtes, du stade d'évolution auquel vous êtes rendu au moment où il vous fait chavirer. Je m'explique : la plupart d'entre vous cherchez, à travers vos premières relations amoureuses, à vous guérir des blessures que vous portez en vous depuis votre tendre enfance. Vous vivez souvent à répétition des scénarios amoureux qui ont la même couleur puisqu'ils sont issus d'un seul scénario que vous privilégiez et qui remonterait à votre enfance ou à votre adolescence. Pour illustrer ce qu'il importe de comprendre ici, imaginez ceci : vous jouez dans une pièce de théâtre. Vous l'avez écrite vous-même il y a longtemps, à partir de ce que vous viviez sur les plans psychologique et affectif. Malheureusement pour vous, votre pièce est pourrie... Vous voulez donc lui donner un second souffle, car plus vous la jouez, plus vous ressentez un malaise que vous n'arrivez pas à faire taire. Attribuant son insuccès aux acteurs qui jouent faux, vous en changez la distribution. Les différents acteurs qui se succèdent disent, bien sûr, le même texte mais ça, vous ne voulez surtout pas le reconnaître, car il vous faudrait alors vous prêter à ce que vous considérez comme un véritable tour de force : réécrire votre histoire ou, à tout le moins, lui apporter des corrections majeures. Vous continuez donc à jouer la même pièce mais dans des décors différents et avec de nouveaux personnages, afin de vous donner l'illusion que vous la jouez pour la première fois et que cette fois-ci sera la bonne. En d'autres termes, vous choisissez, de représentation en représentation, des acteurs et des actrices qui ressemblent physiquement et/ou psychologiquement à des gens qui vous ont marqué au cours de votre vie, et pas nécessairement de manière positive.

Imaginons, par exemple, que vous êtes une femme et que l'un de ces acteurs ressemble à votre père. Serait-ce le fruit du hasard ? J'en doute. Il est plus sensé de croire que vous avez bel et bien choisi ce « faux père » et qu'inconsciemment, vous vous disiez : « Lui, il me donnera ce que mon propre père a refusé de me donner. Ce que je n'ai pas réussi avec mon père, je vais le réussir à travers lui. » Et vous voyez cet homme comme s'il était celui qui allait réparer votre passé et panser la blessure narcissique que votre père vous a infligée. C'est extrêmement illusoire puisque cet homme a toutes les caractéristiques ou presque de celui qui, justement, n'a pas su vous rejoindre. Et cet homme vous demande sûrement quelque chose de similaire puisque s'il a accepté de jouer dans votre pièce de théâtre, de se prêter à votre mauvais scénario, il serait bien étonnant qu'il s'agisse d'un acteur ayant assimilé tous les rudiments de ce métier… Alors, lorsque cette relation meurt de sa belle mort parce qu'elle n'est pas saine et équilibrée, vous poursuivez cette inlassable quête avec un autre débutant qui présente le même profil que le dernier, jusqu'au jour où vous commencez à réaliser que l'on peut perdre sa dignité à force de vouloir être reconnue et aimée à tout prix.

Une Âme sœur peut vous apporter la chose la plus merveilleuse qui soit : vous ramener à vous-même de par l'amour sain et inconditionnel qu'elle vous porte. Vous faire accepter pour ce que vous êtes, c'est-à-dire autant pour vos forces que pour vos faiblesses, cela vous permettra de mieux vous situer face à vous-même, de faire un retour sur vous-même et, donc, de mieux grandir. Avec votre Âme sœur, vous pourrez dire adieu à bien des mécanismes de défense que vous avez développés puisque vous pourrez vous laisser aller à être vous-même, à éprouver et à dévoiler mille et un sentiments sans avoir peur d'être abandonné.

Pouvoir pleurer devant l'être aimé sans vous sentir vulnérable et menacé par l'idée de le perdre est l'une des belles choses que vous pourriez vous souhaiter.

Nous sommes si avides d'amour que souvent, après une rupture, nous plongeons la tête la première dans une baignoire dont, forcément, on n'a pas eu le temps de changer l'eau… Nous nous empressons de trouver un autre partenaire — à moins que ce ne soit déjà fait avant de quitter l'autre — pour ne pas être seuls, ce qui nous pousserait à subir une certaine confrontation avec nous-mêmes. Pourtant, cette Âme sœur que nous désirons croiser sur notre route prend souvent, dans notre imagination, l'image d'une personne qui s'est actualisée, d'un être qui vit à part entière. Mais voilà le hic! Si cette personne doit croiser votre chemin un jour, elle s'attendra à ce que vous présentiez le même profil qu'elle, et ce n'est qu'en acceptant de vous confronter à vous-même que vous deviendrez cette personne.

Réécrire son scénario amoureux

Est-il possible de changer vos scénarios amoureux? Je crois que ce n'est possible que si vous êtes conscient de revivre sans cesse la même histoire, puisque cette prise de conscience vous amènera également à vous rendre compte que vous ne pouvez pas vivre en harmonie avec les partenaires que vous choisissez. Mais constater que vous vivez des échecs amoureux n'est pas suffisant pour en arriver à un changement. D'ailleurs, combien d'hommes et de femmes ont-ils constaté qu'ils vivaient bel et bien des amours malheureuses à répétition sans pouvoir rien y changer? Tous les jours, j'en suis le témoin, à mon cabinet. Si vous voulez changer de scénarios amoureux, vous devez changer l'attitude que vous adoptez face à vous-même et, par conséquent, face aux autres. Mais pour changer cette attitude, vous devrez sans doute vous rendre au bout de votre souffrance et faire le choix de comprendre pourquoi et comment vous avez accepté de continuer à jouer ce rôle. Et vous devrez surtout avoir le désir d'en jouer un autre.

Vous devrez être motivé. Comment y parvenir ? En vous « déconditionnant » dans un premier temps, c'est-à-dire en identifiant les sentiments négatifs que vous éprouvez envers vous-même et en nommant les anxiétés qui vous habitent pour laisser la place à des sentiments plus positifs et constructifs. Pour un être humain, ce qui est insupportable dans le fait d'être abandonné n'est pas tant la perte de la personne aimée que la blessure narcissique que cet abandon provoque. Or, comme plusieurs d'entre nous ont eu le sentiment d'être abandonnés au cours de leur enfance, il aurait été utopique de croire que nous allions sortir de cette dernière en nous estimant à notre juste valeur et en ayant confiance en nous.

LA bonne personne

Sur le plan amoureux, cette quête de l'Âme sœur peut nous faire connaître bien des déboires sentimentaux. En effet, qui n'a pas eu l'impression ou même le très fort sentiment d'être enfin tombé sur LA bonne personne ? D'ailleurs, il vous arrive sûrement assez souvent d'entendre certains de vos amis — à moins que ce ne soit vous — dire : « Je suis en amour ! Je n'ai jamais été en amour comme ça… cette fois-ci, c'est différent ! Si tu savais à quel point il (elle) est extraordinaire ! » Ces mêmes amis qui, quelques mois, voire quelques jours plus tard, vous serviront un « Bof, c'était pas la bonne personne ! » et qui, à intervalles réguliers, vous chanteront de nouveau la même chanson… Nous avons la tête dure ! Connaissez-vous l'histoire du gars qui se jette du cinquantième étage et qui se dit, chaque fois qu'il croise un étage : « Jusqu'ici, tout va bien » ? Lorsque je repense à mon passé, je suis obligée de m'avouer que bien souvent, je n'ai pas voulu voir que j'allais inévitablement me casser la gueule ! Non seulement je n'ai pas voulu le constater, mais je me suis confortée dans l'idée qu'il n'y avait rien de bien menaçant à me jeter dans le vide !

Si nous jetons un regard positif sur les différentes relations amoureuses qui se succèdent dans notre vie, je crois que nous pouvons parvenir à cette conclusion : chaque fois que nous vivons une relation amoureuse avec une personne, il s'agit de la bonne personne à ce moment-là, en ce sens que cette dernière nous offre la possibilité de nous révéler à nous-mêmes. De « bonne personne » en « bonne personne », nous arriverons peut-être à réaliser que nous devons apprendre à nous connaître. Nous sommes souvent portés à croire que séparation est synonyme d'échec. Pourtant, si nous prenons en considération cette nouvelle réalité qui est qu'à notre époque nous pouvons espérer devenir centenaires, nous devrions être suffisamment lucides pour accepter que notre vie durera assez longtemps pour que nous connaissions de multiples changements. Certaines personnes nous feront souffrir, bien sûr, mais aussi grandir. Nous avons presque toujours tendance à juger un événement en fonction du temps présent. Nous nous révoltons donc : « Mais c'est épouvantable ce qui m'arrive, je ne m'en sortirai jamais. Pourquoi ? Qu'est-ce que j'ai fait au bon Dieu ? » Et pourtant, avec le temps et un certain recul, plusieurs se disent : « Au fond, quand je repense à ça, il(elle) m'a rendu service. C'est la meilleure chose qui me soit jamais arrivée, j'ai tellement appris sur moi-même ! » Je crois qu'Éros peut être merveilleux, en ce sens qu'il peut avoir le pouvoir de vous faire devenir un être vrai, authentique. Un être qui saura donc s'aimer et aimer.

L'amour accompli

Contrairement à l'union symbiotique, il existe une union qui, selon Fromm, vous permet de préserver votre intégrité et votre individualité : l'amour accompli. Ce type d'amour revêt le visage de l'accomplissement en vous permettant :
- de vous unir à l'autre ;
- de surmonter votre sensation d'isolement et de séparation tout en restant vous-même ;
- de maintenir votre intégrité.

L'amour accompli est donc teinté de ce paradoxe : deux êtres deviennent un, tout en demeurant deux. L'amour accompli n'est pas passif, mais actif: « Je prends part à » et non pas: « Je me laisse prendre ». Et ce caractère actif se traduit par « Je donne » et non pas par « Je reçois ». Un don par lequel vous exprimez votre vitalité et non pas une privation. Lorsque vous devenez un être accompli et actualisé, c'est que vous avez pu vous départir de votre dépendance à l'autre et de votre désir de l'exploiter. Mais comment peut-on arriver à ressentir et à vivre un tel type d'amour? En respectant ces principes fondamentaux:

• Soyez concerné par l'autre.

Vous sentir concerné par l'autre signifie que vous éprouvez réellement de l'empathie pour celui que vous dites aimer. Si vous me dites que vous aimez votre chat et que vous ne lui parlez pas, que vous le privez d'attentions et de caresses, puis-je vous croire?

• Soyez responsable de l'autre.

Être responsable signifie, au sein d'un amour accompli, que vous êtes capable de répondre aux besoins explicites et implicites de l'autre et prêt à le faire: « Je me sens responsable de l'autre, comme je me sens responsable de moi-même. »

• Ayez le respect de l'autre.

Le respect de l'autre est empreint de votre capacité de le percevoir tel qu'il est, de prendre conscience qu'il est un individu à part entière, unique. Le respecter, c'est se soucier de lui en acceptant qu'il puisse grandir et s'épanouir à partir de son propre intérieur: « Je me sens un avec lui tel qu'il est et non pas tel que j'ai besoin qu'il soit. »

• Ayez à cœur de connaître l'autre.

Il faut opter pour une forme de connaissance qui a ceci de spécifique: elle ne demeure pas superficielle mais se dirige tout droit au cœur même de celui ou de celle que vous dites aimer. Une connaissance qui n'est possible que lorsque vous êtes capable de dépasser le souci de vous-même et de percevoir l'autre en ses propres termes.

Lorsque les deux êtres qui forment un couple assument chacun leur propre bonheur, ce couple a toutes les chances d'être heureux. Mais si chacune de ces personnes voit l'autre comme *la* solution à son mal existentiel, ce couple peut sans doute tenir longtemps, mais certainement pas dans la joie et la sérénité.

L'amour : en pays de connaissance

Comment se fait-il que nous soyons si assoiffés d'amour et que nos connaissances sur l'amour soient si limitées ? Très souvent, il m'est donné de constater qu'hommes et femmes considèrent comme tout à fait logique et nécessaire de planifier une journée de travail, une soirée entre amis, une activité en famille, etc. Ils demeurent cependant fermés et même outrés à l'idée d'appliquer pareil traitement à tout ce qui, de près ou de loin, concerne l'amour : « Es-tu sérieuse ? On parle d'amour, pas d'affaires ! » Pourtant, l'amour requiert une certaine somme de connaissances et d'efforts. Comment pouvons-nous croire qu'il peut nous tomber dessus comme par enchantement ? Pour la simple et bonne raison qu'on le réclame à cor et à cri ? Si nous procédions de même en ce qui concerne nos affaires, nous aurions tous fait faillite depuis longtemps !

Nous croyons que nous n'avons rien à apprendre sur l'amour. La réponse à cette réalité réside sans doute dans ces quelques prémisses de Fromm :

- Pour plusieurs d'entre nous, le problème essentiel de l'amour est d'être aimé et non pas d'aimer.

Notre problème est donc de savoir comment nous pouvons être aimés, de quelle manière nous pouvons être aimables. Les hommes qui présentent ce profil mettent tout en œuvre pour remporter succès après succès. Ils ont tôt fait de tenter, dans les limites de leur position sociale, de s'affirmer sur les plans de la puissance et de la richesse. Quant à elles, les femmes qui présentent ce profil ont à cœur de plaire en misant sur leurs manières aimables et leur physique attirant.

- Certains supposent que le problème de l'amour n'est pas un problème de faculté, mais un problème d'« objet ».

Souvent, nous croyons qu'il est simple d'aimer, alors qu'il est difficile de trouver le « bon objet » à aimer (ou celui qui nous aimera). Vivant dans une société de consommation qui nous incite à nous gaver littéralement de tout et de rien, et ce, à comptant ou à crédit, nous portons le même regard sur les personnes qui nous entourent. L'homme convoite donc la fille « attrayante » et la femme, l'homme « séduisant », *attrayant* et *séduisant* étant synonymes des qualités fort prisées sur le marché de la personnalité. Lorsque nous tombons dans ce cercle vicieux, nous faisons des affaires : l'objet que je convoite (homme ou femme) doit être désirable, et ce, selon la valeur que la société lui accorde. Cet objet doit également me désirer en fonction de mes biens et de mes qualités apparentes ou cachées.

- Il existe une confusion entre l'expérience première de « tomber » amoureux et l'état permanent d'« être » amoureux ou, si vous préférez, de « se tenir » dans l'amour.

Lorsque nous avons vécu dans l'isolement et le non-amour, nous sommes émus et émerveillés de nous sentir enveloppés par l'autre. Par contre, il s'agit là d'un amour qui ne peut pas, de par sa nature même, avoir une longue vie. En effet, cet émoi initial est appelé à s'éteindre aussitôt que la routine et l'accoutumance à l'autre s'installent, aussitôt que nos différences mutuelles, nos déceptions réciproques et notre ennui partagé ont raison de cet émoi. L'erreur commise est de croire, au début d'une relation, que l'intensité de cette euphorie partagée (je suis fou/folle de toi !) est à l'image de l'intensité de notre amour. Elle n'est en fait que le baromètre de notre solitude intérieure.

Pour surmonter l'échec de l'amour, il vous faut examiner les causes de cette défaite et étudier la signification de l'amour. Une démarche s'impose alors :

- Prenez conscience que l'amour est un art, au même titre que vivre est un art.

Si vous voulez apprendre comment aimer, procédez de la même manière que vous le feriez pour apprendre la musique, la peinture, la menuiserie ou la médecine. Vous aurez alors des étapes à franchir afin que cet apprentissage se fasse positivement :

- Faites une distinction entre la maîtrise de la théorie et la maîtrise de la pratique.

Si vous voulez appendre l'art de la musique, par exemple, vous devrez tout d'abord apprendre ce qu'est une portée, une mesure, une clé de sol, une note, un temps, etc. Lorsque vous aurez fait certains acquis sur le plan théorique, vous vous devrez de parfaire votre formation par la pratique d'un instrument (voix, piano, guitare, etc.) en ayant conscience que vous ne deviendrez un artiste accompli que si vous vous livrez à cette pratique d'une manière régulière et continue.

- Faites en sorte que l'art d'aimer soit pour vous une priorité.

En dépit des douloureux échecs amoureux que nous avons connus, nous ne nous sommes jamais arrêtés à l'idée d'apprendre à aimer. Étrange que nous soyons si immensément habités par le sentiment de connaître enfin le grand amour et que nous ayons renoncé à savoir qui il est. Nous voulons bien, mais… Mais quoi? « Mon travail me draine beaucoup d'énergie, j'ai des rendez-vous importants, une foule de projets en tête… » Bref, je suis bien trop occupé à attirer à moi argent, succès, pouvoir et prestige pour consacrer du temps et de l'énergie à apprendre comment aimer. Dans une société où tout est fondé sur l'avoir et le paraître plutôt que sur l'être, il n'est pas étonnant que l'art d'aimer ne fasse pas partie de nos priorités. Après tout, comme le dit si bien Fromm, l'amour profite seulement à l'âme…

Exercices

Dans ce premier chapitre, j'ai voulu entre autres choses vous amener à vous interroger sur la qualité de l'amour que vous offrez à l'autre et sur celui que vous désirez obtenir. Les exercices et pistes de réflexion qui suivent vous permettront de pousser plus loin cette démarche.

1) Dressez la liste chronologique des personnes avec lesquelles vous avez eu des relations amoureuses. À côté de chaque nom,

énumérez les défauts et qualités qui caractérisent chacune de ces personnes. Répondez alors à ces questions :
- Qu'ont-elles en commun ?
- Quelles sont leurs différences respectives ?
- Quelles ont été les répercussions positives et négatives de leur présence dans ma vie ?
- La première de ces relations a-t-elle engendré plus de souffrance que la deuxième, la troisième, etc. ?
- Quelle personne de mon enfance me rappelle-t-il(elle) ?
- Me suis-je arrêté(e) à comprendre pourquoi ?
- Quels indices auraient pu me permettre d'avoir des doutes quant à la qualité de la relation ?
- À quel moment aurais-je dû penser à la possibilité de rompre ? Pour quelles raisons ne l'ai-je pas fait ?

2) Dans un cahier, dressez trois listes : la première est ce que vous désirez <u>pour vous</u> au sein d'une relation amoureuse. La seconde, ce que vous désirez <u>pour l'autre</u> et la troisième, ce que vous désirez de <u>la relation</u>. Lisez attentivement ces listes et posez-vous ces questions :
- Mes attentes sont-elles réalistes ?
- Pour quelles raisons ?
- Est-ce que c'est ce que j'ai appliqué jusqu'à maintenant dans mes relations amoureuses ?
- Pour quelles raisons ?

3) Faites la liste des 10 qualités que vous aimeriez retrouver chez l'autre. Ensuite, classez ces qualités sur une échelle de 1 à 10, en commençant par celle qui semble la moins importante pour vous. Faites alors la liste de vos propres qualités en procédant de même. Comparez les réponses et voyez si vous offrez à l'autre ce que vous espérez de lui (elle) : vos attentes sont-elles réalistes ? Vous sous-estimez-vous ? Vous surestimez-vous ?

TEST

Répondez par oui ou par non à ces questions.   Oui Non

- J'ai peur de lui(d'elle).   ____ ____

- L'amour que je lui donne le(la) transformera. Il   ____ ____
(elle) deviendra alors l'être avec qui je veux partager ma vie.

- Il(elle) a besoin d'aide pour apprendre à aimer,   ____ ____
pour en être capable, pour devenir aussi équilibré(e) que je le suis.

- Mon rôle face à lui(elle) est de l'aider à résoudre   ____ ____
ses conflits intérieurs.

- Très souvent, j'ai de la difficulté à accepter les   ____ ____
comportements et attitudes qu'il(elle) adopte. Sa personnalité me contrarie.

- J'ai souvent l'impression de rechercher la preuve   ____ ____
qu'il(elle) m'aime.

- C'est lui(elle) qui porte la plus grande part de   ____ ____
responsabilité quant aux problèmes que nous avons dans notre relation.

- Je souffre, car c'est moi qui suis tolérant(e) alors   ____ ____
qu'il(elle) m'empêche de m'aimer et de m'affirmer.

Si vous avez répondu oui à la majorité de ces questions, vous n'aimez pas véritablement l'autre.

Exemple de scénario vécu sous l'emprise d'Éros

Ce scénario est typique de comportements que vous pourriez adopter ou que vous avez sans doute adoptés lorsque vous étiez sous l'emprise d'Éros et de la dépendance affective. Peut-être vous rappellera-t-il la prudence et la vigilance à exercer au cours d'une prochaine liaison amoureuse :

- Vos regards se sont croisés… immédiatement, vous avez senti vos entrailles se nouer, votre cœur faire un bond. Vous avez eu l'impression d'être entraîné(e) par un courant fort et irrésistible.
- Vous souhaitez à l'instant vous retrouver seul(e) avec lui (elle). Dès les premières minutes de conversation, vous vous sentez volubile et prêt(e) à lui parler pendant des heures. Vous voudriez que le temps s'arrête.
- Vous avez l'impression qu'il(elle) lit en vous mieux que quiconque, que vous ne vous êtes jamais senti(e) aussi heureux (se). Vous avez le sentiment d'être un être nouveau, de renaître à la vie.
- Lors de votre première relation sexuelle, vous avez le désir de tout faire pour lui plaire. Vous concentrez votre attention sur son plaisir afin qu'il(elle) puisse avoir le sentiment que vous êtes unique.
- Il(elle) vous raconte son enfance difficile, ses échecs amoureux, les épreuves que ses parents lui ont fait subir. Ce passé ne vous paraît pas menaçant, en ce sens qu'il est loin derrière lui(elle) et que seul l'instant présent compte pour vous deux.
- Vous avez la très nette envie d'être son ange gardien, de l'envelopper, de le(la) chérir, d'en prendre soin.
- Vous ne vous faites guère demandant(e), car il(elle) est plutôt d'une nature indépendante.
- Faire l'amour avec lui(elle) vous donne l'impression de le faire pour la première fois.
- Lorsqu'il(elle) adopte un comportement qui vous déplaît, vous y pensez de manière rationnelle et parvenez à la conclusion que ce n'est pas bien méchant, après tout.
- Il(elle) vous semble moins accessible qu'auparavant, plus discret(ète) et fermé(e). Vous commencez à éprouver certaines angoisses liées à l'insécurité, au rejet et à la contrariété.
- Vous avez le sentiment que votre relation connaît de plus en plus de hauts et de bas. Vous avez de plus en plus de

difficulté à bien vous situer face à votre partenaire. Vous oscillez entre des sentiments de tendresse, d'amour et de haine.
- Vos proches commencent à avoir des doutes sur la nature des sentiments qu'il(elle) vous porte.
- Votre ressentiment envers lui(elle) augmente. Vous en avez gros sur le cœur mais ne voulez pas l'admettre réellement. Aussitôt qu'il(elle) se montre gentil(le) vous revenez à de meilleurs sentiments.
- Vous essayez souvent d'entamer des discussions avec lui(elle) pour tenter de résoudre certains problèmes. Il(elle) ne comprend pas ce qui semble vous contrarier ou vous faire du mal.
- Il(elle) devient de plus en plus distant(e) et de moins en moins présent(e). Vous vous sentez seul(e) et abandonné(e) sans sa présence et tentez par tous les moyens de ne pas le (la) perdre. Vous vous accrochez à lui(elle) comme à une bouée de sauvetage.

Déjouer la routine

Vous désirez teinter le sage Agape des jolies couleurs qui vous attirent chez Éros ? Qu'à cela ne tienne :

1) Donnez-vous le droit et l'opportunité de retomber en enfance, de relâcher tout contrôle :
- La nuit, avant de vous endormir, jouez à faire des ombres chinoises sur le mur. Demandez à l'autre de deviner ce que vous faites et amusez-vous.
- Jouez dans la neige : roulez-vous dedans en vous embrassant, faites des bonshommes de neige, lancez-vous des balles gentiment. Vous pouvez aussi prendre des bains de neige à peau nue, à condition d'être en bonne forme physique et de respecter les consignes suivantes. Sortez, frottez-vous vigoureusement avec une neige douce pendant un maximum de deux minutes, puis rentrez au chaud. Couvrez-vous et après trois minutes, ressortez en vous frictionnant à

nouveau pendant un maximum de cinq minutes. Rentrez et couvrez-vous en restant bien au chaud.
- Promenez-vous dans la nature en vous émerveillant de tout ce que vous apercevez. Émettez des commentaires à voix haute, un peu comme le font les enfants.
- Couchez-vous sur le sol et prenez conscience que votre corps ne fait qu'un avec la terre alors que votre regard semble se promener dans l'univers.
- Faites la liste de tout ce que vous faisiez pour vous amuser, étant enfant. Osez adopter des comportements similaires.

2) Donnez-vous rendez-vous dans un bar. Approchez-vous l'un de l'autre comme si vous étiez deux étrangers qui se plaisent au premier regard. Donnez-vous alors le temps de partir à la découverte de ce que vous êtes, de vous apprivoiser mutuellement. Inventez une histoire si cela vous chante. Vous pouvez même choisir, au préalable, de vous coiffer et de vous vêtir de manière inhabituelle.

3) Offrez-vous un week-end d'ermites dans un endroit qui ne vous est pas familier. L'idée est de changer de décor et de vous assurer que rien ni personne ne viendra troubler vos retrouvailles. Si vous ne pouvez pas vous offrir quelques jours à l'extérieur, débranchez le téléphone et la sonnerie de la porte. Amusez-vous à changer quelques meubles de place. Auparavant, faites une liste des choses qui ne sont pas «raisonnables» ou qui tranchent avec votre vie habituelle :
- mangez sur la moquette avec vos doigts ;
- jouez à la cachette en offrant une récompense à celui ou celle qui trouve l'autre ;
- téléphonez à un(e) ami(e) et jouez-lui un tour ;
- écrivez sur un bout de papier des comportements (sexuels ou non) que vous aimeriez voir l'autre adopter et pigez-en au hasard ;
- faites l'amour dans un placard ou sur le comptoir de la cuisine ;

- jouez au *strip poker*;
- racontez-vous l'un de vos fantasmes, etc.

4) Redécouvrez vos cinq sens en vivant dans l'ici et le maintenant, en goûtant l'instant présent. Pour ce faire, invitez votre partenaire à partager un bain avec vous. Avant de lui lancer cette invitation, portez une attention toute particulière à l'ambiance et au confort qui régneront dans la salle de bain : éclairage tamisé, température de la pièce et de l'eau confortables, pétales de fleurs jetées négligemment sur le sol et dans l'eau, serviettes invitantes, etc. En vous lavant mutuellement, posez-vous tour à tour des questions qui concernent vos cinq sens, soit la vue, l'odorat, le toucher, le goût et l'ouïe. Ces questions pourraient être de l'ordre de celles-ci.
- Quel est le sens qui te donne le plus de sensations ?
- Pour quelles raisons ?
- Qu'est-ce que ça te fait ressentir ?
- Qu'est-ce que tu aimes regarder et qui t'excite le plus : les seins, les fesses, les yeux ou… ?
- Qu'est-ce qui t'allume le plus : des mots doux, osés ? Ma respiration ? etc.

5) Amusez-vous avec l'un de vos sens.
- L'odorat

Bandez les yeux de votre partenaire et invitez-le(la) à identifier les divers aliments que vous placez sous son nez.

Mettez une goutte de parfum à trois endroits de votre corps. Votre partenaire doit identifier ces endroits en caressant tout votre corps du bout du nez.
- Le toucher

Caressez tout le corps de l'autre en utilisant divers objets tels qu'une plume, un foulard, un collier, et demandez-lui ce qu'il(elle) ressent, s'il(elle) préfère des pressions plus douces ou plus fortes.
- La vue

Présentez à votre partenaire des photographies, des dessins ou des images à caractère sexuel ou non et demandez-lui ce que l'image soulève chez lui(elle), ce qui l'attire ou le(la) repousse, ce qu'elle lui rappelle, etc.

• L'ouïe

Reproduisez les sons de l'amour : halètements, soupirs, cris, murmures, mots doux, mots osés. Demandez à votre partenaire ce qu'il(elle) préfère et ce que vous n'avez pas fait qu'il(elle) aimerait entendre.

• Le goût

Bandez-lui les yeux, demandez-lui d'ouvrir la bouche et placez-y des aliments en vous servant sensuellement de vos doigts ou de votre langue. Lorsque pour la troisième fois il(elle) n'arrive pas à bien identifier l'aliment goûté, c'est à votre tour de devenir le receveur.

Chapitre 2

Je m'aime : un peu, beaucoup, passionnément !

> Personne ne peut t'entraîner à te sentir inférieur sans ton consentement.
>
> Éléonore Roosevelt

Le chapitre précédent vous a confronté à une question que, très souvent, nous voulons fuir à tout prix : est-ce que je m'aime ? Pourtant, bien des difficultés qui sont soulevées au cours d'une relation amoureuse relèvent justement de ces facettes de nous-mêmes que nous n'aimons pas. Nous verrons donc, au cours des pages qui suivront, pour quelles raisons et de quelle manière vous pouvez redorer l'image que vous avez de vous-même.

> Je ne m'aimais pas mais je faisais semblant que c'était le cas. Ça a trompé tout le monde, finalement, moi la première... Je crois que j'ai essayé de pallier ce manque en devenant une superwoman... j'essayais de battre des records au travail, avec mes amis, au lit [...] Pourtant, à l'intérieur de moi, je me sentais insignifiante et malheureuse, avec toujours ce sentiment d'avoir usurpé la place de quelqu'un d'autre, quelqu'un qui aurait fait mille fois mieux que moi, bien sûr !

[…] l'estime que j'avais pour moi-même était à moins zéro. Quand j'ai commencé ma thérapie, j'avoue que j'ai commencé à adopter des comportements différents: j'écrivais, j'avais besoin de me retrouver seul, je réfléchissais souvent, j'avais l'air absent parce que je repensais à mon enfance, à ce que j'avais vécu, à ce que je suis devenu et, bon… c'est une démarche qui ne me donnait pas toujours envie de chanter ou de danser, vous voyez? Mais ce qui est pénible maintenant, c'est que ma femme a commencé à me dire que je suis égocentrique, que je pense uniquement à moi, que je suis différent…

Différent de qui? de quoi? pourrait se demander cette femme. Du mari qu'elle a connu et vu comme elle voulait qu'il soit, c'est-à-dire à l'image des attentes qu'elle avait et qu'elle s'est empressée de projeter sur lui? Sans doute. La déception, la peur et l'insécurité sont toujours présentes lorsque l'objet de nos projections subit une métamorphose, et cela est fort compréhensible puisque nous sommes déstabilisés et forcés de réviser nos positions.

Amour de soi et amour de l'autre

S'aimer est une chose, tomber dans la suffisance en est une autre. Fort heureusement, il est possible de reconnaître nos forces, de nous aimer inconditionnellement à partir d'elles, et ce, sans développer un ego malade, hypertrophié. Je me plais souvent à comparer l'amour qu'un être humain éprouve pour lui-même aux fondations d'un édifice. Si ces dernières ne sont pas solides, vous aurez beau avoir l'intention de faire de cet endroit un merveilleux havre de paix aux fenêtres lumineuses et invitantes, rien n'y fera. Au moindre souffle un tant soit peu violent, il s'effondrera. Comme nous l'avons vu au cours du chapitre précédent, c'est toujours le manque d'amour envers soi-même qui fait de nous des égoïstes, et non l'inverse.

Du latin *aestimare*, «estimer» signifie que nous apprécions, évaluons, déterminons la valeur d'une chose ou que nous avons une opinion avantageuse de quelqu'un, de quelque chose, que nous reconnaissons sa valeur. L'estime de soi repose donc sur la considération que vous avez pour vous-même et sur cette capacité que vous avez de croire en vous. Du latin *amore*, «aimer» signifie entre autres choses que nous avons de l'affection, de l'inclination pour quelqu'un, que nous éprouvons un sentiment d'attachement plus ou moins vif pour cet être. Je préfère donc parler d'amour de soi, ce qui m'apparaît être un sentiment plus fort que la seule estime de soi.

Maux d'amour

Il m'est souvent donné d'observer à quel point l'absence d'amour envers soi-même est à la base de bien des maux.

> Je suis timide, je vis en fonction des autres, je ne me demande même pas ce dont j'ai envie. Et puis, je me soucie toujours de ce que les autres pensent de moi, je me compare toujours aux autres. Ça ne peut pas fonctionner avec cet homme parce que… en fait, j'ai l'impression d'être avec mon père quand je suis avec lui et mon père cherchait constamment à me prendre en défaut.

> On m'a toujours dit que j'étais belle. Quand j'étais petite, je me regardais dans un miroir et c'était comme si… je ne sais pas comment traduire mon état d'âme… je me regardais et je voyais que je devais être jolie parce que mes traits étaient réguliers, de grands yeux, un nez fin, une bouche bien dessinée, sensuelle mais… Je voyais que je devais être belle mais je ne le sentais pas. Lorsqu'un homme dit m'aimer et me désirer, j'ai bien peur que je ne sache pas ce que ça veut dire exactement.

L'amour de soi nous fait souvent défaut. Bien sûr, avoir nos moments de doutes, d'incertitudes et de craintes est tout à fait humain. C'est là, je crois, ce qui nous différencie de ces êtres qui ont développé un soi grandiose et qui se pensent et se voient incomparables, irréprochables, supérieurs et invincibles. J'ai pu observer que les femmes ont de plus grands et de plus fréquents moments de doute que les hommes. C'est, je crois, parce qu'elles sont plus réalistes qu'eux, ce qui pourrait être considéré comme une qualité. En effet, je suis persuadée que le manque de doute dont font preuve bien des hommes les conduit à emprunter une prétention et une suffisance qui les empêchent de se remettre en question et de réviser objectivement leurs positions. Pourtant, il n'est jamais possible ni réaliste de croire que nous pouvons, en toutes circonstances, nous conduire de manière irréprochable.

L'être et le paraître

Pour plusieurs d'entre nous, l'amour de soi ne tient souvent qu'à un fil. Pourquoi en est-il ainsi? Premièrement, parce que notre sens des valeurs est faussé. Parce que nous nous évaluons en fonction de ce que nous paraissons et non en fonction de ce que nous sommes. Cette tendance que nous avons à tout miser sur notre apparence ne peut que nous inciter à détester l'image que nous renvoie notre miroir puisque nous voulons correspondre à un idéal de perfection qui n'est pas accessible. Nous avons donc le sentiment d'étouffer entre les nombreux complexes que nous avons développés et cet idéal irréalisable qu'il nous est impossible d'atteindre.

Ai-je été aimé(e)?

L'estime que nous avons pour nous-mêmes est également à l'image de l'amour que nous avons pour nous-mêmes. Dites-moi de quelle manière votre mère et votre père vous ont aimé et je vous dirai si vous vous aimez. Éprouver de l'amour pour vous-même suppose que vous soyez capable d'adopter cette attitude saine : reconnaître vos forces sans basculer dans un orgueil démesuré et dans le dénigrement d'autrui ; reconnaître également vos faiblesses sans sombrer dans une modestie démesurée et dans le dénigrement de votre personne.

L'amour de soi est donc un préalable pour réussir sa vie et réussir dans la vie. Et c'est un amour qui se forge au cours de l'enfance. Nous verrons ultérieurement qu'un besoin psychologique fondamental vous habitait lorsque vous étiez enfant : celui de vous sentir aimable, c'est-à-dire de sentir que vous méritiez d'être aimé. Et ce besoin narcissique fort légitime que vous éprouviez devait être comblé, entre autres personnes, par une mère qui savait vous apporter l'amour et la valorisation de vous-même. En vous sentant véritablement et suffisamment aimable, vous découvriez le merveilleux sentiment de pouvoir aimer à votre tour. La nature du lien fusionnel que votre mère a entretenu avec vous était très importante, car si vous avez été aimé et valorisé, vous êtes capable, aujourd'hui, d'établir un lien fusionnel puisque vous vous sentez suffisamment aimable pour être accueilli dans le territoire d'une autre personne. Si, au contraire, vous avez vécu une rupture de ce lien fusionnel maternel, cette réalité a porté atteinte à votre ego et vous vous êtes senti abandonné. Et ce qui a été insupportable dans cet abandon, ce n'est pas tant la perte de la mère aimée que la blessure à l'ego que cet abandon provoque. En effet, un adulte qui craint l'intimité affective a certes peur d'être abandonné mais, par-dessus tout, il porte en lui une blessure narcissique qui l'a conduit à croire qu'il n'est rien, qu'il est nul en tant qu'être humain. Et si cette carence affective se révèle être très forte, cet adulte présentera un profil bien précis et peu enviable. Ayant une très faible estime de lui-même, il s'attendra à être rejeté, abandonné. Il ne pourra donc pas croire qu'on puisse l'aimer véritablement, car lui-même se sentira à la fois indigne d'être aimé et incapable d'aimer véritablement. Au début d'une relation amoureuse, il risquera donc de mettre un scénario d'échec en œuvre pour être rejeté et abandonné, puisqu'il sera convaincu que c'est précisément ce qui se produira.

Bien des femmes qui ont eu un père indifférent peuvent éprouver un déséquilibre par rapport à leur ego, en ce sens que l'attitude de leur père impliquait la négation des qualités qu'elles possèdent en tant que femmes. Elles ont donc le sentiment qu'il est impossible qu'on les aime et qu'on les désire.

> Une image me revient en tête : je suis assise dans les escaliers et je regarde mon père... il est dans le salon, assis sur son fauteuil préféré, et il lit. Je regarde son beau profil et... j'ai de la difficulté à bien le voir parce que ma vue est embrouillée par les larmes que je... J'espère tellement qu'il va tourner la tête dans ma direction, qu'il va me sourire et qu'il va enfin me dire quelque chose comme : « Bonjour ma chérie... viens t'asseoir près de moi, ne reste pas là comme ça toute seule, viens... » Mais comme toujours, il ne me remarque même pas et moi, je me sens insignifiante, inintéressante, inexistante et... je suis jalouse de son livre. Vous vous imaginez ? Je suis jalouse d'un simple livre... de son maudit livre, oui.

Les parents qui vouent un amour inconditionnel à leur enfant lui donnent le plus précieux outil pour qu'il puisse se réaliser pleinement dans l'existence : un amour de soi substantiel.

Croire en soi

Lorsque nous ne croyons pas en nous, nous nous replions sur nous-mêmes, nous préférons la fuite à l'initiative, au mouvement et au combat. Agir et réagir sont souvent les mots d'ordre de ceux qui croient en leurs capacités. Nos expériences négatives passées peuvent avoir eu raison de cette confiance en soi qui nous est si indispensable afin de nous assurer une bonne santé psychologique et sexuelle. Cependant, l'influence qu'ont eue nos parents sur ce plan demeure marquante. Nous pourrions croire d'emblée qu'un père et une mère aimants amènent obligatoirement leur enfant à croire en lui, mais tel n'est pas le cas. Certains parents offrent tendresse, présence et affection à leur enfant, mais leur transmettent parallèlement les peurs et les anxiétés qui les habitent.

> Je viens d'un petit village. Mes parents étaient bons, généreux, très préoccupés par le bonheur de leurs enfants. Je n'ai que de bons souvenirs de mon enfance. C'est en sortant de mon village natal que les choses se sont gâtées. C'est là que je me suis rendu compte à quel point ils étaient craintifs et méfiants par rapport à ce qui leur était étranger. Je crois qu'ils m'ont transmis leurs appréhensions sans que je m'en rende compte. J'ai beaucoup de difficulté à foncer dans la vie sans penser que le ciel va me tomber sur la tête.

> Mes parents étaient très près l'un de l'autre et de nous, les enfants. Ce n'étaient pas des gens agressifs ou méchants. Ils m'ont beaucoup aimé mais déjà, à l'âge de treize ans, je rêvais d'aller vivre dans une grande ville, ce qui semblait les insécuriser énormément. Ils avaient peur qu'il m'arrive quelque chose de terrible et me le répétaient souvent! Leur réaction me contrariait beaucoup et c'est peut-être pour ça que j'ai quitté cette petite ville à l'âge de dix-huit ans, que j'ai étudié et que j'ai réussi dans tout ce que j'ai entrepris.

La psychologie de l'être humain étant fort complexe, il n'est pas étonnant que ces deux personnes aient réagi différemment à des comportements similaires que leurs parents respectifs ont manifestés à leur endroit. La première s'est écrasée sous le poids de leur injonction alors que la seconde s'est quelque peu rebellée. Nous pourrions voir en la première une tendance à se maintenir dans la dépendance, la fusion et en la seconde, ce fort besoin qu'elle avait de s'individualiser.

Un miroir filtré

L'image que nous renvoie notre miroir est souvent déformée, car nous portons une paire de lunettes qui est teintée des différentes expériences que nous avons vécues au cours de notre vie et, à plus forte raison, au cours de notre enfance. Ce filtre qui nous amène à interpréter la réalité à la lumière de nos expériences antérieures se fait discret. En effet, nous ne sommes pas toujours conscients de sa présence, et s'il est vrai que nous pouvons apprendre à modifier une pensée, il n'en demeure pas moins qu'il est très ardu de changer complètement un schème de pensée.

> Je ne recevais jamais de compliments à la maison, toujours des remarques désobligeantes, des critiques acerbes et dévalorisantes. À dix ans, je n'étais plus que l'ombre de moi-même. J'aurais rampé le long des murs de l'école pour qu'on ne me voie pas, tellement je me sentais petite, maladroite, stupide. Et puis, il y a eu ce prof de théâtre qui était… comment dire? Il était exigeant mais tellement humain, compréhensif, plein d'humour et valorisant […] Avec le temps, j'ai appris à m'estimer davantage, à me faire confiance. C'est même le métier que j'ai choisi. Mais je remarque que… si je suis plus fatiguée un soir, si j'ai connu des moments plus difficiles dans la journée, je me sens plus vulnérable et j'ai plus de difficulté à… À ce moment-là, c'est comme si j'entendais une petite voix qui me murmurait: «Tu vas te casser la gueule ce soir, pendant la représentation!» Mais ça ne m'arrive pas, car je sais maintenant que c'est possible, avec le profil psychologique que je présente, que j'entende cette voix négative. Mais je sais que c'est moi qui aurai raison

d'elle, que je ne dois pas l'écouter. C'est ça qui est important, que je puisse lui dire d'aller se faire entendre ailleurs...

Un regard positif

Enfants, nous avons été marqués par l'attitude qu'adoptaient nos parents à notre endroit. Il se peut que cette dernière ait été faite de non-reconnaissance envers nos qualités fondamentales et de non-respect envers nos forces et nos faiblesses. Comme nous avons été ignorés, dévalorisés ou poussés à exceller en tout, il nous est donc extrêmement ardu de porter sur nous un regard qui soit positif.

> Il fallait que je sois le meilleur en tout : « Comment se fait-il que tu n'aies eu qu'un « très bien », pourquoi pas un « excellent » ? Comment se fait-il que tu n'aies pas été choisi pour faire partie de cette équipe ? Comment se fait-il que tu n'aies pas été capable de faire ça, de penser à ça, de demander que... » et j'en passe ! À sept ans, je devais me conduire comme si j'en avais eu vingt. Un cercle vicieux s'est installé parce que plus ils se faisaient demandants et exigeants, plus j'écrasais en pensant que je ne valais rien. C'est encore comme ça aujourd'hui.

Ce que nous nous fixons comme objectifs dans la vie est souvent en miroir avec les attentes que nos parents avaient envers nous. Et ces attentes font partie, bien sûr, de la liste des expériences qui filtrent la vision que nous avons de nous-mêmes. Nos parents ont fondé certains espoirs en nous, c'est un fait. Mais nous ne devons pas oublier cette réalité : c'est la manière dont nous avons interprété leurs attentes qui nous conduit souvent à nous mettre martel en tête, à croire fermement qu'ils nous auraient voulus différents ou meilleurs que ce que nous sommes devenus. Ce qui, bien sûr, nous transforme en véritable machine de compétition, de dépassement et de perfection de soi.

Des croyances irrationnelles

Le psychanalyste et sexologue Albert Ellis énumère certaines croyances irrationnelles qui peuvent modifier notre comportement :
- Je dois être aimé et approuvé en tout et par tous.
- Je dois avoir du talent et être capable de me réaliser dans quelque chose d'important.
- La vie est une catastrophe si ça ne va pas comme je veux.
- Ceux qui me font du mal sont mauvais et doivent être blâmés.
- Si quelque chose est menaçant, je dois être préoccupé.
- Je dois trouver des solutions pour rendre la vie meilleure.
- La misère intérieure vient des pressions extérieures et je peux difficilement contrôler mes sentiments.
- Il est plus aisé d'éviter d'affronter les difficultés que de faire une démarche pour avoir plus de maîtrise de soi.
- Mon passé gouverne mes sentiments et mon comportement actuel.

Si vous entreprenez une démarche pour prendre conscience que vous entretenez de telles croyances irrationnelles, vous pourrez apporter certains changements aux comportements que vous adoptez. Cependant, cette démarche ne peut pas, à mon avis, s'arrêter là. En effet, les pensées, idées et croyances négatives qui vous habitent ne peuvent pas disparaître simplement parce que vous désirez ardemment les voir s'effacer. Ces dernières reposent sur des expériences négatives que vous avez vécues, lesquelles ont besoin d'être exorcisées pour perdre de leur emprise sur vous et, par conséquent, vous laisser vivre en paix.

Une mesure à deux temps

Laquelle ou lequel d'entre nous pourrait se vanter d'avoir baigné, étant enfant, dans un environnement qui lui apportait à la fois amour de soi, valorisation de soi et affirmation de soi? Très peu, j'en ai bien peur. C'est sans doute la raison pour laquelle je rencontre souvent des hommes et des femmes qui semblent étonnés et quelque peu agacés d'avoir réussi dans certains domaines de leur vie alors qu'ils disent avoir lamentablement échoué dans d'autres.

> Je ne comprends pas ça! Et ce n'est pas faute d'avoir essayé. Comment puis-je avoir autant d'aplomb, de volonté, d'assurance en affaires et avoir une vie amoureuse si tordue? Si quelqu'un me dit que je suis une femme d'affaires extraordinaire, je le crois sur parole, mais si un homme me dit qu'il m'aime, je pense qu'il se fout de ma gueule… Par contre, j'ai des amies qui ont une vie amoureuse épanouie, mais ne leur demandez pas de mettre sur pied une affaire, par exemple!

Nous l'avons vu, certains parents aimants transmettent à leur enfant des angoisses qui peuvent miner sa confiance en lui. À l'inverse, d'autres se montrent extrêmement motivants et encourageants en ce qui concerne tout ce que leur enfant pourrait entreprendre intellectuellement et professionnellement dans la vie. Ils lui donnent donc le sentiment qu'il mérite de devenir une personne importante dans la société, qu'il en est digne. Cependant, ces mêmes parents peuvent se montrer limités dans l'expression de sentiments qu'un enfant est en droit d'attendre : la tendresse et l'affection. En un mot, l'amour qu'il a besoin de recevoir afin d'être en mesure d'en éprouver pour lui-même, d'en donner et de croire en celui qui lui est offert.

L'amour de soi : un passeport pour la santé sexuelle

L'expression de la sexualité est en étroite relation avec l'estime qu'une personne a d'elle-même. Elle est donc étroitement liée à l'amour que nous avons pour nous-mêmes, à l'image que nous avons de notre propre corps et à la confiance que nous nous accordons lorsque nous faisons l'amour. Nous construisons l'image que nous avons de notre corps, nous lui donnons vie et la laissons nous habiter, et ce, à partir du contexte socioculturel dans lequel nous évoluons. Nous sommes en relation avec notre corps et le type de relation que nous entretenons avec lui détermine, à mon avis, la manière dont nous percevons notre existence et la position que nous adoptons en ce qui la concerne.

Mince alors !

Les statistiques montrent qu'environ 75 % des femmes se perçoivent comme étant trop grosses et tiennent à perdre du poids. À mon avis, ce constat est alarmant mais pas surprenant. La société dans laquelle nous vivons a développé un véritable culte, voire une véritable obsession pour la femme mince, longiligne et osseuse. Bref, une androgyne anorexique qui semble heureuse, épanouie et comblée… Pourtant, ce modèle qui nous est non plus proposé, mais imposé va à l'encontre de la nature même de la femme, de sa morphologie première. Une femme sécrète des hormones qui lui donnent des formes féminines qui la différencient des hommes : seins, hanches moins étroites, ventre plus rond. À plus forte raison si elle a porté des enfants et qu'elle est ménopausée. Les femmes sont tellement hantées par l'idée d'être de plus en plus minces qu'elles vivent comme des handicapées lorsqu'elles ne parviennent pas à soustraire sur leur pèse-personne ces grammes qu'elles jugent superflus. Lorsqu'une personne devient handicapée, l'image qu'elle a de son corps change et l'amour qu'elle éprouve pour elle-même prend une couleur différente. Il n'est donc pas étonnant de constater qu'une partie de son univers s'écroule. Comme les sentiments qui concernent le corps sont fondés psychologiquement et socialement et que nous vivons dans une société où la femme doit être belle, mince et sexy pour se sentir vraiment femme, celle qui se voit atteinte d'un handicap se voit également atteinte dans son intégrité de femme. Comment peut-elle s'aimer lorsqu'elle a le sentiment qu'elle ne correspond pas à cette image si subtilement fabriquée par le monde dans lequel elle vit? Comment peut-elle vouloir continuer à vivre dans un monde qui prône des valeurs auxquelles elle ne peut plus s'identifier?

Une leçon de vie

En écrivant ces lignes, je me rappelle une femme que j'adorais qui est morte il y a quelques années. Atteinte d'un cancer à l'âge de soixante-cinq ans, elle avait dû subir l'amputation d'une jambe; les médecins espéraient ainsi vaincre cette terrible maladie. Malheureusement, je l'ai vue s'éteindre de semaine en semaine, elle qui était si douce et si forte à la fois, si grande devant la lutte qu'elle avait choisi de livrer et si belle devant l'acceptation qui a marqué les derniers jours de sa vie. Après l'avoir perdue, j'ai souvent repensé à l'attitude que j'avais adoptée avec elle, comme on le fait souvent lorsqu'on se demande si on aurait pu donner plus et mieux. Je suis arrivée à la conclusion que si c'était à refaire, je referais exactement la même chose, car je crois lui avoir donné le meilleur de moi-même et le meilleur de ce qu'elle pouvait espérer: mon cœur, mon écoute et mon empathie. Je me souviens des discussions que nous avons eues au sujet des sentiments qu'elle éprouvait face à la nouvelle image que lui renvoyait son corps, face à son identité féminine et à l'estime qu'elle avait d'elle-même après l'amputation. Elle qui était si coquette me confiait ses craintes de se sentir diminuée dans ses relations avec les autres et avec l'homme qu'elle aimait. C'est ainsi qu'ensemble, nous avons fait le tour des nombreuses valeurs et croyances qu'elle avait acquises, de ce qui était essentiel à son bonheur et de ce qui ne l'était pas, de tout ce qu'elle avait la possibilité d'envisager différemment pour vivre en accord avec ce qui est beau et vrai. Nous avons beaucoup pleuré, mais nous nous sommes permis de rire aussi : des nouvelles positions qu'elle devrait dorénavant adopter avec son mari en faisant l'amour, du prix exorbitant qu'elle allait devoir payer pour une seule chaussure, des bas-culottes qu'elle troquerait enfin contre un beau porte-jarretelles qui aurait l'honneur de tenir le seul bas de nylon qu'elle porterait désormais...

Un corps sain

Cette femme avait perdu une jambe et craignait pour sa vie. Combien d'entre nous ont vécu un pareil traumatisme ? Il serait urgent que les femmes reviennent à des sentiments meilleurs envers elles-mêmes, car une mauvaise perception de soi et de son corps ne peut que conduire à des difficultés, au sein d'une relation amoureuse. En général, les femmes ont eu une éducation sexuelle culpabilisante qui a pu engendrer une perception négative de leur corps et de leur sexualité. Elles investissent temps et argent pour se sentir sexy et trouver leur prince charmant, un homme qui prendra l'initiative, car elles ont peur de s'affirmer, de demander et d'être jugées. Pourtant, si vous ne vous acceptez pas, vous ne pouvez pas avoir la capacité de vous montrer telle que vous êtes, tout comme vous ne pouvez pas avoir la capacité de regarder votre partenaire pour ce qu'il est. Bien sûr, certaines prises de poids excessives sont néfastes tant pour la santé physiologique que psychologique d'un être humain. Mais encore là, elles sont souvent à l'image de ce manque d'amour que nous avons envers nous-mêmes.

> On dit qu'on mange ses émotions... je les ai mangées et croyez-moi, c'est devenu un cercle vicieux : j'ai commencé à manger parce que je ne m'aimais pas et, plus j'ai grossi, moins je me suis aimée. J'ai mangé deux fois plus. Il faut absolument

que je comprenne pourquoi je m'aime aussi peu ou... comme vous me l'avez demandé, quelle satisfaction je peux bien ressentir à me haïr autant parce que ma santé en souffre, à tous les points de vue.

Désir sexuel et séduction

Par ailleurs, l'obsession de la minceur amène les femmes qui ne correspondent pas au stéréotype de la femme plutôt maigre à voir leur corps comme un ennemi redoutable qui inspire méfiance et répulsion. Elles hésitent, tergiversent, prennent de la distance par rapport à leur corps, quand elles ne tombent pas dans une coupure radicale avec lui. Elles se coupent donc, par le fait même, de leur désir sexuel. Comme elles détestent l'image que leur renvoie leur miroir, elles deviennent méfiantes lorsque le regard de leur partenaire ou d'un éventuel partenaire se pose sur elles : comment pourrait-il m'aimer et me désirer puisque je ne suis ni aimable ni désirable ?

La séduction est une action par laquelle nous séduisons ou par laquelle nous sommes séduits. Lorsque nous voulons séduire, nous essayons d'obtenir les faveurs d'une personne, nous essayons de la charmer d'une manière irrésistible, de la fasciner. Le séducteur est donc celui qui essaie de charmer et de conquérir. Séduire est une manière d'être, d'entrer en relation avec les autres. Helen Fisher a étudié, en tant qu'ethnologue et anthropologue, les mécanismes de la séduction. Selon cette étude, l'instrument de séduction le plus puissant serait les yeux, puisque nous ne pouvons pas demeurer indifférents au regard d'une autre personne. Ce phénomène s'explique en partie par le fait que « la vue excite une partie primitive du cerveau humain, qui éveille une des deux émotions fondamentales — l'attirance ou la répulsion[5] ». Après avoir fait des études empiriques, l'anthropologue Givens et le biologiste

---

5. FISHER, Helen. *Histoire naturelle de l'amour*, Paris, Éditions Robert Laffont, 1994, p. 18.

Perper ont conclu que la séduction comporte cinq phases et que ces dernières se succèdent toujours selon un même scénario : d'abord, la personne attire l'attention de l'autre, puis il y a rencontre des regards, puis conversation au sein de laquelle la voix est d'une importance capitale puisqu'elle peut non seulement trahir les intentions mais également les humeurs, l'éducation et le milieu de la personne qui parle. La quatrième phase est celle du contact physique, lequel commence par certains gestes qui manifestent un intérêt. La phase finale de la séduction est celle que Fisher appelle « le synchronisme corporel », phase qu'elle qualifie des plus curieuses : « Quand il lève son verre, elle lève le sien. Puis, ils se désynchronisent. Mais jusque-là, le mimétisme est flagrant[6]. » Elle conclut en avançant l'hypothèse que, bien que tous les êtres humains ne se conforment pas au modèle comportemental décrit par Givens et Perper, le regard, le sourire et les attouchements légers peuvent apparemment nous permettre de séduire, et ce, où que nous soyons. Quoi qu'il en soit, si vous n'acceptez pas votre corps tel qu'il est, vous serez immanquablement confronté à deux obstacles majeurs : vous refuserez d'entrer en contact avec l'autre et refuserez de croire qu'il peut éprouver du désir pour vous.

Une sexualité épanouie

Peu d'auteurs se sont penchés sur le lien qui pouvait exister entre une faible estime de soi chez la femme et sa capacité à profiter d'une sexualité épanouie et satisfaisante. Dans les années 1930, Maslow effectue des entrevues portant sur cette question auprès de 140 femmes. Il découvre que l'attitude et l'expérience des femmes en regard de la sexualité varient en fonction de l'estime qu'elles ont pour elles-mêmes. Celles qui ont beaucoup d'estime de soi adoptent une attitude et des comportements beaucoup plus décontractés à l'endroit de la sexualité. Leurs relations

---
6. *Idem*, p. 27.

sexuelles constituent une expérience agréable à vivre, acceptable et convenable. Elles sont donc plus ouvertes à l'idée de faire preuve de créativité et d'imagination.

Quand l'amour attire l'amour

Suzanne Guénette, sexologue, a fait une recherche dont le but était d'explorer la relation qui existe entre l'estime de soi globale et sexuelle et la capacité que peut avoir une femme à trouver un compagnon de vie. Elle a donc comparé deux groupes, soit 13 femmes qui avaient un conjoint et 11 femmes qui n'en avaient pas. Elle en a retiré les deux hypothèses suivantes:

1) Un lien existe entre le fait qu'une femme ait une faible estime d'elle-même (globale et sexuelle) et le fait qu'elle n'ait pas de conjoint.

2) Un lien existe entre le fait qu'une femme ait une forte estime d'elle-même (globale et sexuelle) et le fait qu'elle ait un conjoint.

À partir des travaux qu'elle a consultés, Guénette a formulé et présenté ces énoncés:

- L'estime de soi repose sur une évaluation que nous nous faisons de nous-mêmes. Cette dernière, qui porte sur notre valeur, notre importance et notre compétence, a des répercussions marquantes sur nos attitudes et comportements.
- Un lien peut être fait entre l'estime de soi sexuelle et l'évaluation que nous faisons de nous-mêmes en nous comparant aux personnes du même sexe que nous, ainsi qu'avec les rapports que nous instaurons avec les personnes de sexe différent de nous et la satisfaction que nous retirons de notre être sexué, sexuel et érotique.
- Le fait que nous ayons de l'amour pour nous-mêmes attire l'amour des autres et favorise les relations positives que nous pouvons entretenir avec les autres. Et parallèlement, avoir de la haine pour nous-mêmes attire la haine des autres et représente une entrave sérieuse à nos relations interpersonnelles.

- Une faible estime de soi peut nous conduire à éprouver maintes difficultés telles que le sentiment d'être vulnérable au rejet, d'appréhender l'échec, d'éprouver de la timidité, de l'anxiété et de nous isoler.
- Une forte estime de soi est une porte ouverte sur la créativité, l'assurance, la confiance en soi, la réussite et les bonnes relations interpersonnelles.
- Avoir une opinion positive de soi-même et connaître le succès contribue à affirmer l'estime de soi. Être apprécié de nos semblables entraîne des attitudes et des comportements qui à leur tour, favorisent l'admiration et le succès. Le processus inverse peut être observé chez les personnes qui ont une faible estime d'elles-mêmes, ce qui les entraîne dans un cercle vicieux négatif et dévalorisant.
- La faible estime de soi associée à un comportement défensif peut représenter un obstacle majeur dans la recherche d'un conjoint.
- Les personnes qui ont une faible estime de soi semblent éprouver quelques difficultés quant à l'attraction et à la durée d'une relation amoureuse.

Cette recherche montre également que l'estime de soi est constituée de plusieurs facettes. Par exemple, une femme pourra s'évaluer comme étant une bonne mère, une femme de carrière accomplie, mais une mauvaise amante. C'est donc dire qu'en chacun de nous, il existe des zones de vulnérabilité sur ce plan.

Au Québec, environ 29 % des hommes et 21 % des femmes ont un excès de poids. Pourtant, les diètes amaigrissantes semblent avoir attiré surtout les femmes… jusqu'à ce jour, puisque le modèle idéal féminin qu'on nous impose depuis fort longtemps semble avoir trouvé depuis peu son pendant masculin. En effet, le même mouvement s'est amorcé auprès de la gent masculine qui, de plus en plus, ne manque pas d'être confrontée à des images de beaux corps aux muscles bien définis, à des visages au teint parfait et à des crânes garnis d'une épaisse chevelure. Il sera sans doute intéressant d'analyser ce que ce phénomène nouveau aura engendré comme inquiétudes chez les hommes, en regard de leur propre image, et quelles en seront les répercussions sur leurs relations amoureuses et sexuelles. Nous verrons d'ailleurs au cours du prochain chapitre que les hommes vivent de plus en plus d'anxiété de performance au sein de leurs relations sexuelles et nous examinerons les raisons de cet état de fait.

Questions de réflexion

En partant du principe que le développement de soi est lié à la connaissance de soi, je vous invite maintenant à répondre à quelques questions et à faire certains exercices qui vous amèneront à développer l'amour que vous avez pour vous-même en vous faisant découvrir vos forces, vos talents et vos goûts.

1) Avez-vous eu un père ou une mère qui se retrouvaient complètement démunis devant un échec ?

2) Vos parents avaient-ils peur de tout ?

3) Vos parents vous exprimaient-ils clairement et avec sincérité leur amour pour vous ?

4) Le faisaient-ils uniquement en vous offrant des cadeaux ?

5) Vos parents vous accordaient-ils de l'importance ? Passaient-ils du temps avec vous en se concentrant sur ce qui vous faisait plaisir ?

6) Vos parents avaient-ils tendance à vous critiquer, à vous comparer aux autres ?

7) Avez-vous eu le sentiment qu'ils n'étaient jamais totalement fiers de vos réussites, que vous auriez toujours pu faire mieux ?

8) Vous invitaient-ils régulièrement à parler pour connaître les sentiments et émotions qui vous habitaient ? Y étaient-ils sensibles ? Les respectaient-ils ?

9) Vos efforts étaient-ils couronnés d'encouragements de leur part ?

10) Leur est-il arrivé d'être violents physiquement ou verbalement avec vous ?

11) Vous ont-ils agressé sexuellement ?

Si vous avez répondu par une majorité de oui aux questions 1, 2, 4, 6, 7, 10 et 11, et que vous avez répondu par une majorité de non aux questions 3, 5, 8 et 9, il vous aurait été difficile de développer une bonne estime de soi et d'acquérir de l'amour de soi, car peu de facteurs ont contribué à vous renvoyer une image positive de ce que vous êtes et de ce que vous faites. Vous auriez sans doute intérêt à consulter un thérapeute pour vous aider à bien analyser ce que vous avez vécu au cours de votre enfance.

Exercices

1) Le bébé naissant.

Respirez bien et détendez-vous. Fermez les yeux et imaginez un bébé naissant. Respirez bien. Tout doucement, intégrez le corps de ce poupon et imaginez que vous êtes à sa place. Respirez bien. Imaginez que vous êtes ce bébé. Prenez tout le temps qu'il faut pour vous faire à cette idée. Lorsque vous avez vraiment le sentiment d'être ce bébé, imaginez que des bras aimants vous enveloppent et vous caressent. Sentez-les bien. Respirez bien. Prenez votre temps pour bien sentir leur tendresse et leur chaleur. La personne qui vous berce a une voix chaude, douce, rassurante, et vous regarde avec émerveillement parce que vous êtes beau et unique. Que ressentez-vous ? Vous sentez-vous en confiance ? Rassuré(e) ? Heureux(se) ? Comblé(e) ? Triste ? Nostalgique ? Pour quelles raisons ?

2) L'enfant en moi.

Retrouvez l'enfant en vous pour le rassurer et le valoriser. Pour ce faire, référez-vous à l'exercice proposé à la fin du chapitre VII. Je vous suggère d'attendre d'avoir lu ce chapitre, qui porte sur le pardon, avant de vous livrer à l'exercice.

3) Je me veux du bien.

Chaque jour, choisissez un exercice parmi les suivants et écrivez ce qui vous est demandé avec spontanéité. Relisez-vous souvent et/ou faites lire vos écrits par un proche qui mérite votre amour et votre confiance :
- Dix choses que je fais bien.
- Ce que j'aime chez moi.
- Dix choses qui, chaque semaine, m'aident à me sentir bien dans ma peau.
- Un événement positif qui m'est arrivé aujourd'hui.
- De quelle manière je rends les gens heureux autour de moi.

4) Je corrige ma pensée.

Séparez une feuille en quatre colonnes et inscrivez-y ceci :

a) Un événement m'est arrivé ; b) J'ai pensé que… ; c) J'ai eu tels sentiments ; d) J'ai adopté telle attitude.

Sous chacun de ces énoncés, écrivez ce qui vous est demandé :

Exemple : a) Une collègue de bureau n'a pas été aimable avec moi.

b) J'ai pensé qu'elle ne m'aimait pas.

c) Je me suis senti(e) humilié(e).

d) J'ai baissé les yeux et suis parti(e) sans rien dire.

Posez-vous alors les questions suivantes :
- Est-ce que ce que j'ai pensé en b) était bon pour moi ? Était-ce bien fondé ? Sur quoi ?
- Que pourrais-je me dire de plus positif pour moi si une situation similaire se représentait ? Quelle attitude plus positive pourrais-je adopter ? Exemple : j'aurais pu me dire qu'elle avait tout simplement eu une mauvaise nouvelle ce jour-là ou qu'elle était d'une nature renfrognée, qu'elle agissait de la même manière avec tout le monde. J'aurais pu la regarder avec gentillesse et lui demander ce qui la contrariait au lieu de tirer mes propres conclusions et d'entretenir des pensées possiblement erronées.

5) Je suis quelqu'un.

Proposez à un(e) ami(e) de faire une séance de valorisation de soi. La démarche est la suivante : pendant quinze minutes, vous lui racontez un succès que vous avez déjà obtenu dans quelque domaine que ce soit. En parlant, essayez de revivre pleinement ce succès et d'en savourer chaque minute. Il ou elle vous écoute en se montrant fier(ère) de vous. Vous renversez ensuite les rôles et lui rendez la pareille.

6) Dans votre journal, écrivez ces phrases régulièrement et répétez-les à voix haute :
- Je dois prendre conscience de mes forces, de mes faiblesses et de mes limites.
- Je peux m'estimer malgré mes défauts, car il n'est pas nécessaire d'être parfait pour s'aimer. Personne ne l'est.
- Je n'ai pas peur de vivre mes émotions et de les partager. Je peux faire des demandes aux autres et leur exposer mes craintes.
- Il faut prendre des risques dans la vie. Prendre des risques signifie que je peux échouer. Comme bien des gens, je peux échouer mais je peux aussi réussir.
- Je sais qu'une petite voix intérieure peut venir me parler quelquefois pour me dire que je ne suis rien. Je remplace alors les propos qu'elle me tient par quelque chose de plus positif, de plus gentil, des mots tels que : « Tu es formidable, je sais que tu vas réussir parce que j'ai confiance en toi ! »
- Désormais, je me féliciterai chaque fois que j'aurai fait de mon mieux.

Lorsque vous aurez le sentiment d'avoir apprivoisé et bien intégré ces phrases, répétez-les à voix haute en vous regardant dans un miroir.

Chapitre 3

Une réponse sexuelle perturbée

> En ce qui concerne le sexe, les simples gens sont trop simples et les gens intelligents ne le sont pas assez.
>
> Maurice Sachs

Nous avons vu que le manque d'amour de soi est à l'origine de bien des conflits sentimentaux que nous vivons douloureusement. Sur le plan sexuel, cette réalité est tout aussi présente, car ce que nous vivons en position horizontale ne saurait être différent de ce que nous vivons en position verticale. Aussi, comme il est souvent périlleux de partir à la conquête de l'amour de soi et de réussir, nous avons tous utilisé ou utilisons tous la sexualité comme un mécanisme de défense pour résoudre temporairement un conflit intérieur qui nous habite : faire taire une douleur due à un sentiment de rejet, d'abandon ou d'humiliation, réparer une blessure narcissique, rehausser son image de soi, remplir un sentiment de vide. Ce mécanisme n'est donc pas sans avoir de répercussions négatives sur les relations amoureuses que vous vivez. Si vous comprenez mieux en quoi et pour quelles raisons il vient combler un manque chez vous, vous serez mieux armé pour prévoir son apparition et, à la limite, le contourner. J'ai donc cru qu'il était important d'aborder cette question et celle des dysfonctions sexuelles avant de vous parler plus à fond des causes qui peuvent être à leur origine ou à l'origine de certains conflits intérieurs.

Cow-boy ou berger ?

Certaines femmes sont incapables de vivre une relation sexuelle satisfaisante dans un contexte fusionnel, car chez elles, il existe une scission entre l'objet d'amour et l'objet de désir. Elles sont touchées par le syndrome du berger et du cow-boy, le premier étant le pendant masculin de la madone (la vierge) et le second, le pendant masculin de l'antimadone (la putain). Or, le berger possède très peu d'agressivité phallique[7]. Il ne définit pas sa sexualité en fonction de son pénis. Homme gentil, compréhensif et tendre, il manque, bien sûr, d'agressivité d'affirmation et souffre souvent d'un manque de désir ou d'une dysfonction érectile. Quant à lui, le cow-boy possède une très forte libido, une puissante agressivité phallique. Il est de nature narcissique et égocentrique et son pénis est le moteur de ses rapports sexuels. Séducteur, il voue à la sexualité un véritable culte, à la condition qu'elle ne fasse pas poindre la menace d'un engagement réciproque.

Plusieurs femmes reprochent aux hommes d'appartenir à l'un ou l'autre de ces profils. Elles ont parfaitement raison puisque l'idéal serait qu'un homme trouve un juste équilibre entre ce qu'est le berger et ce qu'est le cow-boy. Qu'il arrive à se définir tant par sa masculinité que par sa féminité afin de devenir un nouvel homme. Cependant, certaines femmes, conscientes d'avoir ce nouvel homme comme partenaire, demeurent incapables de le sexualiser.

---

7. L'agressivité phallique réfère à l'ensemble des comportements qu'un homme peut adopter et qui ont comme but de démontrer sa puissance virile, d'imposer une certaine forme de domination sexuelle.

Je ne comprends pas pourquoi les machos me branchent à ce point, sexuellement. Avec mon mari, je ne déteste pas ça, mais c'est plus difficile. Pourtant, je l'ai choisi pour être le père de mes enfants et je l'aime mais… c'est sûr que je n'aurais jamais choisi un macho pour avoir une vie de famille, pour être le père de mes enfants. Mais je préfère… non, je ne préfère pas faire l'amour avec eux, mais ils m'excitent plus. Avec mon mari, c'est plus une question de tendresse et j'aime ça faire l'amour avec lui parce que c'est un très bon amant mais souvent, je dois me forcer pour en avoir envie.

Cette femme est touchée par le syndrome du berger et du cow-boy. Ayant eu un père absent et peu communicatif que sa mère méprisait, elle n'a pas pu intégrer en elle l'image d'un père qui soit bon et tendre. Elle reporte donc inconsciemment cette vision sur les hommes. Ayant perçu sa mère comme une victime soumise à un homme, elle n'a pas voulu s'identifier à ce modèle.

Je trouvais que sa vie tournait autour de mon père. J'ai tout fait pour ne pas lui ressembler. Je voulais même devenir pilote d'avion… j'étudiais comme une compulsive pour réussir, pour devenir indépendante, aussi indépendante que ma mère avait été dépendante de mon père. Je voulais être forte. J'imitais même mon frère.

Jeune fille, cette femme craignait et enviait son père à la fois, puisqu'il faisait office de bourreau au sein de la famille, mais un bourreau que sa mère servait et protégeait. Il lui semblait donc que son père occupait une position beaucoup plus enviable que celle de sa mère. Elle a donc préféré s'identifier à ce dernier et a développé des composantes masculines pour se protéger. Si elle ne l'avait pas fait, elle aurait eu le sentiment d'être à l'image de sa mère, une victime. Aujourd'hui, elle refuse d'être désirée et d'être réellement aimée car, inconsciemment, elle croit qu'elle ne vaut rien en tant que femme. Elle ne peut pas concevoir qu'il puisse exister une espèce de pouvoir à la féminité : pouvoir de séduire, d'aller chercher l'homme, d'être pénétrée et de recevoir la puissance du mâle, sans que ce soit dans le but de se l'approprier. Être pénétrée permet d'entrer en contact avec son pouvoir féminin puisque c'est par la pénétration, entre autres choses, qu'une femme peut se sentir liée à son identité de femme et en être fière, qu'elle peut partager quelque chose de différent avec l'homme. Mais ce qui est féminin n'est pas de l'ordre du pouvoir pour cette femme. Les femmes qui n'acceptent pas cette différence veulent s'approprier les composantes masculines de l'homme et se débarrasser de leurs composantes féminines. Comme elles ont toujours besoin d'être en contrôle, elles ressentent énormément de difficulté à se laisser aller, à s'abandonner, ce qui rend leurs relations sexuelles difficiles.

Elles éprouvent souvent du mépris, voire de l'hostilité envers les hommes. Elles sont pourtant attirées par des machos puisqu'elles entretiennent inconsciemment un fantasme de victoire envers eux.

> Ce qui m'excitait, c'était probablement que… inconsciemment, ça m'excitait de penser que j'en ferais baver à ces gars-là, qu'ils se croyaient très forts, mais que c'est moi qui finirais par les avoir. Depuis que je comprends ça, je travaille sur ma colère et je commence à apprécier les gars moins machos. Peut-être qu'un jour, leur gentillesse m'excitera autant que le climat malsain que je vivais avec les machos.

Madone ou antimadone ?

Ces femmes « misandrines » ont leur pendant masculin : le misogyne, qui a un « creux de mère » et qui fait payer aux autres femmes la frustration que cette dernière a provoquée chez lui. Il se peut qu'il y ait un clivage entre la «bonne mère» et la «mauvaise mère». L'homme nie alors les défauts de sa mère et les projette sur les autres femmes. Comme, dans de nombreux cas, les hommes ont eu des pères absents et indifférents, il leur aurait été très douloureux de rejeter leur mère puisqu'ils se seraient ainsi retrouvés seuls, abandonnés. Ils préfèrent donc la voir comme étant «toute bonne». J'ajouterais ici que plusieurs hommes ont de la difficulté à voir en la mère de leurs enfants une amante entreprenante.

> J'étais tellement déçue, découragée. Quand j'ai appris son aventure et où il était allé pour l'avoir, je l'aurais frappé! Lui qui ne voulait jamais que je... je ne sais pas comment le dire. C'était toujours lui qui décidait des positions, toujours la même... si j'étais un peu plus expressive ou agressive, ça le dérangeait...

Nous verrons ultérieurement que, pour un fils, une mère sexualisée est à l'image de l'antimadone qui préfère le plaisir à son fils et l'abandonne. À l'inverse, une mère désexualisée fait figure de madone qui reprend ses qualités fusionnelles et ne l'abandonnera pas. C'est l'une des raisons qui incitent encore trop d'hommes à rechercher une épouse/mère/madone et des maîtresses/filles/antimadones.

Un mécanisme de défense

Bien des hommes qui ne peuvent pas accepter l'amour de l'autre utilisent la sexualité à des fins antinarcissiques. Leur excitation est alors alimentée par le mépris et l'hostilité. Ils ne sont pas capables de vivre une intimité affective, corporelle et génitale avec une femme sans que cette dernière soit déshumanisée. À l'inverse, certaines femmes désexualisent leurs rapports sexuels pour les vivre d'une manière symbiotique, fusionnelle.

Une défense perd de son pouvoir lorsqu'une personne arrive à en prendre conscience. La personne peut alors se diriger vers une maturité sexuelle, c'est-à-dire avoir recours à la sexualité pour satisfaire des besoins psychoaffectifs et non pas pour l'utiliser comme mécanisme de défense afin de faire obstacle à certains conflits intérieurs.

La dépendance à l'autre peut conduire à une dépendance sexuelle. Les femmes qui ressentent un impérieux besoin de faire de l'autre le centre de leur univers n'adoptent pas toutes des comportements sexuels compulsifs, mais il arrive que ces deux types de dépendance soient intimement liés.

La dépendance sexuelle

Au sein de notre société, les exploits sexuels auxquels se livrent bien des hommes ont toujours été acceptés et même valorisés. Par contre, les aventures sexuelles vécues par les femmes sont jugées sévèrement. Certaines d'entre elles décident volontairement de vivre leur sexualité d'une manière ouverte et elles le font sans s'inquiéter de l'indignation qu'elles pourraient susciter dans leur entourage. Mais d'autres souffrent d'une dépendance sexuelle qui peut les conduire à adopter des comportements sexuels très compulsifs. Ces dernières sont aux prises avec des pulsions sexuelles qu'elles doivent assouvir malgré elles, afin d'acquérir un certain équilibre émotionnel.

Toutes les femmes qui possèdent un grand appétit sexuel ne sont pas pour autant des hypersexuelles. Nous pouvons dire qu'une femme souffre d'hypersexualité lorsque ses besoins sexuels nuisent à la poursuite de ses activités quotidiennes, et ce, tant en ce qui concerne son travail et ses loisirs que sa vie familiale. Il en est de même lorsque ses relations sexuelles sont impersonnelles et dénuées d'intimité affective. On remarque également que même après plusieurs orgasmes, ces femmes sont toujours insatisfaites sexuellement et repartent à la recherche d'un partenaire qui sera susceptible de les satisfaire. Comme elles demeurent insatiables, elles changent souvent de partenaire puisqu'elles les épuisent et qu'ils ne peuvent pas, à long terme, répondre à leur demande.

Lorsqu'une femme hypersexuelle est aux prises avec une impulsion sexuelle, elle doit se satisfaire aussitôt, malgré les risques qu'elle court, qui peuvent être lourds de conséquences. En effet, son impulsion demeure aussi forte et incontrôlable, et ce, indépendamment du fait qu'elle soit dans son milieu de travail ou avec des amis. De plus, l'état dans lequel elle se trouve ne lui permet pas toujours de penser aux moyens à prendre pour se protéger adéquatement contre une éventuelle MTS. L'hypersexualité s'avère très éloignée de la liberté sexuelle mesurée et sélective qu'adoptent bon nombre de femmes dans notre société.

La femme hypersexuelle tente de réprimer un comportement incontrôlable, et ce, sans succès, car son besoin est plus fort que toute condamnation morale qui pourrait venir d'elle-même ou de son entourage. De plus, si son comportement compulsif atteint son but, c'est-à-dire qu'il entraîne une baisse d'anxiété, il n'en demeure pas moins qu'il ne peut lui apporter une véritable satisfaction.

La femme qui est aux prises avec la compulsion sexuelle a une faible estime d'elle-même. Ses comportements sexuels sont générateurs d'autodénigrement. Constamment déçue de ses relations sexuelles, cette femme va d'aventure en aventure.

Le besoin d'être aimée, la recherche d'affection, de sécurité et de valorisation peuvent expliquer qu'une femme en arrive à multiplier ses expériences sexuelles, expériences dont elle se passerait si elle était certaine d'être aimée. Une femme qui croit n'être pas réellement aimée peut subir les mêmes conséquences que celle qui ne l'est vraiment pas.

Il peut être utile d'identifier les événements du passé qui nous ont marqués et de savoir comment ceux-ci ont pu causer certains troubles. La reconnaissance d'un événement troublant peut permettre une ouverture quant à la possibilité de changer l'interprétation première de l'événement.

Les dysfonctions sexuelles féminines

Les principales difficultés sexuelles que les femmes rencontrent sont le plus souvent reliées au désir, à l'orgasme et à la pénétration. La ménopause, le cycle menstruel, la grossesse et le post-partum peuvent contribuer à la modification de la réponse sexuelle. Comme on me demande souvent si les dysfonctions sexuelles sont plus présentes chez les femmes que chez les hommes, je vous présente un tableau comparatif qui pourra vous éclairer sur le sujet :

	Femmes	Hommes
Mauvaise lubrification	20 %	
Orgasme trop rapide	11 %	30 % (éjaculation précoce)
Anxiété de performance	12 %	17 %
Douleur	15 %	4 %
Sexe non agréable	22 %	9 %
Incapacité orgasmique	29 %	12 %
Manque d'intérêt sexuel	34 %	16 %
Troubles érectiles :		11 % (40-70 ans : 50 %)

Pourquoi les femmes ont-elles des problèmes sexuels? Les causes sont reliées aux différentes dimensions de la sexualité dont je vous ai parlé au début de ce livre, soit les facteurs biologiques, psychologiques, physiologiques, affectifs, moraux et sociaux. Ces facteurs auront un impact plus ou moins important et plus ou moins négatif selon la société et la culture à laquelle nous appartenons.

Un désir sexuel hypoactif

Les femmes que je reçois en thérapie m'avouent souvent avoir de la difficulté à éprouver un désir sexuel qu'elles trouvent satisfaisant et qui, surtout, puisse leur donner l'opportunité de vivre une relation de couple sereine et équilibrée. C'est la raison pour laquelle j'ai cru qu'il était important, au sein de ce chapitre, d'aborder la question du désir sexuel qui semble si souvent faire défaut aux femmes. D'autant plus qu'il s'agit là, comme nous le verrons, d'une réalité à laquelle sont confrontés de plus en plus d'hommes.

Si vous voulez connaître une rencontre sexuelle satisfaisante, encore faut-il que vous soyez capable d'éprouver du désir. En sexologie, on considère généralement le désir sexuel comme la première phase de la réponse sexuelle. C'est à Helen Singer Kaplan que nous devons d'avoir reconnu que la phase du désir est distincte des autres phases de la réponse sexuelle. Ayant d'abord adopté une conception biphasique de cette réponse, c'est-à-dire excitation et orgasme, elle opta plus tard pour une conception triphasique, c'est-à-dire désir, excitation et orgasme. C'est ainsi qu'en 1977, Kaplan sensibilise la communauté psychiatrique, psychologique et sexologique aux problèmes individuels et relationnels qui peuvent être associés au désir sexuel. En effet, elle réalise que son modèle biphasique comporte certaines limites, en ce sens qu'il ne prend pas en considération les troubles du désir et les autres dysfonctions sexuelles qui peuvent faire l'objet de traitement. Actuellement, on retrouve donc dans le DSM-IV *(Manuel diagnostique et statistique des troubles mentaux)*, sous la catégorie des troubles du désir sexuel, « Désir sexuel hypoactif » et « Aversion sexuelle ».

La capacité d'éprouver du désir sexuel semble faire défaut à un nombre croissant de gens, à plus forte raison lorsqu'on parle d'un désir maintenu sur une longue période avec la même personne. Au cours des trente dernières années, le nombre des personnes qui consultent divers spécialistes pour un trouble lié au désir sexuel a considérablement augmenté. À titre d'exemple, nous pouvons mentionner LoPiccolo et Schover qui, entre 1974 et 1982, ont vu les troubles de désir sexuel passer de 32 % à 55 %. En 1981, ces mêmes chercheurs constataient que sur 152 couples qu'ils avaient évalués, 38 % des hommes présentaient ce trouble contre 49 % des femmes. Un homme avouera plus difficilement qu'une femme qu'il n'éprouve pas de désir sexuel, car ce faisant, il porterait atteinte non seulement à son identité sexuelle mais à son identité personnelle. En effet, un homme, un « vrai », se définit beaucoup à travers la performance qu'il s'astreint à vouloir atteindre dans toutes les sphères de sa vie, mais plus particulièrement sur le plan sexuel.

Historique abrégé du désir sexuel

Dans son ouvrage intitulé *Trois essais sur la théorie de la sexualité*, Freud affirme que le désir est une force dynamique, une énergie, une pulsion qu'il désigne sous son nom latin de *libido*. Une force qui régit tant le psychisme que le corps et dont les racines se trouvent dans l'inconscient. Loin de se réduire à sa seule dimension génitale, la sexualité est, pour Freud, une force pulsionnelle qui demeure présente tout au long de notre vie. Elle est d'une importance décisive en ce qui concerne la constitution de notre personnalité et notre aptitude au bonheur.

Par ailleurs, Wilhelm Reich réfléchira à la manière dont l'être humain pourrait libérer cette énergie (pulsion sexuelle, libido) puisque, selon lui, tous les malheurs de l'homme viennent du refoulement et du blocage de cette énergie vitale. Il mettra donc au point des thérapies corporelles qui auront comme but d'améliorer la capacité orgasmique des individus par l'apaisement des tensions musculaires.

Jacques Lacan démontra sa volonté de défendre l'œuvre de Freud en fondant l'École freudienne de Paris. Pour lui, la sexualité tire son importance du fait que c'est par elle que nous sommes confrontés au désir et au manque. Établissant un lien entre le désir véritable inconscient et le désir que nous avons tous d'être reconnus par les autres, il en viendra à la conclusion que toutes nos demandes n'ont qu'un seul but, celui d'être aimé. Contrairement à Reich, il ne croit pas que nous puissions avoir accès à une jouissance sans obstacles car, pour désirer, affirme-t-il, nous faisons tout ce qui est en notre pouvoir pour nous imposer des difficultés.

Parus en 1948 et 1953, les rapports Kinsey sur les comportements sexuels des hommes et des femmes montrent qu'il existe des différences de réponses aux stimuli psychologiques et physiques et que ces différences peuvent être reliées, entre autres choses, à l'apprentissage et au conditionnement.

Désir sexuel et normalité

Selon Kaplan, toute personne possède une forme d'appétit sexuel. Cet appétit ou désir sexuel se manifeste chez l'enfant par deux avenues: la masturbation et les jeux exploratoires à caractère sexuel. Chez l'adolescent et l'adulte, c'est par le biais de la croissance des sentiments érotiques, de la masturbation, des fantasmes sexuels ainsi qu'à travers d'autres expériences ou comportements sexuels que ce désir se révèle. Le désir sexuel n'a ni la même intensité ni la même évolution, car il se transforme, et ce, selon l'âge et le sexe d'un individu. En effet, chez la majorité d'entre eux, le désir sexuel varie d'un jour à l'autre. Ce qui peut affecter le désir, chez les couples qui ne connaissent pas de problèmes sexuels, ce sont des facteurs tels que la santé physique, l'âge et l'humeur. Par ailleurs, les gens touchés par la dépression ou l'anxiété connaissent souvent une diminution du désir sexuel.

En ce qui concerne le désir « normal », de nombreux auteurs se sont penchés sur la question de la fréquence des relations sexuelles: selon ces études, un individu qui éprouve du désir sexuel ou qui a des activités sexuelles moins de deux fois par mois, et ce, sur une période qui dépasse six mois, peut avoir un trouble de désir sexuel. Par contre, je dois souligner ici que la fréquence des relations sexuelles ne peut pas constituer le seul critère d'évaluation des problèmes d'intérêt pour la sexualité.

Une autre dimension importante liée au désir sexuel est l'utilisation de fantasmes. Plusieurs études montrent que ces derniers contribuent, au sein d'un couple, à maintenir un intérêt sexuel et à stimuler les activités sexuelles.

Définition du trouble du désir sexuel

Le DSM-IV *(Manuel diagnostique et statistique des troubles mentaux)* définit spécifiquement le trouble du désir sexuel hypoactif comme étant une déficience ou une absence persistante et répétée de fantaisies imaginatives d'ordre sexuel et de désir d'activités sexuelles. Pour faire la différence entre déficience et absence, le clinicien doit tenir compte des facteurs qui agissent sur le fonctionnement sexuel, tels que l'âge et le contexte de vie du sujet.

Cette définition du DSM-IV présente d'importantes lacunes, en ce sens qu'elle manque, entre autres choses, d'objectivité en ce qui concerne ses critères diagnostiques. Cependant, grâce au développement d'un système multiaxial élaboré par Shover *et al.*, il est maintenant possible de procéder à une évaluation plus objective des divers aspects problématiques reliés au trouble de baisse du désir sexuel.

Trouble de baisse du désir sexuel et étiologie

Le trouble de baisse du désir sexuel possède une nature multidimensionnelle, ce qui explique que plusieurs facteurs soient à son origine. Ces derniers sont regroupés en deux catégories, la première représentant les facteurs d'ordre individuel et la seconde, les facteurs d'ordre environnemental ou relationnel. Parmi les facteurs individuels, nous retrouvons les causes biologiques et psychologiques. Les causes physiologiques les plus courantes sont, entre autres choses :

- la dépression ;
- le vieillissement ;
- le stress ;
- la dimension hormonale et endocrinienne ;
- certaines maladies.

Cependant, la baisse du désir sexuel peut avoir une cause psychologique. C'est ainsi que LoPiccolo attire notre attention sur ceci : la personne qui présente un trouble de baisse du désir sexuel n'a sans doute pas fait un bon apprentissage des stimuli externes et internes qui entourent ses activités sexuelles. Elle n'aurait pas appris à percevoir son propre niveau d'activité physiologique et, par conséquent, elle n'aurait pas appris la manière dont elle pourrait faciliter l'émergence de cette dernière. Dès lors, peu de stimuli seront interprétés comme étant érotiques, pas plus qu'ils ne seront associés à l'excitation et à l'éveil du désir sexuel.

Pour sa part, Ravart présente deux tableaux des facteurs individuels et relationnels qui peuvent amener ou maintenir un problème de désir sexuel. Dans le premier de ces tableaux, nous retrouvons entre autres choses :
- L'anxiété anticipée et de performance (peur de l'échec, d'un conflit, d'être jugé et critiqué) ;
- Stress, anxiété, dépression et/ou autre trouble psychologique ;
- Manque de connaissances sexuelles, apprentissage sexuel négatif et/ou expériences sexuelles désagréables ;
- Impacts parentaux négatifs face à la sexualité ;
- Apprentissage inadéquat concernant la communication intime et l'expression de sentiments d'amour et d'affection ;
- Absence d'activités masturbatoires, de fantasmes sexuels, de motivation sexuelle et/ou de sensation d'excitation sexuelle ;
- Sentiment de honte et de culpabilité dus entre autres à des prohibitions familiales, culturelles et religieuses.

Dans le tableau représentant les facteurs relationnels, nous retrouvons entre autres choses :
- Trouble de communication sur le plan affectif et sexuel ;
- Problèmes relationnels antérieurs non résolus et un déplacement de sentiments négatifs reliés à des partenaires antérieurs et/ou des figures parentales ;
- Présence de mauvais sentiments envers son/sa partenaire ;
- Présence de sensations physiques désagréables et de sentiments désagréables et/ou d'imagerie aversive face aux rapports sexuels ou durant les rapports sexuels ;
- Manque d'attirance envers son partenaire ;
- Peur de l'engagement (peur d'être rejeté ou d'être abandonné) ;
- Syndrome « madone-antimadone » (incapacité de se voir et/ou de voir son partenaire comme étant à la fois un objet d'amour et un objet de désir sexuel).

Si nous prenons en considération le fait que la phase du désir sexuel comporte des caractéristiques subjectives, nous comprendrons que les syndromes associés au désir sexuel sont très difficiles à opérationnaliser et à mesurer.

Si vous n'avez pas de désir sexuel, vous adoptez sans doute les comportements suivants :
- l'évitement ;
- le manque d'initiative ;
- la passivité ;
- une basse fréquence d'activités sexuelles.

Les femmes qui connaissent une absence de désir sexuel sont plus portées à répondre aux invites de leur partenaire pour ne pas le blesser et accomplir leur « devoir conjugal ». Quant à elles, les femmes sans inhibition de leur désir sexuel acceptent davantage les invitations de leur partenaire pour vivre un rapprochement avec lui et aussi, pour se faire plaisir.

Les facteurs sexuels

Par ailleurs, Trudel tient compte des facteurs sexuels chez les gens qui ont une absence de désir. Ces éléments comprennent, entre autres, l'expérience sexuelle et l'investissement corporel. Au sein de l'expérience sexuelle, nous retrouvons le manque d'aptitudes et d'apprentissage. En cela, Trudel nous réfère à McCarthy qui fait l'observation suivante : si nous nous familiarisons avec maintes stimulations et avec un plaisir qui ne dépend pas uniquement de notre partenaire, de même qu'avec les attitudes et habiletés liées à l'intimité, nous devenons immunisés contre toute difficulté sexuelle.

Des expériences traumatisantes

Par ailleurs, j'observe chez mes patientes que certaines expériences traumatisantes qu'elles ont vécues peuvent être associées à leur absence de désir sexuel. Les abus sexuels physiques ou émotionnels sont d'ailleurs reconnus par plusieurs auteurs comme ayant une influence sur le désir sexuel. La baisse de désir s'explique alors par les effets psychologiques et sans doute par les idées que la personne se fait à propos de la sexualité, après avoir vécu de tels événements. En ce qui concerne l'investissement corporel, nous pouvons retrouver, chez les individus qui manquent de désir sexuel, un investissement dysfonctionnel de leur corps. Le fait que ces individus n'aient pas été touchés et caressés par leurs parents contribuerait à provoquer ce désinvestissement corporel.

L'anxiété

L'anxiété est aussi l'un des facteurs qui contribuent à l'absence de désir sexuel. Plusieurs éléments peuvent se trouver à l'origine de l'anxiété, par exemple le stress quotidien, le stress entraîné par la perte d'un être cher, la peur de perdre le contrôle sur ses impulsions sexuelles et la peur de devenir enceinte. Le désir sexuel peut également être touché par la dépression.

L'attirance sexuelle

Le désir sexuel peut aussi fluctuer. À certains moments, il peut se faire très bavard et à d'autres, s'atténuer et même prendre ses jambes à son cou pour reparaître ou ne jamais revenir. Le couple l'attend parfois avec impatience, puisque hommes et femmes ne sont pas nécessairement soumis aux mêmes rythmes ou impératifs. Néanmoins, il demeure primordial que les deux partenaires éprouvent l'un pour l'autre une attirance qui soit d'ordre sexuel. Je me rappelle cette femme que j'interrogeais au sujet du désir qu'elle éprouvait pour son conjoint. À la simple question : « Trouvez-vous votre mari sexuellement attirant ? », elle m'avait répondu avec une expression indéfinissable : « Je trouve que mon mari est attirant… euh… en général. Je ne dis pas que je ne l'aime pas, là ! C'est un bien bon gars… je l'aime, c'est sûr ! » Comme je lui faisais remarquer que je ne lui demandais pas si elle aimait son mari mais plutôt si elle le trouvait sexuellement attirant, si ça lui arrivait d'avoir des papillons dans le ventre en le regardant, elle me répondit :

> Il n'est pas laid… il a de beaux yeux… euh… un gros nez et pas de ventre… Moi, je ne suis pas une beauté et lui non plus… je suis réaliste ! Euh… peut-être que je suis plus attirée par la personnalité de mon mari : il est très respectueux, propre, c'est un non-violent qui ne prend pas d'alcool. Ce n'est pas un coureur de jupons non plus. C'est un homme qui a été patient par rapport à notre vie sexuelle, étant donné que je n'ai pas de désir sexuel.

Bien aimer quelqu'un n'est pas suffisant. Encore faut-il que vous soyez capable de l'érotiser. Ce qui différencie vos grandes amitiés de vos amours, c'est que vous ne faites pas l'amour avec vos ami(e)s alors que vous le faites avec vos amoureux(ses) à cause de l'attirance sexuelle que vous ressentez pour eux(elles). Cependant, il peut arriver que vous soyez amoureux et que vous ayez de la difficulté à ressentir du désir sexuel. Malheureusement, vous n'avez pas de pouvoir sur votre désir, en ce sens que vous ne pouvez pas lui commander d'être là au moment opportun. Ce qui crée bien souvent beaucoup de problèmes au sein d'un couple.

> J'aime mon mari et je le trouve attirant, mais je pourrais me contenter de l'étreindre, de le sentir tout près de moi. Je sais que ça le fait souffrir, qu'il vit beaucoup de rejet par rapport à ça. J'accepte ses avances quand je sens qu'il est impatient et que ça devient plus tendu entre nous. Quand je le repousse, il essaie d'en discuter avec moi pour comprendre, il ne me menace jamais, il n'essaie pas de me rendre coupable. Mais c'est une tâche, un devoir pour moi de faire l'amour. J'aimerais tellement ça, avoir plus d'intérêt pour la sexualité.

Bien sûr, vous pouvez essayer de pallier ce manque de désir en vous questionnant sur ses causes. Vous pouvez essayer de le stimuler, mais vous ne pouvez pas lui ordonner d'apparaître comme par enchantement, ce qui pour certains demeure extrêmement souffrant.

> J'ai essayé toutes sortes de choses pour avoir du désir : des gadgets, des films pornographiques, des livres érotiques et… maintenant, je ne veux plus me forcer à faire ça, je veux comprendre pourquoi je n'ai pas de désir. De toute façon, ça fonctionnait assez bien dans un premier temps et là, plus le temps avance et moins ça me stimule. Peut-être même qu'au départ, je suis allée vers mon mari parce que lui, il avait beaucoup de désir sexuel et là, ça me fatigue de le voir tourner autour de moi…

Des extrêmes qui s'attirent

Il m'a effectivement été donné de constater ceci : les femmes qui ont un faible désir sexuel sont souvent très attirées par un homme qui a une forte libido. Ce phénomène est fort compréhensible : inconsciemment, elles recherchent chez l'autre et à travers l'autre ce qu'elles n'arrivent pas à retrouver en elles. Il s'agit là d'un phénomène de compensation qui, croient-elles, les aidera à combler le manque dont elles souffrent. Et comme, tôt ou tard, la réalité les oblige à affronter le fait que leur problème ne peut aucunement être résolu de cette manière, elles sont prises d'une grande souffrance qui leur fait vivre beaucoup de frustration, un sentiment qu'elles reporteront sur le partenaire choisi qui, bien sûr, n'a pas su panser leur blessure.

Orgasme au féminin

Des femmes de tout âge développent un complexe par rapport à leur vulve. Ayant souvent eu comme modèles les vulves que leur présentent les films et les revues pornographiques, elles parviennent à la conclusion que la leur n'est pas normale puisqu'elle n'est pas conforme aux modèles fabriqués qu'on leur présente : des vulves maquillées et retouchées par la magie de certaines techniques. De plus en plus de femmes vont même jusqu'à subir des interventions chirurgicales pour faire réduire leurs lèvres génitales intérieures (petites lèvres).

Le type d'orgasme que les femmes croient devoir connaître figure aussi sur la liste de leurs préoccupations : orgasme clitoridien ou vaginal ? Orgasme simultané ou orgasme accompagné d'une éjaculation féminine ? Plusieurs d'entre elles semblent être à la poursuite de l'orgasme avec un grand O... Depuis quelques années, on a présenté aux femmes une telle panoplie d'orgasmes possibles à obtenir qu'elles courent après celui qu'elles n'ont pas ou qu'elles pensent ne pas avoir, celui qui pourrait être meilleur que l'autre, celui que leur partenaire désire qu'elles aient. Et pendant ce temps, elles passent tout simplement à côté du plaisir. On ne le répétera jamais assez : le type d'orgasme que vous avez est le bon ! Depuis l'avènement du point G, cette course à l'orgasme a gagné des adeptes. Le danger d'un tel climat est de créer et de véhiculer un modèle de performance qui conduise certaines femmes à se sentir sexuellement incompétentes si elles n'y correspondent pas.

Point G

Ce que nous appelons communément *le point G* a été « découvert » par le gynécologue Ernest Gräfenberg en 1942. J'écris le mot découvert entre guillemets puisque, à l'époque de la Grèce antique, on y faisait déjà allusion. Pourtant, ce n'est qu'en 1980 que Perry et Whipple confirment publiquement l'existence de ce point. Situé sur la paroi antérieure du vagin, à environ 3 cm de l'entrée vaginale, il est particulièrement sensible à toute forme de stimulation forte. Gräfenberg écrit, en 1950 : « Il s'est avéré qu'une zone érogène existait chez chaque patiente, dans la paroi antérieure du vagin, le long de l'urètre ; cette zone semble être entourée de tissus érectiles comparables au corps caverneux du pénis. La stimulation provoquant un élargissement de l'urètre, il devient alors facile de toucher la zone érogène[8]. » La stimulation du point G peut provoquer un orgasme qui peut ou non s'accompagner d'une éjaculation. La stimulation du clitoris peut également provoquer cette éjaculation féminine.

> Je manque de désir ou… c'est probablement dû au fait que j'émets beaucoup de liquide lorsque j'ai un orgasme clitoridien. La quantité est vraiment très importante et je crois que j'en ai honte… Si j'ai un nouveau partenaire, j'ai peur de la réaction qu'il aura en voyant ça…

---

8. GRAFENBERG, G., dans Faulon, Y. *Cahier de sexologie clinique*, 1989, p. 55.

Puisque le point G et l'éjaculation féminine existent depuis toujours, une question s'impose ici: comment a-t-on pu garder sous silence cette expérience qu'ont vécue les femmes de tout temps? La notion d'interdit touchant la sexualité — à plus forte raison celle des femmes — l'aurait-elle censurée à ce point? La réaction de cette femme est à l'image des sentiments négatifs qu'elle entretient par rapport à son éjaculation et au jugement défavorable qu'elle porte sur cette dernière. Certaines de nos ancêtres ont dû voir ces sentiments de honte et de culpabilité décupler chez elles. À moins qu'elles aient cru — et les hommes aussi — qu'il s'agissait là d'une réaction physiologique tout à fait normale puisque personne n'en parlait!

Orgasme clitoridien

Le clitoris est très souvent mis à contribution pour atteindre l'orgasme, et ce, même s'il est indirectement stimulé au cours de la pénétration. Et il est faux de prétendre qu'en ces années 2000, tous les hommes connaissent bien cet organe du corps féminin qui n'a qu'une seule fonction: procurer du plaisir. À mon avis, c'est encore une partie fort méconnue de l'anatomie féminine. Le témoignage de cette jeune femme de vingt et un ans vous convaincra sans doute, si vous en doutez.

> [...] ça fait deux mois qu'on fait l'amour ensemble. Si je fais l'amour et qu'il me pénètre, je me sens bien, je sens que je fais un avec lui... mais ce n'est pas suffisant pour que j'aie un orgasme. L'autre jour, j'ai décidé de me masturber pendant qu'il me pénétrait et il m'a demandé ce que je faisais. Il avait l'air très insulté. Il a arrêté et il est parti en me disant que si j'avais besoin de faire ça, c'est que je n'avais pas besoin de lui, que je n'étais pas normale, que les autres femmes jouissaient pendant la pénétration.

Je crois que le clitoris n'a pas réussi à devenir l'ami de tous les hommes. Certains le voient même comme un ennemi potentiel ou réel, un ennemi qui remettra leur identité en cause. Il est rassurant et gratifiant pour certains hommes de croire que seul leur phallus peut entraîner la jouissance chez la femme. Et le fait de n'avoir qu'un mouvement de va-et-vient à exercer est certainement moins éreintant et préoccupant que d'avoir à apprendre d'autres techniques, que d'avoir à adopter d'autres comportements pour satisfaire sa partenaire. Pourtant, le clitoris est, pour bien des femmes, l'équivalent du pénis. C'est l'organe sexuel qui leur procure une stimulation très intense. Et c'est, pour plusieurs d'entre elles, le moyen le plus sûr d'atteindre l'orgasme.

Le culte du pénis

Écrit en 1981, le *Rapport Hite sur les hommes* prouvait que bien des hommes faisaient abstraction du clitoris au cours de leurs ébats amoureux. La situation s'est certainement améliorée, mais pas autant que nous pourrions le croire.

> Je suis frustré, car ma partenaire n'a pas d'orgasme quand je la pénètre. Mes autres partenaires en avaient… C'est-à-dire que… Je ne leur ai jamais demandé, mais je pense qu'elles en avaient. Là, elle me l'a carrément dit et j'ai beau essayer toutes sortes de positions, ça ne fonctionne pas.

Ils sont encore nombreux à croire que les femmes sont «anormales» et qu'elles font preuve de mauvaise volonté lorsqu'elles n'atteignent pas l'orgasme par la seule pénétration. Certains hommes auraient donc tout intérêt à s'informer. Nous vivons dans une société phallique qui a développé un véritable culte du pénis. On pense souvent qu'un homme, un vrai, est celui qui est bien membré et qui peut conserver une érection pendant des heures. Qu'on le veuille ou non, il n'en demeure pas moins que le clitoris est la zone érogène la plus innervée du corps féminin. Souvent, les hommes se sentent humiliés et dévalorisés lorsqu'ils ne parviennent pas à faire jouir leur partenaire par leur mouvement de va-et-vient vaginal. Pourtant, bien des femmes vous diront qu'un homme est tout à fait à la hauteur lorsqu'il sait faire preuve de tendresse et qu'il apprend comment caresser le clitoris de sa partenaire pour la conduire à l'orgasme.

Cependant, j'ajouterais que bien des femmes sont responsables de cette situation : elles ne connaissent pas leur propre corps et/ou taisent à leur partenaire la meilleure façon pour elles d'atteindre l'orgasme. Elles se fondent en ces hommes qui éprouvent un grand plaisir à l'idée de pénétrer un vagin. Elles sont même partisanes de l'idée que si la pénétration est satisfaisante et agréable pour un homme, il devrait en être de même pour elles. Elles se croient donc « anormales » et dissimulent leurs états d'âme et leur frustration pour ne pas blesser ou faire trop de remous : « Je n'ai pas d'orgasme par la pénétration. Suis-je normale ? » À cette question, je réponds toujours catégoriquement : « Oui ! Bien que le vagin et le clitoris fonctionnent en synergie, environ 75 % des femmes rapportent avoir un orgasme clitoridien et 20 % au cours de la pénétration. Mais parmi ces 20 %, 18 % ont une stimulation indirecte du clitoris. »

Avons-nous de meilleurs orgasmes ou sommes-nous supérieures ou inférieures aux autres femmes selon que nous ayons un orgasme clitoridien ou vaginal, suivi ou non d'une éjaculation ? Je pose la question, car depuis la dernière décennie, les femmes se la posent elles-mêmes sans parvenir à trouver une réponse qui puisse les satisfaire. On croit à tort que l'angoisse de performance ne touche que les hommes. Les femmes sont de plus en plus touchées par ce sentiment qui handicape lourdement leur sexualité. En voulant se surpasser et se démarquer, elles se disqualifient avant même d'avoir commencé à goûter au plaisir.

La dyspareunie

Pendant de nombreuses années, on a dit aux femmes qui souffraient de dyspareunie (douleur génitale répétée et persistante) que leur problème était d'ordre psychologique. Récemment, le corps médical révisait ses positions en affirmant que ce trouble pouvait être physiologique. La vestibulite est une forme de dyspareunie qu'on retrouve chez 15 % des femmes québécoises. Il s'agit d'une inflammation du vestibule, situé à l'entrée du vagin. La femme qui en est atteinte ressent des douleurs intenses dans cette région, ce qui rend bien sûr, la pénétration très inconfortable. Les relations sexuelles deviennent problématiques, puisque son partenaire ressent de la frustration et une certaine forme d'inquiétude, voire de culpabilité.

En ce qui concerne la vestibulite, la recherche en est encore à ses débuts. Même si elle est d'ordre physiologique, il n'en demeure pas moins que la douleur éprouvée par ces femmes amène à coup sûr des problèmes d'ordre psychologique puisqu'elles anticipent cette douleur et que leur désir sexuel se fait donc beaucoup moins présent. Elles peuvent suivre des thérapies sexuelles au cours desquelles on leur présente certaines techniques qui les aideront à contrer la douleur et les idées négatives qu'elles entretiennent à ce sujet.

Cependant, je crois que toute douleur ressentie au niveau des organes génitaux féminins n'est pas toujours d'ordre physiologique. Les causes peuvent aussi être les suivantes : dépression, culpabilité, peur du pénis, ambivalence ou conflits sexuels.

Le vaginisme

Le vaginisme (contraction involontaire des muscles vaginaux) rend toute tentative de pénétration partielle ou impossible. Il peut être présent dès la première relation sexuelle ou être secondaire à un traumatisme vécu. Le vagin des femmes qui souffrent de vaginisme se ferme de manière partielle ou totale, ce qui rend souvent l'examen gynécologique impossible. Ces femmes peuvent avoir une réponse sexuelle adéquate lorsqu'il n'y a pas de menace de pénétration. Les causes du vaginisme peuvent être d'ordre psychologique, relationnel, physiologique ou sexuel : conflit œdipien non résolu, inceste psychique ou réel, éducation sexuelle négative, abus sexuel, homosexualité, hostilité envers le partenaire, endométriose, herpès. Elle peut également être secondaire à une insuffisance de lubrification et à une dyspareunie.

Ce que je peux constater chez bien des femmes vaginiques, c'est que leur fermeture est aussi présente sur le plan de leurs émotions qu'au niveau de leur vagin. Elles cachent souvent beaucoup d'hostilité réprimée et sentent un fort besoin de tout contrôler. Elles sont souvent incapables d'aimer, car elles ne l'ont pas été et elles utilisent les autres puisqu'elles ont été utilisées. Leur manque d'estime d'elles-mêmes les conduit à rabaisser les autres. Ces femmes souffrent énormément et même si, en début de thérapie, elles manifestent maintes résistances, elles répondent bien à un traitement de type sexoanalytique. De par mon travail clinique, j'ai constaté que ces femmes ont souvent eu une relation très fusionnelle avec leur mère. Comme cette dernière a toujours occupé beaucoup de place, voire trop de place en elles, elles acceptent difficilement d'être habitées par quelqu'un d'autre.

La ménopause

L'âge moyen de la ménopause est de cinquante-deux ans. Je crois qu'il est important, à cette étape tout à fait naturelle de la vie, de faire le point sur l'état d'âme qui nous habite en tant que femmes. À cinquante ans, bien sûr, nous n'avons plus vingt ans. Mais n'est-ce pas merveilleux de pouvoir vous dire que vous possédez enfin tout un bagage d'expériences et de connaissances qui peut vous permettre de connaître vos forces et vos limites et de mieux conjuguer avec elles ? Et puis, bonne nouvelle, les statistiques montrent ceci : si vous continuez à faire l'amour et que vous éprouvez du plaisir et de la satisfaction à le faire, vous aimerez davantage la vie, demeurerez jeune plus longtemps et serez moins malade. Bref, vous grandirez au lieu de vieillir...

Malheureusement, on croit parfois qu'il n'est plus légitime de souhaiter avoir une vie sexuelle régulière et épanouie lorsque les rides se font plus prononcées sur nos visages.

> Nous sommes allés voir un médecin parce que mon mari avait de plus en plus de difficulté à avoir une érection. Nous voulions tout simplement être informés, savoir ce que nous pouvions faire parce que nous avons toujours eu une bonne entente de ce côté-là, que ça nous permet de nous rapprocher, d'échanger toutes sortes de [...] Il nous a dit qu'à notre âge — nous avons pourtant à peine soixante ans — il était préférable de passer à autre chose, qu'il y avait autre chose dans la vie...

Une attitude infantilisante

La sexualité deviendrait-elle sale et laide pour la simple raison que nous vieillissons? Pour certains, oui. Certains qui ne l'ont sans doute jamais trouvée attirante et belle. Notre société impose des limites aux personnes d'un certain âge. Elle les infantilise, tout comme elle le fait avec les adolescents: « Tu ne peux pas faire ça, tu ne peux pas avoir de telles pulsions, de tels besoins, ce n'est pas de ton âge! » En cela, cette société se permet de définir, d'interdire ce qui ne lui appartient pas. La preuve en est que la gérontologie et la gériatrie s'intéressent très peu à la sexualité des personnes âgées, en ce sens qu'elles n'essaient pas de favoriser une meilleure réponse sexuelle chez eux.

Une couleur différente

Ce qu'il importe de savoir, c'est qu'en vieillissant, notre capacité sexuelle se transforme. Lorsque vous aviez dix-huit ans, vous pouviez sans doute monter rapidement un escalier après avoir mangé une pizza, sans trop vous essouffler... À quarante ou cinquante ans, il devient plus difficile de vous prêter à un tel exercice, ce qui ne veut aucunement dire que vous ne pouvez plus emprunter un escalier. Vous pouvez le faire, mais de manière différente, en étant conscient de vos limites et en les respectant. Il en est de même en ce qui concerne votre sexualité. Il se peut que les hommes aient besoin d'une stimulation plus directe pour ressentir de l'excitation et que la lubrification vaginale se fasse plus lentement. C'est donc dire que les préliminaires amoureux devront occuper une place de choix dans votre vie sexuelle. Il se peut également que vous ayez besoin d'un peu plus de temps pour atteindre l'orgasme et que vos contractions orgasmiques deviennent moins intenses. L'important est que vous soyez heureux et satisfaits, un état que vous pouvez connaître si vous savez vous adapter.

Reflet de votre passé

La sexualité que nous avons à la cinquantaine et plus tard est souvent le miroir de celle que nous avons vécue au cours des années précédentes. Si faire l'amour vous était indifférent, si vous en avez été contrarié ou même frustré, il se pourrait bien qu'à cinquante ans, vous preniez votre âge comme prétexte pour justifier que vous ne vouliez plus avoir de rapports sexuels. Par contre, si votre sexualité vous a permis d'éprouver de grandes joies et de vous épanouir, il y a de fortes chances pour que vous continuiez dans la même voie.

Des idées toutes faites

Des études ont montré qu'au cours du processus de vieillissement, les hommes éprouvent plus de difficultés sexuelles que les femmes. En cela, nous pouvons voir qu'un facteur socioculturel joue contre eux : un homme se doit de réussir, d'être le meilleur, d'en imposer, de gagner. Alors, évidemment, il devient très humiliant pour lui de subir certaines transformations qui lui rappellent qu'il n'est pas invincible.

Notre culture joue un rôle très important en regard de la ménopause. En effet, bien des femmes un tant soit peu contrariées ou de moins bonne humeur que d'habitude se font dire: «Qu'est-ce qui t'arrive? Es-tu menstruée?» Une réflexion qui nous permet de prévoir le comportement que plusieurs adoptent lorsque les symptômes associés à la ménopause se font sentir... Dans notre société, les femmes sont loin d'être gâtées sur ce plan. Nous n'en demanderions sans doute pas autant, mais un peu de compréhension et de réconfort nous feraient certainement le plus grand bien.

> Si je dis que je suis fatiguée ou que j'ai mal à la tête ou que j'ai chaud, on me dit: «Ça doit être tes hormones!» Je ne peux plus entendre ça! Quand j'avais vingt ans, j'en avais, des maux de tête et personne n'avait l'idée de me dire que mes hormones devaient me faire défaut! C'est tellement frustrant. Ce n'est pas ça qui va me calmer, c'est sûr!

Se sentir acceptée

Il serait urgent que notre entourage reconnaisse enfin qu'il n'est pas toujours de tout repos d'habiter un corps de femme, avec toutes les transformations et les ajustements que cette réalité suppose: cycles menstruels, menstruations, grossesses, accouchements, post-partum, pré-ménopause, ménopause et post-ménopause.

La ménopause amène des problèmes psychologiques que nous ne pouvons pas attribuer uniquement à la femme elle-même. La société dans laquelle nous vivons n'accepte pas la ménopause. Comment une femme serait-elle alors bien armée pour l'accepter et bien évoluer à travers le processus? Nous ne l'acceptons pas, car nous n'acceptons pas le vieillissement. Regardez autour de vous: on porte un véritable culte aux corps parfaits. La société présente aux femmes, comme modèles, des corps qui appartiennent à des mannequins de seize ans semblant souffrir d'anorexie.

Les pages couvertures des revues destinées aux personnes âgées se font même un devoir de nous présenter des personnes de soixante-cinq ans qui, pour avoir l'air aussi jeunes, ont probablement dû subir deux *liftings*. Ce qu'on nous dit finalement, c'est qu'on ne permet pas aux gens vieillissants d'éprouver du plaisir, d'avoir des envies, d'être sexués. Ils ne le méritent plus puisqu'ils ne sont plus parfaits.

> Quand je me regarde dans un miroir, ça me rend triste, ça m'angoisse parce que… vous savez, mon cœur, lui, il n'a pas vieilli d'un an. Il est toujours aussi vulnérable, il a toujours ce même appétit de mordre dans la vie, de faire des culbutes, de faire rire les autres, d'être heureux. Quand je suis un peu plus déprimée, j'enlève mes lunettes et là, je me regarde dans mon miroir. Ça me plaît parce que je ne vois plus mes rides et c'est rassurant. Mais… ce sont peut-être les autres qui devraient enlever leurs lunettes pour me voir telle que je suis : une grande petite fille de quinze ans.

Une fausse représentation

Certaines personnes prétendent même qu'il est obscène de voir deux corps «vieux» s'enlacer et se caresser. Ce que je trouve obscène, pour ma part, c'est toute cette fausse représentation, cette mascarade contre laquelle nous aurions intérêt à réagir rapidement, puisque dans vingt ans, nous serons beaucoup plus nombreux à être «vieux». Et puis, lorsque nous touchons à une certaine forme de spiritualité et de maturité, nous ne faisons plus l'amour uniquement à un corps. C'est tout le passé, le présent et l'avenir de l'être aimé que nous caressons. Je me rappelle soudain cette chanson si émouvante de Reggiani dans laquelle il parle de la femme qui est dans son lit, une femme aux yeux cernés par les années et qui, depuis longtemps, n'a plus vingt ans. Je me rappelle les mots: *son corps, ses mains s'offrent aux miens, et c'est son cœur, couvert de pleurs et de blessures, qui me rassure.*

La fréquence des rapports sexuels

La question de la fréquence, constamment abordée quand on parle de relations sexuelles, empoisonne la vie d'une multitude de femmes. Elles sont souvent à la recherche de moyens de faire en sorte que leur rythme s'accorde à celui de leur partenaire.

> Nous n'avions pas le même rythme de libido. J'essayais d'éviter nos rapports sexuels ou j'essayais de me forcer, de me mettre dans l'ambiance et [...] Moi, ça m'aurait satisfaite de le faire une fois ou deux par semaine... Je n'ai pas réussi à trouver une harmonie entre nous et il m'a quittée.

Elles ne sont pas rares, ces femmes qui sentent de la part de leur partenaire beaucoup de pression parce qu'elles ne se plient pas à leurs demandes sur le plan sexuel: «Parfois, je jurerais que le peu d'affection qu'il peut me démontrer passe à travers la sexualité.» Je crois que pour certains hommes, c'est encore la meilleure façon de communiquer ce genre de sentiments puisqu'ils les refoulent souvent dans d'autres domaines. C'est la raison pour laquelle j'incite fréquemment les hommes à se poser ces questions: «Le besoin que je ressens, est-il un besoin de me décharger d'une tension, d'éjaculer, d'avoir un orgasme?» Ou encore: «Ai-je besoin d'affection, d'exprimer un sentiment amoureux?» D'autres moyens tels que la masturbation peuvent aider les hommes à faire redescendre cette tension en eux. Lorsqu'une femme refuse un rapport sexuel, ce n'est pas nécessairement son partenaire qu'elle refuse. Respecter son propre rythme et celui de l'autre est capital. Vivre en couple ne signifie pas qu'il soit obligatoire de réaliser toutes nos activités ensemble et en même temps. Il en va de même avec la sexualité.

Les lendemains du féminisme

Le féminisme a permis aux femmes de mieux vivre leur sexualité et de s'épanouir à travers elle. En outre, il a permis aux hommes de mieux les comprendre. Néanmoins, certains conflits persistent. Mariana Valverde nous dit que s'abandonner dans les bras d'un homme a souvent donné aux femmes le sentiment de se soumettre complètement au patriarcat. Certaines éprouvent donc encore beaucoup de difficulté à ne pas se juger sévèrement et sont portées à croire que le féminisme a échoué dès qu'elles se sont donné la permission de se laisser aller dans les bras d'un homme ou qu'elles ont simulé l'orgasme. Mais même si nous remplacions un amant par une femme, nous ne verrions pas disparaître les jeux de pouvoir qui peuvent exister avec l'autre. Comme le dit si bien Valverde, « la pulsion sexuelle humaine ne relève pas uniquement de la physiologie. Dans nos rapports amoureux, nous exprimons une dynamique psychologique fondamentale, surtout à notre époque où l'on accorde autant d'importance à la sexualité dans le processus de réalisation de soi[9]. »

Les dysfonctions sexuelles masculines

Il aurait été bien étonnant que le féminisme n'ait pas eu un impact sur la sexualité. En s'affirmant davantage, les femmes se sont faites plus actives en ce qui a trait à leurs relations sexuelles et à demander ce qui leur fait plaisir. Ce à quoi bien des hommes n'étaient pas habitués et préparés. Je partage l'avis de Denise Bombardier qui affirme, dans *La déroute des sexes,* qu'en introduisant un nouveau rapport de force entre les

---
[9]. VALVERDE, Mariana. *Sexe, pouvoir et plaisir,* Montréal, Éditions du Remue-ménage, 1989, p. 42.

hommes et les femmes, le féminisme a fragilisé nos relations amoureuses. Et si les hommes le vivent mal, il n'en demeure pas moins que nous, les femmes, ne nous accommodons pas de cette situation.

Un monopole chancelant

Pendant des siècles, les hommes ont détenu le monopole du désir. Ils ne savent donc pas conjuguer avec le désir qu'aujourd'hui, maintes femmes peuvent se permettre d'éprouver. La femme de l'an 2000 ne se laisse plus uniquement désirer. À son tour, elle désire, fait des choix et formule ses demandes. L'homme est dérouté, déstabilisé et parfois même contrarié par cette nouvelle attitude féminine, puisque son grand-père, son père et les modèles que lui ont offerts les médias ne procédaient pas de cette manière. La « passe de la grenouille », à laquelle bien des hommes se sont adonnés, ne donne plus les résultats escomptés aujourd'hui. Ce que j'appelle « passe de la grenouille » est ce qui illustre fort bien, à mon avis, le comportement que bien des hommes ont souvent adopté au cours de leurs relations sexuelles : caresses distraites sur le bout des seins pendant dix secondes, un saut sur madame, un chevauchement de deux minutes et un autre saut, cette fois-ci à côté de madame, dos tourné et ronflements.

Des angoisses silencieuses

Pour plusieurs femmes, elle est bel et bien terminée, l'époque où l'homme demandait et même ordonnait, pendant que la femme obéissante s'exécutait. Bien sûr, ces hommes vivaient alors beaucoup moins d'anxiété sur le plan sexuel puisqu'on ne remettait jamais leurs comportements en question. Pour un homme, consulter un sexologue — à plus forte raison une sexologue — relève souvent d'une démarche angoissante et humiliante. D'ailleurs, ils sont moins nombreux que les femmes à consulter. Mais on peut les comprendre, car lorsqu'ils éprouvent une difficulté d'ordre sexuel, c'est toute leur identité qui en prend un coup. La société phallique dans laquelle ils évoluent leur a enseigné qu'un homme, un vrai, doit avoir de bonnes et de grosses érections qu'il doit être capable de maintenir. De plus, comme plusieurs d'entre eux se sont sentis forts et fiers d'eux au lit pendant des années, leur soudaine vulnérabilité mise au jour par la force des choses — pour ne pas dire par la force des femmes — les conduit à éprouver des angoisses avec lesquelles ils n'ont pas l'habitude de vivre. La plus grande d'entre elles étant de bien répondre aux nouvelles femmes que certaines sont devenues, c'est-à-dire désirables et désirantes.

> Je me sentais bien pendant que je la pénétrais, mais j'avais souvent le sentiment que peut-être, je ne faisais pas ce qu'il fallait puisque c'était tellement long avant qu'elle ait un orgasme. Aujourd'hui, je ne me sens pas à l'aise de développer une relation autre qu'amicale avec une femme, car j'ai peur de ne pas être à la hauteur sexuellement. Je sais que je ne suis pas particulièrement beau et j'ai toujours eu un complexe avec mon petit pénis. Avec ma femme, je me sentais plus en sécurité, car elle n'avait pas connu d'autres hommes. J'ai peur que ça ne fonctionne pas avec une autre femme et aussi, qu'elle dise: « Qu'est-ce que c'est que ça? » en voyant mon pénis. J'ai besoin d'être en amour avec une femme pour coucher avec elle.

Les principales questions masculines

Lorsqu'ils sont forcés de s'interroger autant que leur compagne sur la sexualité, les hommes formulent parfois les questions suivantes:
- Est-il normal que mon désir ne soit pas toujours présent?
- Puis-je apprendre à contrôler mon éjaculation, à tenir plus longtemps?
- Est-il normal que je n'aie pas d'érection avec certaines femmes?

- Qu'elle est la taille normale d'un pénis ?
- Est-il normal que j'aime me masturber même si j'ai des relations sexuelles satisfaisantes avec ma femme ?

Un désir sexuel chancelant

Depuis une ou deux décennies, les hommes qui connaissent une absence de désir sexuel sont plus nombreux. Cette absence peut être due à d'autres problèmes d'ordre sexuel, tels que l'éjaculation précoce ou la difficulté à obtenir et à maintenir une érection. Ne pas éprouver de désir sexuel est alors un moyen utilisé pour éviter d'être confronté au problème. L'absence de désir chez l'homme peut également traduire d'autres troubles : peur de l'intimité et de l'engagement, difficulté à s'affirmer, peur de la femme, hostilité envers elle.

La société de performance dans laquelle nous vivons amène souvent les hommes de cinquante ans à souffrir d'épuisement et de stress. Et comme le stress est l'ennemi numéro un de la sexualité, il a de fortes répercussions sur le désir sexuel et l'érection. Il faut dire que nous commençons à peine à nous pencher sur les conséquences de l'andropause sur les hommes. Le dictionnaire la présente comme étant une diminution de l'activité génitale chez l'homme, à partir d'un certain âge. Je crois que cette définition est plutôt limitée. Telle la ménopause chez la femme, l'andropause représente chez l'homme une étape transitoire. C'est à partir de l'âge de cinquante ans que certains hommes commencent à éprouver des problèmes qui peuvent être associés à l'andropause. Leur système connaît une déficience partielle sur le plan de la sécrétion d'androgènes, ce qui a un effet sur leur sexualité puisque leur niveau de testostérone (l'hormone du désir sexuel) connaît une baisse plus ou moins importante. Les symptômes qu'un homme peut alors avoir sont les suivants : chaleurs, irritabilité, fatigue, diminution de la force musculaire et de l'énergie. Ces symptômes commencent à apparaître lorsque le taux de testostérone diminue en deçà d'un seuil normal. Mais avant d'émettre un diagnostic d'andropause, on doit procéder à un test de testostérone biodisponible (la quantité de testostérone qu'on peut mesurer et qui est active au niveau du cerveau, des os, des muscles et du foie). Lorsqu'un traitement s'impose, le patient reçoit de la testostérone sous forme d'injections, de pilules ou de timbres à appliquer sur la peau. De plus, on lui recommande d'adopter une bonne hygiène de vie, c'est-à-dire de bien s'alimenter, de faire de l'exercice physique régulièrement, de prendre de l'alcool en petite quantité, d'éviter le stress et de s'abstenir de fumer.

Performance et échec

Aussi, à l'âge de cinquante ans, les hommes ont souvent tendance à développer une anxiété de performance : comme leur taux de testostérone est plus bas, ils sont moins performants que lorsqu'ils avaient vingt ou trente ans. Ils doivent donc être conscients qu'ils ont besoin de plus de temps pour obtenir une érection et qu'ils doivent mieux se préparer à faire l'amour. En refusant d'accepter cette réalité et en mettant uniquement l'accent sur leur pénis, bien des hommes développent une anxiété de performance et n'arrivent pas à obtenir l'érection souhaitée. Ils connaissent donc un échec qu'ils ont peur de revivre au cours d'une relation sexuelle future. Et c'est précisément parce qu'ils ont peur de le revivre qu'ils le connaissent à nouveau. Un cercle vicieux s'installe alors.

L'éjaculation précoce

L'éjaculation précoce préoccupe grandement les hommes. Pourtant, l'anthropologie pourrait nous rappeler que nos ancêtres mâles avaient tout intérêt à éjaculer rapidement. Deux raisons majeures les y incitaient : copuler avec le plus de femelles possible pour être en mesure de procréer et éviter, au cours de cet exercice, de se faire agresser par un prédateur. Ces comportements seraient donc inscrits dans les gènes des hommes contemporains.

Malheureusement, les hommes d'aujourd'hui n'ont pas été encouragés, étant adolescents, à se livrer à l'apprentissage de la sexualité. Le père absent qu'ils ont eu n'a pas tenu le rôle qu'il aurait dû jouer en regard de leur sexualité. Leur père aurait dû combler leur besoin de comprendre leur anatomie et son fonctionnement, leur dire, par exemple : « Quand tu te masturbes, essaie de repérer, d'identifier le moment qui précède celui qui te conduira à l'orgasme, ce moment qui fera que tu ne pourras plus revenir en arrière. Arrête, presse alors ton pénis pendant quelques secondes et recommence. Tu verras que de cette façon, tu seras capable de contrôler ton éjaculation. »

L'éjaculation précoce peut donc relever d'un apprentissage inadéquat. Il est alors possible d'apprendre à se déconditionner pour se reconditionner. Mais elle peut également avoir des causes plus profondes : hostilité envers la femme, peur de la femme, blessure narcissique, manque d'affirmation de soi, anxiété d'échec et de performance, inceste psychique, homosexualité latente. Une thérapie de type psychodynamique et sexuelle s'impose alors.

La panne sexuelle

De plus en plus d'hommes tombent en panne sexuelle. Un problème qui, dans 75 % des cas, a les mêmes causes psychologiques que l'éjaculation précoce. Ce qui caractérise la phase d'excitation chez l'homme, c'est l'érection. À cinquante ans, ils n'ont pas les mêmes érections qu'à vingt ans, un âge où souvent, peu de stimuli sont requis pour parvenir à une excitation sexuelle. Cependant, les changements observés dans l'érection peuvent varier d'un homme à un autre. Mais ce que l'on sait, c'est que vers la cinquantaine, la phase d'excitation d'un homme est moins intense. Il a besoin d'une stimulation plus directe sur le pénis pour parvenir à l'érection.

Pénis : taille et mythe

Depuis des millénaires, le sexe de l'homme est vénéré, glorifié, adoré. On lui voue un culte, on l'érige en statue. Dans plusieurs cultures, le pénis est devenu un dieu : dieu de la fécondité dans l'ancienne Égypte, dieu de la fertilité chez les Japonais. Dans la Grèce antique, le dieu Pria possède un membre viril démesuré. Il a donné son nom à une maladie caractérisée par une érection douloureuse et prolongée : le priapisme.

L'importance que l'on a toujours accordée au pénis n'est certainement pas étrangère au fait que la moitié des hommes éprouvent des inquiétudes à son sujet. Pourtant, bien des femmes s'entendent pour dire que ce qui rend un pénis invitant et intéressant, c'est l'homme qui le porte. Ce que les films pornographiques présentent en tant que modèles péniens n'améliore aucunement les choses, à plus forte raison chez les adolescents, qui ne savent pas que les acteurs de films porno sont des exceptions. La longueur et le diamètre moyens d'un pénis sont de 10 cm et de 3 cm lorsqu'il n'est pas en érection et de 15 cm et 4 cm lorsqu'il est en état d'excitation sexuelle. En fait, c'est à partir du moment où un homme s'accepte tel qu'il est et qu'il a suffisamment d'estime de soi et d'égards pour sa partenaire qu'il se donne toutes les chances d'être un bon amant. Et puis, qu'un homme ait un gros ou un petit pénis ne change rien au fait qu'il puisse éprouver du plaisir et parvenir à l'orgasme.

Bien sûr, certaines femmes disent préférer un pénis qui soit de bonne taille, puisque la stimulation directe du vagin et indirecte du clitoris est plus grande. Par ailleurs, certaines femmes disent préférer un pénis plus petit afin que le col de leur utérus n'en souffre pas. Alors, à chacune de trouver son chacun. Mais une chose est certaine : c'est la qualité du rapport sexuel qui est importante. Qualité étant synonyme ici de bonne préparation, de tendresse, d'ouverture à soi et à l'autre, de complicité et de dialogue. Et que dire de cette stimulation clitoridienne dont bien des femmes se plaignent souvent de manquer ?

Une masturbation qui inquiète

La masturbation à laquelle les hommes s'adonnent en solitaire rend-elle sourd, aveugle ou fou ? Il n'y a pas si longtemps, on le croyait. Bien des tabous sont reliés à la masturbation et c'est sans doute la raison pour laquelle nous nous sentons si mal à l'aise à sa seule évocation. Pourtant, la masturbation est un geste naturel qui nous permet de mieux nous connaître, d'apprivoiser et de s'approprier notre propre corps. Comme le dit si bien Woody Allen, se masturber, c'est faire l'amour à quelqu'un que l'on connaît bien… Pourquoi les hommes et les femmes se masturbent-ils ? Parce que c'est agréable, tout simplement ! Selon la majorité des études, 70 à 80 % des femmes se sont déjà masturbées au moins une fois jusqu'à l'orgasme. Chez les hommes, le pourcentage est plus élevé : 95 % d'entre eux se sont déjà masturbés.

Nous avons reçu une éducation très sévère par rapport à la masturbation. On attachait même les mains des enfants pour qu'ils ne puissent pas toucher leurs organes génitaux… Pourtant, la masturbation peut permettre à un homme et à une femme de se détendre et de calmer certaines angoisses. De plus, elle peut être vue comme une façon d'apporter du piment au sein d'un couple, comme une fantaisie sexuelle qui brise la monotonie. Naturellement, cette pratique peut devenir pathologique si on la préfère à une activité sexuelle avec une autre personne et qu'elle devient nécessaire et compulsive.

Une remise en question des deux sexes

Les hommes commencent à se rendre compte qu'ils doivent se remettre en question.

> Ma mère était timide et tranquille, trop gentille. Elle m'a réprimé sexuellement et m'a beaucoup contrôlé. C'est peut-être pour ça que j'ai peur des femmes… Je ne m'en rendais pas

compte, elle me harcelait ; même si je l'aime, je suis très en colère contre elle. Elle ne m'a pas laissé être moi-même [...] Mon père, c'était un mur... il ne me parlait pas, ne faisait pas attention à moi. Je n'ai jamais été très attaché à mon père alors que ma mère... Elle était très près, oui... trop près ! Elle a toujours contrôlé ma vie et ne pouvait pas vivre sans moi. Je dois lui dire que j'ai ma vie à faire.

Certains hommes réalisent bien que des changements doivent être apportés aux rôles traditionnels des deux sexes, ce qui les perturbe énormément. Ils sont de plus en plus nombreux à consulter un professionnel pour une perte de désir ou une difficulté d'érection. À la source de cette nouvelle motivation, on retrouve différentes angoisses telles que la peur de ne pas satisfaire une partenaire ou de ne pas être à la hauteur de ce qu'elle attend d'eux. Cette angoisse se trouve décuplée chez ceux qui se sentent dominés par une partenaire qui fait preuve d'autonomie, qui se réalise au sein de son métier ou de sa profession et qui se donne le droit de demander. Les difficultés que ces hommes connaissent sur le plan sexuel sont à l'image de la colère qu'ils ressentent, souvent exprimée de manière passive. Autrefois, c'étaient les femmes qui réagissaient ainsi, puisqu'elles avaient le sentiment de se soumettre aux rapports sexuels.

Aujourd'hui, on trouve de plus en plus de femmes qui se plaignent d'une dysfonction sexuelle chez leur partenaire et qui osent affirmer leurs propres besoins sexuels. Cependant, même si bien des femmes s'autorisent à aimer les relations sexuelles, il n'en reste pas moins qu'elles demeurent sensibles à l'ambiance et aux circonstances dans lesquelles elles se déroulent. Elles sont également encore trop nombreuses à entretenir des croyances négatives qui viennent miner leur épanouissement sexuel. Et que dire de la course à la performance à laquelle, au même titre que bien des hommes, plusieurs d'entre elles se livrent ? Pourtant, il serait préférable d'évaluer la qualité de notre vie sexuelle en fonction de la satisfaction que nous en retirons.

Une dysfonction sexuelle amène habituellement, que ce soit chez l'homme ou la femme, de la souffrance et une certaine forme de découragement. En effet, il est souvent difficile et humiliant de reconnaître, et surtout d'accepter, qu'on devra avoir recours à une aide extérieure pour pouvoir s'en sortir. Pourtant, le premier pas vers la guérison d'une dysfonction sexuelle est de se responsabiliser face à elle, car l'insatisfaction sexuelle ne peut qu'avoir des effets néfastes sur celui ou celle qui désire une vie amoureuse saine et équilibrée.

TEST

Répondez par vrai ou faux à ces énoncés.

Vous avez une dysfonction sexuelle et votre partenaire :

- vous culpabilise et vous amène, de par son attitude, à vous mépriser ;
- vous critique négativement et vous rejette en prétextant que le problème vous appartient. Il vous revient donc, à vous, de régler votre problème ;
- dit vouloir vous apporter son aide et son soutien moral alors qu'en réalité, il(elle) semble se dissocier de votre difficulté ;
- ne voit en vous qu'un « problème sexuel », vous donnant en cela le sentiment que vous ne pouvez pas être autre chose que ce problème, soit une personne à part entière ;
- ne montre aucune patience face à la situation que vous vivez. Pire encore, il(elle) vous presse de régler votre difficulté rapidement ;
- ne croit pas en votre souffrance morale et vous accuse de paresse et de mauvaise volonté.
- vous donne l'impression de détester votre difficulté et de la rendre responsable de tous ses malheurs.

Si vous avez répondu oui à la majorité de ces questions, cette situation ne peut que contribuer à faire souffrir votre ego et à renforcer le sentiment de vulnérabilité que vous éprouvez. Je vous suggère donc de consulter un(e) thérapeute avec votre partenaire afin d'être en mesure d'affronter les peurs que vous éprouvez respectivement et de lui permettre de sortir de la position rigide qu'il(elle) adopte à votre endroit. Si vous ne vous donnez pas les moyens d'affronter certaines réalités que soulève immanquablement une dysfonction sexuelle, vous risquez de voir cette dernière empirer et avoir une influence de plus en plus négative sur vos vies.

Exercices

Relaxation passive et active

Le stress est le premier ennemi d'une bonne santé sexuelle. D'ailleurs, bien des gens qui me consultent sont nerveux, tendus et préoccupés. La relaxation est donc le premier exercice que je vous suggère de pratiquer, pendant quinze minutes ou plus par jour. En développant vos aptitudes à vous centrer sur vous-même et à être à l'écoute de vous-même, bref à mieux habiter votre corps, vous développerez la possibilité de ressentir davantage les sensations subtiles qui peuvent vous habiter. Il existe sur le marché diverses cassettes qui proposent deux types de relaxation : passive ou active. La première vous permettra de vous détendre au son d'une musique douce et d'une voix qui vous guidera quant à la manière de respirer, de vous abandonner et de faire le vide. La seconde vous demandera une participation plus active, en ce sens que la voix vous invitera à contracter et à relâcher certains muscles de votre corps. Ce deuxième type de relaxation est conseillé aux personnes qui arrivent difficilement à faire la distinction entre les moments où leur corps est tendu et ceux où il est détendu.

Une masturbation qui nous veut du bien

Au cours d'une thérapie sexuelle, la masturbation (ou l'autostimulation) joue un rôle important, car c'est un geste qui permet de mieux se connaître, d'apprivoiser son propre corps ou de se réconcilier avec lui. Contrairement aux hommes, bien des femmes avouent éprouver certaines difficultés à atteindre l'orgasme. Lorsqu'elles comprennent que pour elles, vivre cette expérience requiert un apprentissage, elles se sentent moins impuissantes. Lorsqu'une personne se masturbe, elle a plus de chances de bien se concentrer et peut éprouver moins d'anxiété en l'absence d'un(e) partenaire qui pourrait la distraire et/ou l'amener à ressentir une anxiété de performance. En fait, lorsque vous vous masturbez, il y a moins de risque que certains facteurs extérieurs viennent vous perturber ou vous inhiber. Si vous éprouvez un sentiment d'interdit face à la masturbation, essayez de réviser la position que vous adoptez en répondant à ces questions :

- D'où me vient ce sentiment négatif que j'entretiens à l'endroit de la masturbation ? Pour quelles raisons ?
- Ai-je tendance à attendre que l'autre me prenne en charge, sexuellement, qu'il devine mes désirs ? Pour quelles raisons ?
- Ai-je le sentiment d'avoir droit au plaisir ? Pour quelles raisons ?
- Est-ce que je fais du tort à quelqu'un d'autre lorsque je me masturbe ? Pour quelles raisons ?
- Qui pourrait me connaître mieux que moi-même ? Comment serait-ce possible ?

Comme je l'ai mentionné, la masturbation n'est pas nécessairement une activité qui se pratique lorsqu'on est seul. Elle peut donc être vue comme complémentaire au sein d'un couple qui désire profiter d'une vie sexuelle riche, variée et colorée. Elle peut contribuer à rendre la vie sexuelle moins routinière et monotone si on la considère comme une fantaisie, une activité de révélation de soi à l'autre. Elle peut cependant aussi créer une certaine anxiété chez les partenaires qui désirent la pratiquer en duo, car il s'agit là d'un geste que notre cerveau a associé à la solitude et à l'isolement. Si vous avez certaines réticences à l'idée de vous masturber devant votre partenaire, donnez-vous le temps de vous faire à l'idée et vivez l'expérience de manière graduelle, en commençant sous les couvertures, par exemple. Si la masturbation en solo ou en duo ne vous attire pas, vous n'avez pas à vous sentir mal à l'aise. Par contre, si cette expérience vous attire et que vous n'osez pas y plonger sous prétexte qu'il s'agit là d'un geste répréhensible, je crois qu'il pourrait être bénéfique de vous attarder aux questions de la page précédente.

Une perception différente de l'autre

Cet exercice peut s'avérer fort utile si, consciemment ou inconsciemment, vous projetez sur une partenaire les défauts d'une personne qui vous a blessé(e) ou même traumatisé(e) dans le passé. Un homme ne sera jamais tous les hommes, pas plus qu'une femme ne sera toutes les femmes. Cet exercice contribuera à vous faire faire des liens entre un événement douloureux que vous avez vécu et la manière dont vous percevez votre partenaire ou un(e) partenaire potentiel(le). Pour mieux vous faire comprendre la manière de procéder, je vous présente une partie de cet exercice fait par une femme :

- Séparez une feuille en trois colonnes verticales et écrivez, par exemple :

L'homme qui m'a blessée	Mon conjoint	Les hommes en général
Roger	Louis	
	Qualités :	
Aucune	Tendre, compréhensif, etc.	Travaillants
	Défauts :	
Profiteur, alcoolique, agressif, etc.	Impatient, boudeur, etc.	Contrôlants

Comportements :

| M'a frappée, rustre, etc. | Me complimente, fait l'amour avec douceur, etc. | Parlent fort, etc. |

Sentiments et émotions ressentis :

| Peur, dégoût, honte, impuissance, etc. | Amour, amitié, confiance, etc. | Contrariété |

Influences sur moi :

| Désir inhibé, anesthésie de mon corps. | Goût de guérir | Goût d'avoir du désir |

Ce tableau qui vous est présenté partiellement m'a été remis par l'une de mes patientes qui n'a pas de désir sexuel. Après avoir complété la liste des qualités, défauts et comportements de son offenseur, de son partenaire et des hommes en général, elle devait répondre à ces questions :
- De quelle manière le comportement de mon offenseur a-t-il influencé l'attitude que j'adopte avec mon partenaire et avec les hommes en général ?
- En quoi son comportement a-t-il eu une influence négative sur ma vie sexuelle ?
- Jusqu'à quel point ?
- Est-ce que je lui donne encore du pouvoir ? Comment et pour quelles raisons ?
- De quelle manière puis-je le lui enlever ?
- Dans quelle mesure suis-je capable de mettre l'accent sur les qualités de mon partenaire ?
- Est-ce que c'est bon pour moi ? Pour quelles raisons ?

Certaines pensées peuvent parfois nous habiter inconsciemment, ce qui ne signifie pas qu'elles ne peuvent pas avoir de répercussions négatives sur nos comportements. Cet exercice vous permettra donc de vérifier en quoi vous pouvez faire une distinction entre les qualités physiques et psychologiques de la personne qui vous a blessé(e), celles de votre partenaire et des hommes ou femmes en général. Aussi, vous pourrez voir en quoi les comportements adoptés par ces hommes ou ces femmes sont différents et de quelle manière ils peuvent avoir une influence différente sur vous. En vous demandant dans quelle mesure vous donnez encore du pouvoir à votre offenseur et comment vous pourriez le lui enlever, vous vous aiderez énormément. Je vous suggère d'ailleurs de compléter cet exercice par ceux qui figurent au chapitre 7, qui porte sur le pardon.

Apprentissages sensoriels (*Sensate Focus*)
Voilà un exercice fréquemment utilisé en sexothérapie. Proposé en quatre volets, il vous permettra :
- d'entrer en contact avec l'autre sans vous sentir menacé(e);
- d'être capable d'identifier les stimulations qui sont les plus agréables pour vous et pour l'autre;
- de pouvoir révéler à l'autre vos préférences et vos réticences;
- de vivre une expérience sensuelle et érotisante pour ce qu'elle est, c'est-à-dire sans vous sentir obligé(e) d'atteindre l'orgasme;
- de vivre moins de peur, d'angoisse et d'anxiété;
- d'éviter de focaliser sur la pénétration.

Sensate I

Caressez-vous, à tour de rôle, sur tout le corps, en *excluant les seins et les organes génitaux*. Entendez-vous au préalable sur le temps que vous vous accorderez respectivement. Je vous suggère de débuter par quinze minutes pour chacun d'entre vous. Et faites preuve d'imagination : outre vos mains, vous pouvez utiliser des objets tels que foulards de soie, plumes, fleurs, etc. Cet exercice vous est proposé dans le but de percevoir et d'accepter VOS propres sensations et réactions, de prendre conscience de vos besoins et plaisirs. Concentrez donc votre attention sur ce que vous préférez recevoir et donner comme caresses. Même si cet exercice vous place dans l'intimité avec l'autre, vous devez vous centrer sur vous-même en comprenant que vous n'êtes pas responsable du plaisir de l'autre, mais bien du vôtre. Ne parlez pas pendant l'exercice, afin de pouvoir mieux vous concentrer sur vos sensations, afin que vos paroles ne deviennent pas un prétexte pour ne pas ressentir. En étant plus et mieux centré sur vous-même, vous aurez moins tendance à rester spectateur au cours de vos relations sexuelles. De plus, moins de pensées négatives trouveront le chemin de votre esprit. Après l'exercice, faites-vous mutuellement part de vos impressions.

Sensate II

Reprenez le Sensate 1 en y apportant cet ajout : en tant que donneur, caressez votre partenaire en lui demandant de guider votre main. La position que je vous suggère d'adopter est la suivante : assoyez-vous confortablement, le dos bien appuyé contre des oreillers. Invitez votre partenaire à s'asseoir entre vos jambes, le dos appuyé contre votre poitrine. Caressez-le(la) et demandez-lui de vous dire verbalement et brièvement ce qu'il(elle) aime ou n'aime pas et de se prononcer sur les changements qu'il(elle) souhaite vous voir apporter. Cet exercice vous amènera à communiquer verbalement vos préférences à votre partenaire. Il vous permettra donc de vérifier dans quelle mesure vous êtes capable d'exprimer vos propres désirs à l'autre : avez-vous la capacité de vous livrer, de parler de vos besoins, de vos insatisfactions ?

Sensate III

Répétez le Sensate II en incluant les seins et les organes génitaux.

Sensate IV

Répétez l'exercice avec les mêmes consignes qui vous ont été données pour le Sensate II et III, en incluant la pénétration, mais sans rechercher nécessairement l'orgasme.

Hommes

L'arrêt-départ et le squeeze

Si votre éjaculation survient avant que vous ne le souhaitiez, c'est peut-être parce que vous n'avez pas appris à la contrôler. Certaines techniques pourraient vous aider à mieux maîtriser votre excitation sexuelle. Je vous propose celle-ci : en vous masturbant seul, essayez de repérer le moment qui précède celui qui vous conduit à l'orgasme, ce moment qui fera que vous ne pourrez plus revenir en arrière sans éjaculer. Détendez-vous, car si vous êtes tendu il vous sera difficile d'identifier ce point de non-retour. Arrêtez alors de vous masturber, pressez fortement votre pénis sous le gland pendant cinq secondes et recommencez à vous masturber en répétant le même procédé à quelques reprises. Si cinq secondes vous semble trop court comme temps d'arrêt, prenez-en davantage. Pratiqué sur une base régulière, cet exercice pourrait vous amener à maintenir votre excitation sexuelle plus longtemps avant de parvenir à l'éjaculation et à l'orgasme. Lorsque vous vous sentirez prêt, ce qui pourrait prendre quelques semaines, invitez votre partenaire à vous masturber, et ce, en suivant la même technique. Encore là, livrez-vous à cet apprentissage en vous donnant du temps. Après quelques jours ou quelques semaines, bref lorsque vous aurez le sentiment de bien maîtriser cette technique, tentez l'expérience de la pénétration en évitant de mettre l'accent sur votre pénis, de trop vous concentrer sur ce dernier. Assurez-vous que votre partenaire comprend bien les étapes que vous devez franchir. Par ailleurs, je vous suggère d'identifier et de choisir les positions qui vous permettent de mieux moduler votre excitation sexuelle. Cependant, si la cause de votre éjaculation rapide est psychologique ou biologique, il serait préférable de consulter un médecin ou un sexologue qui pourra vous aider à vous tourner vers d'autres alternatives.

Un modèle adéquat

Si vous n'avez pas confiance en vous en tant qu'homme et que vous éprouvez de la difficulté à vous affirmer, c'est sans doute parce que vous n'avez pas eu, étant enfant, un bon modèle masculin auquel vous pouviez vous identifier. Je vous propose donc de regarder autour de vous, parmi vos proches, et de vous arrêter à un modèle masculin qui peut être valorisant pour vous. Observez vos comportements en fonction de ce modèle et prenez la décision d'agir en vous référant à ce dernier. Posez-vous des questions telles que:
- Comment agirait-il dans les mêmes circonstances?
- Aurait-il de la difficulté à exprimer ses désirs? Comment le ferait-il?
- Trouverait-il une solution à ce problème? De quelle manière?
- Comment aborderait-il cette femme?
- Aurait-il peur de ce qu'il ressent?
- Serait-il angoissé à l'idée de…? etc.

Femmes

Découverte de mon corps

Les pensées et sentiments négatifs que vous entretenez à l'endroit de la sexualité peuvent vous conduire à une certaine forme d'anesthésie corporelle. Certaines femmes, lorsqu'elles font l'amour, ont de la difficulté à éprouver les diverses sensations que leur corps peut leur procurer. L'utilisation qu'elles peuvent faire de leurs cinq sens est très limitée. Souvent, je peux observer qu'elles sont plus ou moins conscientes de s'être coupées de leurs sensations. Il se peut que vous n'ayez pas fait un bon apprentissage de vos propres stimuli et des stimuli externes rattachés à la sexualité. Vous n'avez donc pas appris à faciliter et encourager l'émergence de votre sexualité. Or, vous avez interprété peu de stimuli comme pouvant être érotiques, tout comme vous n'avez pas associé ces stimuli à l'excitation et à l'éveil du désir sexuel.

Vous pouvez partir à la découverte de votre corps à l'aide des exercices suivants :
- Exercice du bain : pour cet exercice, la consigne est de vous relaxer dans une ambiance calme et invitante. Le but est de vous approprier votre corps et de vous familiariser avec lui afin d'être capable de vous érotiser davantage et de devenir responsable de votre plaisir. En partant du principe qu'une bonne santé sexuelle commence, entre autres choses, par la connaissance de soi, je vous propose de vous laver lentement à main nue en étant attentive à vos sensations dans chaque centimètre de votre peau. Dans un premier temps, évitez vos organes génitaux si cela provoque de l'anxiété chez vous. Concentrez-vous bien et essayer d'identifier les sentiments qui vous habitent : est-ce de la gêne, de la culpabilité, de l'indifférence, du dégoût, du plaisir, de la joie ? Demandez-vous également ce que vous ressentez physiquement : de la tension, de la nervosité, de l'indifférence, de la détente ? Pour quelles raisons ? Quand vous serez capable de nommer ces sentiments et d'en identifier la cause, vous aurez déjà fait un premier pas vers un mieux-être.

Les exercices de Kegel

En pratiquant les exercices de Kegel, vous apprendrez à contracter votre muscle pubo-coccygien, dans le but de le renforcer. Vous connaîtrez alors plus de sensations lors d'une pénétration puisque votre vagin sera en mesure de serrer plus fortement le pénis de votre partenaire. Pour pratiquer ces exercices, procédez de cette manière :

1) Identifiez votre muscle pubo-coccygien en contractant les muscles de votre périnée, ceux que vous contractez lorsque vous avez envie d'uriner et que vous devez vous retenir. Contractez et relâchez, comme une femme qui doit pousser lors d'un accouchement. Contractez et relâchez à 10 reprises et faites-le trois fois par jour. Augmentez graduellement cette fréquence jusqu'à ce que vous puissiez le faire 10 fois par jour, ce qui devrait être possible après deux semaines.

Lorsque vous aurez le sentiment de bien maîtriser cette partie de l'exercice, tenez votre dernière contraction pendant dix secondes.

2) Après avoir pratiqué le premier exercice pendant quelques semaines, assoyez-vous confortablement dans votre lit, le dos bien appuyé, et insérez un doigt dans votre vagin. Détendez-vous, respirez, contractez et comptez : mille et un, mille et deux, mille et trois, mille et quatre, en maintenant votre muscle contracté. Comptez une seconde de plus en contractant également les muscles du ventre, des cuisses et des fesses. Relâchez en expirant et recommencez :
- Vous contractez seulement votre muscle pubo-coccygien (mille et un).
- Vous maintenez (mille et deux).
- Vous maintenez (mille et trois).
- Vous maintenez (mille et quatre).
- Vous contractez les muscles du ventre, des cuisses et des fesses (mille et cinq).
- Vous relâchez les muscles (mille et six).

Il est recommandé de faire ces exercices de dix à quinze minutes par jour. Après un mois, vous devriez commencer à constater des résultats, bien que chez certaines femmes, il faille compter une ou deux semaines de plus.

Chapitre 4

Parents aimants, enfant gagnant

> Les débuts difficiles entraînent
> des chutes merveilleuses.
>
> John Haywood

*E*n tant que sexologue clinicienne, je peux affirmer qu'aujourd'hui je rencontre de plus en plus d'hommes et de femmes qui manifestent le désir profond de tendre vers une certaine complémentarité, c'est-à-dire que je retrouve chez eux une volonté de se rencontrer enfin, de se comprendre mutuellement, et ce, dans le but de bien s'aimer et, aussi, de profiter d'une vie sexuelle attirante et satisfaisante. Mais ce plaisir ne peut s'obtenir que si chacun peut dire à l'autre : « Essaie de mieux me comprendre, moi qui suis différent(e) de toi, et accompagne-moi dans la démarche que je peux faire pour mieux me connaître. Je ferai de même avec toi. » Lorsque nous adoptons un tel comportement, je crois que nous faisons preuve de sagesse et de maturité, ce qui fait souvent défaut à ceux et celles qui se contentent de critiquer les autres. Cependant, pour être en mesure de vous tourner vers un tel comportement, vous devez, en tant qu'homme ou en tant que femme, posséder certaines informations quant au développement psychosexuel et affectif des garçons et des filles. Il est important, si vous voulez cesser de souffrir au sein de vos amours, d'avoir certaines connaissances sur la manière dont un être humain peut avoir vécu ses premières années de vie et surtout, sur ce qu'elles ont pu causer comme blessures en lui et, par conséquent, sur la manière dont il vivra ses amours.

Pour bien comprendre les concepts présentés dans ce chapitre, il vous faut éviter de confondre certains termes. J'ai donc pensé qu'il s'avérerait fort utile de vous donner la définition de certains d'entre eux.

L'identité sexuelle et l'identité de genre

L'identité sexuelle est reliée au fait d'être biologiquement mâle ou femelle. Quant à elle, l'identité de genre renvoie au sentiment intérieur que nous avons d'appartenir au sexe masculin ou au sexe féminin. Nous reconnaissons alors que nous possédons des attributs psychologiques et physiologiques masculins ou féminins : « Je suis un homme ou une femme et je suis fier(ère) de l'être ! » Nous adoptons donc des rôles, des gestes, des attitudes et des comportements qui nous ressemblent, nous rejoignent et nous confirment que nous sommes soit un homme, soit une femme et que nous fonctionnons soit comme un homme, soit comme une femme. L'identité de genre peut ne pas être conforme avec le sexe anatomique ou biologique, c'est-à-dire qu'un individu peut, par exemple, avoir le sentiment d'être une femme, et ce, malgré le fait qu'il possède un pénis. C'est le cas des transsexuels qui souhaitent transformer leur sexe anatomique pour qu'il soit conforme à leur identité de genre.

L'orientation sexuelle

On peut définir l'orientation sexuelle comme étant l'attrait érotique que nous éprouvons envers l'un ou l'autre sexe. Cette orientation est qualifiée d'hétérosexuelle lorsque l'individu est attiré érotiquement par des personnes de l'autre sexe ; d'homosexuelle lorsque l'individu est attiré par une personne du même sexe, et de bisexuelle lorsque l'individu est attiré érotiquement à la fois par les hommes et par les femmes.

Pour déterminer l'orientation sexuelle d'une personne, il importe de ne pas prendre uniquement en considération les conduites sexuelles évidentes de cette dernière, mais également les fantasmes sexuels qu'elle entretient. Si, par exemple, une femme entretient régulièrement des fantasmes sexuels qui s'opposent aux comportements sexuels qu'elle adopte, on pourra la qualifier d'ambisexuelle.

Le rôle de genre

L'individu se conforme généralement à ce que la société attend de lui. Et ces attentes reposent sur ce que la société considère comme étant, d'une part, masculin et, d'autre part, féminin. Par exemple, un homme, un «vrai», doit être fort physiquement alors qu'une femme se doit de faire preuve de tendresse et de douceur. Cette dichotomie entre ce qui appartiendrait au domaine masculin et ce qui appartiendrait au domaine féminin a été rejetée par certains mouvements, tels par exemple, le Mouvement de libération des femmes. Ce rôle qu'un individu adopte est souvent confondu à tort avec l'identité de genre ou avec l'orientation sexuelle, puisqu'il est tributaire des injonctions d'un environnement qui dit à un individu ce qu'il devrait faire, comment il devrait se comporter et cela, en fonction du fait qu'il est un homme ou une femme. Pourtant, ces rôles ont tellement évolué au cours des dernières années, dans une société comme la nôtre, qu'il est devenu extrêmement délicat de se prononcer sur ce qui peut être considéré comme étant spécifiquement masculin ou féminin. Il n'en demeure pas moins qu'il existe des normes qui sont véhiculées au sein de notre société, et ce, même si elles sont appelées à subir certains changements.

Le développement psychosexuel du garçon et de la fille : de Freud à la sexoanalyse

La position que prenait Freud face à la sexualité féminine a été fortement contestée. Je me rappelle avoir lu à ce sujet une pensée humoristique de l'écrivain Louise Leblanc qui m'avait bien fait rire : « Freud, de son vrai nom : Fraude ». Cependant, si ces quelques mots ironiques me font encore sourire, je tiens tout de même à souligner que si certains de ses concepts n'ont pas fait l'unanimité, et ce, même chez les psychanalystes, Freud a marqué le XXe siècle en élaborant la psychanalyse. Celle-ci se penche sur notre inconscient psychique, ce qui demeure indispensable pour que nous puissions comprendre ce que nous sommes en tant qu'êtres humains. Freud appartenant à une autre époque (1856-1939), il a bien sûr été influencé par les croyances et les valeurs de son temps. Tout idéalisme n'est-il pas empreint de subjectivité ? Il n'est donc pas étonnant que certains de ses concepts aient été réfutés et même révisés. Ce que le Mouvement de libération des femmes n'a pas pardonné à Freud, c'est, entre autres choses, la théorie qu'il a élaborée autour du complexe de castration. Pour lui, l'organe mâle, c'est-à-dire le pénis, est le seul organe génital qui joue un rôle prépondérant chez l'enfant. La grande question existentielle à laquelle tout enfant doit répondre est donc la suivante : « Comment se fait-il que le petit garçon ait un pénis et que la petite fille n'en ait pas ? » Pour sa part, la petite fille ressentirait cette absence d'organe mâle comme un manque et rendrait sa mère responsable de cette injustice. Cette petite fille se met donc à envier ce que sa propre mère n'a pas voulu lui donner : un pénis, ce qui l'amène à se rapprocher de son père. Quant à lui, le petit garçon croit que si la petite fille en est dépourvue, c'est parce qu'on le lui a enlevé. Il se met donc à avoir peur de connaître le même sort, ce qui le conduit à s'éloigner de sa mère et à s'identifier à son père. On peut comprendre qu'un concept aussi réductionniste et généralisé ait pu soulever des tollés de protestations chez bien des féministes qui n'ont pas hésité à dénoncer ce qu'elles prenaient pour du phallocentrisme !

Nous constatons donc ici que, pour Freud, la féminité est une construction secondaire puisqu'elle dérive de la masculinité. Pour accéder à la féminité, la fille doit renoncer à une masculinité originelle qui l'amène à envier le pénis. C'est ce que nous appelons le concept de protomasculinité, lequel est différent du concept de protoféminité que nous retrouvons en sexoanalyse[10] et dont nous parlerons au cours des pages qui suivront.

La sexoanalyse est une approche thérapeutique qui suppose l'existence d'une féminité primaire (protoféminité) qui serait commune aux deux sexes. Ce concept de protoféminité m'a aidée énormément à mieux comprendre mon propre développement psychosexuel et surtout celui des hommes. Malheureusement, je rencontre fréquemment des femmes qui tiennent à peu près le même discours à l'endroit des hommes. Je vous donne un exemple qui peut très bien résumer l'ensemble de ce que j'entends souvent.

> Les hommes sont tellement préoccupés par leur queue! Ils sont tellement branchés là-dessus que ça en devient agaçant, ennuyant et repoussant [...] Ça leur en prend une grosse, une longue, une qui tient pendant des heures. J'en ai ma claque! Avez-vous remarqué que si on fait une blague à propos du pénis d'un gars, on dirait que c'est toute sa fameuse virilité qui en prend un coup? Est-ce qu'on passe notre temps, nous, à nous demander si on a une belle grosse vulve et à parler de nos super clitoris?

---

10. Approche thérapeutique conçue par Claude Crépault, docteur en criminologie et professeur au département de sexologie à l'UQAM. Crépault s'est penché sur les recherches empiriques contemporaines qui ont été faites en sexologie. Ayant également puisé dans le savoir psychanalytique, il a été particulièrement influencé par Stoller. Son approche thérapeutique consiste en un travail d'analyse qui met l'accent sur le désordre sexuel. Elle propose de plus une expérience corrective qui se doit de passer par l'imaginaire avant de faire son entrée dans le réel. Ainsi, le sujet est amené à découvrir les anxiétés et conflits inconscients qui marquent son trouble sexuel, lesquels seront neutralisés par un travail systématique sur son imaginaire.

À mon avis, il y a une grosse part de vérité dans les propos tenus par cette femme. La société phallique dans laquelle nous vivons a eu raison de la patience de bien des femmes, j'en conviens. Plusieurs facteurs d'ordre biologique, psychologique ou socioculturel expliquent l'existence de cette société phallique. Certaines femmes pourraient me répondre qu'il existe des îles désertes qui ne demandent qu'à être peuplées… de femmes ! Je n'ai rien *a priori* contre cette solution radicale, mais elle me semble risquée pour les femmes qui, malgré tout ce qu'elles ont à reprocher aux hommes, recherchent encore désespérément leur présence. Alors, que pouvons-nous changer à la situation, nous, en tant que femmes ?

La peur d'être féminisé

La sexoanalyse m'a permis de répondre à ces grandes questions que je n'étais pas la seule à me poser : qu'est-ce qui est à la source de cette grande tendance qu'ont la majorité des hommes à voir en leur pénis en érection un symbole de leur virilité et de leur identité masculine ? Pourquoi semblent-ils avoir si peur de se faire traiter de mauviettes, de femmelettes, en un mot d'être féminisés ? Pour quelles raisons ai-je si souvent l'impression de les déstabiliser, d'être même une menace pour certains d'entre eux ? Ce concept m'a offert la possibilité de mieux comprendre les attitudes et comportements que bien des hommes adoptent. Certaines femmes qui se sentent « usées » à force d'avoir tenté de rejoindre les hommes pourraient sans doute me poser la question suivante : « Et qu'est-ce que ça t'a donné de mieux comprendre le développement psycho-sexuel et affectif des hommes ? », ce à quoi je répondrais : « Ça m'a donné de l'espoir. Oui, c'est ça… de l'espoir. »

D'où viens-tu ?

On dit souvent qu'il faut savoir d'où l'on vient pour savoir où l'on va. Et j'ai remarqué que la plupart des êtres humains ne le savent pas. Donc, plus nombreux nous serons à posséder certaines informations que nous avons à cœur de partager avec les autres et plus nous nous donnerons la chance de nous voir évoluer et grandir. Pour se rejoindre, les hommes et les femmes se doivent de s'ouvrir pour mieux communiquer. Encore faut-il qu'ils disposent de bons outils qui puissent leur garantir cette bonne communication! Et parmi eux se trouve, à mon avis et d'après mon expérience, la connaissance du développement psychosexuel et affectif de chacun. Voilà une démarche qui me semble préférable aux récriminations et aux jugements de valeurs. Il faut mettre en œuvre deux formes d'intelligence: celle de la tête et celle du cœur.

Par ailleurs, je ne prétends pas que les concepts présentés par la sexoanalyse suffisent pour répondre aux questions que nous nous posons sur les comportements qu'adoptent bien des hommes. En effet, d'autres facteurs, biologiques, socioculturels, moraux, etc., que nous aborderons ultérieurement, influencent aussi leurs comportements.

Je vais tenter d'éviter les termes arides du langage théorique, car je suis convaincue que la compréhension de ces notions élémentaires vous donnera la merveilleuse opportunité de jeter un regard différent et, je l'espère, plus souple sur la gent masculine. Vous comprendrez mieux certaines des raisons pour lesquelles l'homme semble si profondément habité par son pénis et pourquoi il a si peur d'être féminisé. De plus, vous serez plus à même de faire des liens entre certaines pensées ou attitudes qui vous habitent et les raisons pour lesquelles vous les adoptez. Je pense ici à tout le ressentiment que nous avons parfois en repensant au type de lien qui existait entre nous et nos parents, à la capacité que nous avons de nous impliquer réellement dans une relation amoureuse et sexuelle, au peu d'estime que nous avons souvent pour nous-mêmes, à cette grande peur du rejet, de l'abandon ou de la fusion que tôt ou tard, nous avons tous éprouvée.

Quelques concepts sexoanalytiques

Les approches que j'utilise en tant que thérapeute sont de type cognitivo-comportemental et sexoanalytique. Comme sexoanalyste, j'ai été formée par Claude Crépault, le père de la sexoanalyse. Je vous exposerai donc au cours de ce chapitre certains concepts développés par ce professeur.

La sexoanalyse est une approche thérapeutique qui explore notre inconscient pour mieux comprendre l'origine et le maintien d'une difficulté sexuelle. Pour Crépault, il est « plutôt simpliste de réduire les troubles sexuels à des erreurs d'apprentissage, à des distorsions cognitives ou à des interférences purement conscientes[11]. » Selon cet auteur, nous pouvons certes nous tourner vers un reconditionnement ou une simple rééducation, mais uniquement en ce qui concerne les troubles sexuels bénins. Comme le but du présent livre n'est pas d'approfondir cette approche, je me suis tournée uniquement vers certains de ses concepts qui pouvaient éclairer l'objet de notre questionnement.

Fusion et individuation

Nous vivons en relation très étroite avec notre mère lorsque nous sommes des bébés. Et toute notre vie — surtout dans les situations où nous nous sentirons plus vulnérables — nous serons portés à vouloir recréer illusoirement ce lien fusionnel primaire. N'avez-vous pas remarqué que vous avez tendance à établir une intimité territoriale, affective et corporelle avec un autre être humain ? Bien sûr, certains d'entre nous se défendent bien d'adopter une telle attitude mais rares sont ceux qui accepteraient d'aller vivre sur une île déserte…

Regardons de plus près ce que nous avons vécu étant enfants : en tant qu'hommes ou femmes, nous ne nous souvenons pas, bien sûr, que vers l'âge de six mois, notre « moi » a commencé à se distinguer de celui de notre mère. C'est alors que notre premier

---

[11]. CRÉPAULT, Claude. *La sexoanalyse*, Paris, Éditions Payot et Rivages, 1999, p. 9.

noyau d'identité personnelle est apparu, en ce sens que nous avons été en mesure de pouvoir nous dire : « Je suis François » ou « Je suis Sylvie ». Nous avons donc commencé à nous percevoir comme étant une entité spécifique et nous avons amorcé le début d'un processus, celui de la séparation-individuation, c'est-à-dire que nous avons dû nous séparer de notre mère et nous individualiser pour pouvoir acquérir de la maturité. Ce processus nous a plongés dans une situation peu sécurisante et, surtout, très paradoxale. En effet, plus nous cherchions à nous éloigner de notre mère pour mieux nous individualiser, moins nous pouvions combler ce besoin de fusion qui nous poussait vers elle. Cependant, plus nous cherchions à satisfaire nos besoins fusionnels, moins nous pouvions nous individualiser. Nous étions donc dans un état conflictuel, car en partant à la recherche de notre individualité, nous passions par des moments empreints de satisfaction mais également d'insécurité. D'un côté, nous étions satisfaits de pouvoir nous passer de notre mère et d'acquérir ainsi une certaine forme de liberté, mais de l'autre côté, nous avions peur de nous retrouver seuls, donc sans ressources et plus vulnérables. Cette quête de notre individualité a donc amené chez nous une anxiété, celle de devoir nous séparer de notre mère et d'être alors abandonnés. Qu'avons-nous fait pour soulager cette dernière ? Nous sommes retournés vers notre mère, mais voilà qu'une grande surprise nous y attendait… nous nous sommes mis à éprouver une autre forme d'anxiété : la menace d'être à nouveau engloutis par elle et de perdre ainsi notre individualité. Afin de vaincre cette nouvelle peur, nous nous sommes éloignés à nouveau de notre mère. C'est ainsi qu'a commencé pour nous ce voyage : nous nous sommes mis à faire la navette entre l'éloignement et le rapprochement afin de calmer nos anxiétés d'abandon et de « réengloutissement ». Bien sûr, plus notre besoin de fusionner était grand, plus nous avions peur de nous individualiser et plus notre besoin de nous individualiser était grand, plus nous nous sentions menacés par l'idée de fusionner à nouveau avec notre mère.

Le profil de la mère

À propos, comment votre mère s'est-elle comportée avec vous ? Cette question est très importante car si, par exemple, elle a refusé de vous voir comme étant un être à part entière ou si elle se montrait trop protectrice, elle a pu renforcer les besoins de fusion que vous éprouviez à son égard et, par conséquent, elle a pu créer en vous une anxiété d'abandon encore plus forte. Par contre, si vous éprouviez le fort besoin de vous individualiser, elle a pu susciter chez vous une plus grande anxiété de « réengloutissement ». Voici quelques témoignages de patients qui se sont prononcés à ce sujet.

Isabelle, trente-quatre ans, une mère de trois enfants qui n'a pas de désir sexuel

Ma mère exprimait clairement qu'elle avait besoin de moi et je ne me suis pas éloignée. Quand j'étais enfant et adolescente, ma vie était centrée autour de ma mère et je ressentais une grande fierté quand elle me disait : « Qu'est-ce que je ferais si je ne t'avais pas ? » Aujourd'hui, je réalise que c'était beaucoup trop lourd à porter… une grosse responsabilité ! Comme si j'avais été manipulée, contrôlée mais subtilement… J'ai assisté à sa mort en ressentant comme une espèce de vide… de grand vide à l'intérieur. Un vide qui m'habite souvent à l'idée de perdre mon mari…

Lucie, quarante et un ans, une femme qui craint l'intimité et l'engagement

Ma mère ? Je ne sais pas. Tout ce que je me rappelle c'est qu'elle semblait ne vivre que pour mon père. Un vrai petit toutou qui obéissait au doigt et à l'œil. Ça fait pitié, non ? […] Avec mon père, ce n'était pas mieux. J'essayais de lui ressembler pour qu'il me remarque. Alors moi, je ne sais pas ce que c'est que de compter pour quelqu'un et je pense que… je pense que finalement, j'aimerais ça mais en même temps, je finis toujours par prendre mes jambes à mon cou quand l'occasion se présente ! Quand un homme s'intéresse à moi, je lui trouve toutes sortes de défauts !

Alain, quarante-trois ans, un homme dépressif qui a une dysfonction érectile

Ma mère n'a jamais voulu que je me sépare d'elle. Je faisais même avec elle ce que j'aurais dû faire avec une petite amie. Je sortais plutôt avec elle parce que j'avais peur des femmes. C'était pas correct… c'était comme si je me disais : « Je n'ai pas de femme dans ma vie, je vais prendre ma mère. ». Encore aujourd'hui, je crois qu'elle a peur de finir ses jours seule [...] Je veux m'éloigner de ma mère, mais je me sens triste. J'ai eu une discussion avec elle pour lui dire que je voulais prendre de la distance.

Suzanne, quarante-cinq ans, une femme qui est capable d'éprouver du désir sexuel uniquement au début d'une relation

Ma mère était tout le temps après moi : « Fais pas ci, fais pas ça, fais attention, tu vas te faire mal, arrête de courir, tu vas tomber… » J'étais plutôt le genre garçonne et son attitude m'étouffait. Pourtant, j'ai vécu avec elle jusqu'à ce qu'elle meure. J'avais trente-huit ans. J'ai bien essayé de partir avant, mais je me sentais tellement coupable de la laisser toute seule. Pourtant, on passait notre temps à s'engueuler ! Aujourd'hui, j'assume mon homosexualité et je vois une femme, mais j'ai de la difficulté à m'attacher vraiment à elle. Peut-être que ma mère a pris trop de place, trop longtemps !

Fusionnel(le) ou antifusionnel(le)

Je pourrais ici vous poser la question suivante : Avez-vous traversé positivement ce complexe fusionnel ? Vous pouvez répondre par l'affirmative à cette interrogation si vous avez pu vous individualiser sans avoir peur d'être abandonné et que, de plus, vous avez été capable de créer un lien fusionnel sans avoir peur d'être étouffé et de perdre votre identité personnelle. Vous pouvez donc mesurer ici toutes les répercussions que cette phase importante a eues sur ce que vous vivez maintenant en tant qu'adulte. En effet, nous constatons tous les jours à quel point certains d'entre nous n'ont pas été en mesure de traverser ce processus de manière positive. Ce qui fait que plusieurs présentent l'un ou l'autre de ces profils : le fusionnel, qui est dominé par sa peur d'être abandonné, ou l'antifusionnel, qui est dominé par sa peur d'être envahi. Le premier cherche constamment à nouer de nouveaux liens affectifs et à préserver ceux qu'il a ; il est prêt à sacrifier son identité personnelle plutôt que de renoncer à satisfaire son besoin de fusion. Le second, quant à lui, a beaucoup de difficulté à créer des liens affectifs profonds et durables avec quiconque puisqu'il est habité par la peur d'être envahi et de perdre son identité personnelle.

Le besoin d'être aimé

Un besoin psychologique fondamental habite l'enfant : celui de se sentir aimable, c'est-à-dire de sentir qu'il mérite d'être aimé. Ce besoin narcissique fort légitime sera comblé par une mère qui sait lui apporter amour et valorisation de soi. Le fait de se sentir véritablement et suffisamment aimable lui donnera la capacité d'aimer à son tour. C'est donc dire que la nature du lien fusionnel que la mère entretient avec son enfant est très importante, en ce sens que si l'enfant a été aimé et valorisé, il sera capable, une fois adulte, d'établir un lien fusionnel, puisqu'il se sentira suffisamment aimable pour être accueilli dans le territoire d'une autre personne. Si, au contraire, il vit une rupture du lien fusionnel maternel, cette réalité portera atteinte à son ego et il se sentira abandonné. Ce qui est insupportable dans cet abandon, ce n'est pas tant la perte de la mère aimée que la blessure à l'ego que cet abandon provoque. En effet, un adulte qui craint l'intimité affective a certes peur d'être abandonné mais, par-dessus tout, il porte en lui une blessure narcissique qui l'a conduit à croire qu'il n'est rien, qu'il est nul en tant qu'être humain. Si cette carence affective se révèle être très forte, cet adulte présentera un profil bien précis et peu enviable. Ayant une très faible estime de lui-même, il s'attendra toujours à être rejeté, abandonné. Il ne pourra donc pas croire qu'on puisse l'aimer véritablement, car lui-même se sentira à la fois indigne d'être aimé et incapable d'aimer véritablement. Au début d'une relation amoureuse, il mettra donc un scénario d'échec en œuvre pour être rejeté, puisqu'il sera convaincu que c'est précisément ce qui lui arrivera.

> Je me rends compte que j'ai trouvé une foule de défauts à mes conjoints. Disons que… plus j'étais attirée par eux, plus je leur en trouvais […] Au fond, c'est celui que j'ai le plus aimé que j'ai le plus démoli. Je l'ai traité de menteur, de fou, de… C'est épouvantable, quand j'y pense, mais j'avais tellement peur de m'avouer que c'était moi qui ne m'aimais pas que c'était plus facile de mettre la faute sur lui. Je réalise aujourd'hui que c'était trop de pression pour moi de penser vivre avec lui, parce que j'avais toujours peur que ça ne marche pas. Mais comment aurais-je pu croire qu'il m'aimait alors que moi, je ne m'aimais même pas? Ça ressemblait à un gros mensonge parce que… si moi, je ne m'aimais pas, comment était-il possible que quelqu'un d'autre m'aime?

La protoféminité

Le concept de protoféminité que nous retrouvons dans l'approche sexoanalytique est fort différent de celui de protomasculinité qui nous a été présenté par Freud. La protoféminité part du principe que, étant fusionnés à leur mère, garçons et filles seraient tout d'abord empreints d'une féminité primaire. En effet, au cours de notre période prénatale et durant les premiers mois de notre vie postnatale, nous avons vécu une relation très étroite avec notre mère. Cette fusion aurait eu comme conséquence d'imbiber nos systèmes sensoriels de féminité. Il est également probable que notre inconscient ait subi le même effet. Cette féminité primaire aurait ensuite été renforcée puisque, dans la majorité des sociétés, ce sont les femmes qui s'occupent des enfants. C'est donc à elles qu'ils s'identifient dans un premier temps. Lorsque nous étions de petits garçons ou de petites filles, nous avons donc été féminisés, en quelque sorte, puisque nous vivions dans un univers avant tout empreint de féminité. Graduellement, une masculinisation secondaire est venue se greffer à notre féminisation de base, une masculinisation que nous avons plus ou moins développée, selon que nous pouvions ou non nous identifier à un modèle masculin. En résumé, selon le concept de protoféminité, le garçon et la fille sont tout d'abord féminins et développent par la suite une quantité plus ou moins forte de masculinité en s'identifiant à un modèle masculin qui est habituellement le père.

Suis-je une fille ou un garçon ?

Maintenant, comment avons-nous obtenu notre identité de genre ? À quel moment avons-nous pris conscience que nous étions soit un garçon, soit une fille ? Vers le milieu de notre deuxième année, nous avons commencé à nous rendre compte qu'il existait des différences entre les deux sexes. Nous avons alors fait une distinction entre une voix masculine et une voix féminine, nous avons associé le port de la robe aux femmes, etc. C'est à ce moment que le noyau central de notre identité de genre est apparu, c'est-à-dire que nous avons commencé à avoir le sentiment d'appartenir au sexe masculin ou au sexe féminin. Notre identité de genre s'est donc greffée peu à peu à notre identité personnelle et, vers l'âge de cinq ans, nous avons été capables de nous dire, par exemple :

« Je m'appelle Isabelle (identité personnelle) et je suis une fille (identité de genre) » ou « Je m'appelle Bernard et je suis un garçon ». Et en nous conformant aux rôles qu'on a associés à notre propre sexe (rôles de genre) nous avons renforcé notre identité de genre.

L'individuation masculine

Pour s'individualiser, le petit garçon doit entreprendre une démarche beaucoup plus complexe que celle de la petite fille. Cette période de sa vie aura de fortes répercussions sur les attitudes et comportements qu'il adoptera par la suite. Je crois que si nous comprenons mieux ce par quoi le petit garçon doit passer pour s'individualiser, nous comprendrons mieux l'homme qu'il est devenu. L'homme appartient, bien sûr, au genre masculin, mais voilà que pendant toute sa vie prénatale et au cours des premiers mois de sa vie postnatale, il a baigné dans un univers féminin. Le petit garçon qu'il était s'est donc identifié à sa mère qui n'est pas du même genre que lui.

Et puis vers l'âge de quatre ans, ce garçon a dû arrêter de s'identifier à cette femme. Pourquoi? Pour être en mesure de se tourner vers la masculinité et de la faire sienne. Et pour cesser de s'identifier à sa mère, il a été obligé de se détacher d'une féminité primaire qu'il avait toujours connue pour se tourner vers une masculinité qui lui était étrangère, et donc peu sécurisante. En effet, pour se masculiniser, il a dû emprunter les manières d'être et de paraître qui étaient rattachées à son sexe anatomique, des manières qu'il n'avait pas encore apprivoisées. De plus, il a dû reconnaître les manières d'être et de paraître qu'on disait féminines, dans le but de s'en défaire. On peut alors aisément comprendre qu'il a pu être difficile et insécurisant pour lui de devoir traverser cette étape de sa vie.

Investir son pénis

Tout ce processus de masculinisation l'obligeait, d'une part, à ne plus s'identifier à sa mère et, d'autre part, à s'identifier à un modèle masculin. Cette seconde identification, qui n'était pas fusionnelle, lui a permis de s'approprier certains éléments de puissance et d'attributs virils, et ce, dans le but de faire un meilleur apprentissage du rôle qu'on lui demandait de tenir en tant que garçon. Et, réalité encore plus significative — du moins par rapport au sujet de ce livre —, il a dû INVESTIR SON PÉNIS. Deux raisons majeures l'ont amené à investir sa spécificité génitale ou, si vous préférez, à se centrer sur son pénis : tout jeune, cette attitude lui a permis de prendre une certaine distance par rapport à sa mère et donc de cesser plus aisément de s'identifier à elle ; adolescent, il a mis davantage l'accent sur la fonctionnalité de son pénis et, par conséquent, son érection et son éjaculation sont devenues les signes manifestes de sa puissance virile. Un processus de « déféminisation » est venu compléter son individuation masculine, en ce sens qu'il a dû identifier les manières d'être qu'on dit féminines et éviter de les faire siennes. Consciemment, il devait donc être en mesure de se dire : « Je ne suis pas une femme. Je n'agis donc pas comme une femme. » Par contre — et ceci est extrêmement important —, inconsciemment, il A REFOULÉ SES TENDANCES FÉMININES pour mieux se masculiniser.

Rôle maternel et rôle paternel

Une mère qui encourage la séparation et l'éclosion des composantes masculines de son fils et qui favorise l'identification de ce dernier à son père favorise également tout ce processus d'individuation masculine. Pour se masculiniser, l'enfant a donc besoin d'avoir un modèle masculin auquel il peut s'identifier. Ce qui me permet de dire, en tant que sexoanalyste, qu'un père aura à jouer un rôle fort important et déterminant au cours des premières années de vie de son fils. Cet homme doit être suffisamment solide pour pouvoir intervenir au sein de la relation mère-fils. Les pères inaccessibles, indifférents, absents ou psychologiquement faibles perturbent le processus de masculinisation de leur fils. Ce dernier peut adopter des conduites très agressives puisque c'est le rôle du père de régulariser l'agressivité de son fils. Il peut aussi, à l'opposé, adopter des comportements féminins puisque le lien fusionnel avec la mère est maintenu. De leur côté, les pères hostiles et dominateurs marquent leur fils, selon le profil qu'il présente : le garçon plus faible psychologiquement adopte une attitude de soumission, car son agressivité est réprimée ; l'enfant moins vulnérable psychologiquement a toutes les chances de voir naître chez lui une virilité excessive, empreinte de froideur.

Quelques sujets d'anxiété

Pour le garçon, se masculiniser signifie donc qu'il devra renoncer à la féminité et à la fusion qu'il a connue avec sa mère. Et pour y parvenir, il devra prendre ses distances par rapport à elle, ce qui fera naître en lui la peur d'être abandonné. Mais il devra, comme nous l'avons vu précédemment, apprivoiser cette anxiété d'abandon puisqu'un rapprochement avec sa mère causera chez lui une anxiété de démasculinisation, c'est-à-dire qu'il aura également peur de perdre son identité masculine et de mettre en péril son identité personnelle.

Pour Freud, l'angoisse de castration se rapporte à la crainte que peut éprouver un garçon à l'idée de perdre son pénis. Crainte qui peut paraître bien simpliste si nous ne comprenons pas que pénis et identité masculine sont étroitement liés. En sexoanalyse, l'anxiété de démasculinisation réfère à la peur d'être dépossédé de sa « mâlité ». Le pénis n'est en fait que le symbole corporel de cette dernière. Se démasculiniser signifie pour le garçon qu'il perdra son identité masculine, c'est-à-dire qu'il aura le sentiment de ne pas être tout à fait un homme et qu'il redeviendra féminin.

Nous avons vu qu'au cours de leur processus de séparation-individuation, le garçon et la fille souffrent d'ambivalence, puisqu'ils sont à la fois attirés par l'idée sécurisante de fusionner avec leur mère et l'idée libératrice de s'en détacher pour pouvoir acquérir de l'autonomie. Lorsque le garçon a enfin trouvé son identité masculine, il se retrouve aux prises avec le même scénario : sa mère est certes sécurisante, mais elle devient une menace par rapport à son identité masculine. Or, comment le garçon s'y prend-il pour surmonter cette peur d'être démasculinisé? Le plus souvent, il fait appel à son agressivité phallique, c'est-à-dire qu'il investit son pénis, lequel devient pour lui le symbole par excellence de l'intimidation, de sa puissance.

Un univers féminin renié

En fait, le concept de protoféminité me permet d'avancer ceci: les garçons ont tendance à renier l'univers féminin d'où ils viennent pour mieux rejoindre un univers masculin qu'ils ne connaissent pas. Et le mot « renier » est sans doute faible. En effet, je crois même que certains d'entre eux ont vu ce mécanisme de défense prendre le visage de la haine. Pourquoi? En vous posant cette question, je me rappelle soudain un poème de Jean De La Fontaine qui disait à peu près ceci: quand on veut tuer son chien, ne dit-on pas qu'il a la rage? Oui, on dit qu'il a la rage. Sans doute pour se donner meilleure conscience de devoir s'en séparer et pour oublier à quel point cette séparation est douloureuse. Combien d'entre nous se sont servis du déni comme mécanisme de défense pour cesser de souffrir et aller de l'avant? J'ai souvent entendu ces paroles chez des personnes en peine d'amour pour qui le détachement était particulièrement difficile: « Je vais l'oublier, tu vas voir. Dans le fond, c'était pas si merveilleux que ça! Je n'en mourrai pas. De toute façon ce n'était pas quelqu'un pour moi! » Je crois donc que bien des garçons se sont sentis obligés de renier le féminin en eux et autour d'eux, d'en faire leur deuil, et ce, pour avoir le sentiment de mieux embrasser le masculin.

> Je me souviens qu'à quinze ans, j'étais beaucoup en réaction contre mes sœurs. Ça allait mal parce que j'en avais quatre et pas un frère! En y repensant bien, je me demande même si

j'étais pas un peu jaloux de... jaloux oui, mais... Même en première année à l'école, je pense que j'en voulais à mes sœurs et je ne sais pas pourquoi. Chez nous, tout le monde était correct avec moi et... À force de me questionner pendant ma thérapie, je me dis que peut-être... On dirait que j'en veux au monde entier parce que parfois, j'aimerais ça, me laisser aller à montrer plus mes émotions, à être moins gars, à avoir des rapports avec mes amis comme les filles en ont entre elles... Je veux dire... je ne sais pas comment exprimer ça...

L'individuation féminine

Nous, les femmes, nous avons développé notre féminité en passant par un processus continu, c'est-à-dire que, contrairement à ce qu'il en est pour les garçons, cette féminité que nous avons dû acquérir n'a pas entraîné de rupture d'identification avec notre mère. Nous n'avons pas été obligées d'arrêter de nous identifier à elle puisque nous étions du même sexe anatomique qu'elle. Comme nous n'avons pas eu à changer d'objet d'identification, notre individuation de genre représentait simplement un parachèvement de notre féminité primaire. En fait, nous avons toujours baigné dans un univers féminin. La majorité d'entre nous se sont tout de même partiellement identifiées à leur père, ce qui nous a permis d'acquérir certaines particularités masculines. Cet apport de masculinité a eu deux fonctions précises : il nous a aidé à diminuer la dépendance que nous éprouvions envers notre mère et a facilité notre individuation.

Jeunes filles, nous sommes parties à la conquête de notre féminité en nous identifiant partiellement à notre mère et en nous tournant vers l'apprentissage des rôles sociaux qu'on assignait généralement au sexe féminin. Des rôles qui, pour la plupart, faisaient appel à notre intériorité affective. Ainsi, nous nous sommes plus intéressées que ne le faisaient les garçons à tout ce qui touchait les échanges de type affectif, à tout ce qui pouvait nous amener à nous sentir concernées par les autres et à avoir le désir de prendre soin d'eux.

Une identité de genre moins vulnérable

Étant du même sexe que notre mère, la majorité d'entre nous avons moins douté de leur identité de genre que les garçons, c'est-à-dire qu'il était plus facile pour nous d'avoir le sentiment d'être une fille. Nous avons éprouvé moins de difficulté à traverser notre processus de féminisation. Par contre, comme nous n'avons pas eu à changer d'objet d'identification, le lien fusionnel qui existait entre notre mère et nous a été favorisé et, ainsi, notre dépendance face à cette dernière. Cette réalité a eu comme effet d'augmenter notre anxiété d'abandon et, par conséquent, de réduire les possibilités que nous pouvions avoir de nous individualiser. Et bien que ce ne soit pas la majorité, certaines d'entre nous ont renoncé à l'idée de développer leur identité personnelle pour sauvegarder ce lien qui les reliait à leur mère. Néanmoins, celles qui ont éprouvé un fort besoin de s'individualiser ont également éprouvé le besoin de couper ce lien fusionnel. Ainsi, elles ont utilisé leur anxiété de « réengloutissement » comme un mécanisme de défense pouvant leur permettre de sauvegarder leur identité personnelle.

Rôle maternel et rôle paternel

Tout comme chez le garçon, le rôle que jouent les parents au cours de l'individuation de leur fille est d'une importance capitale. Par exemple, une mère captative donne à sa fille le sentiment d'être incapable de se passer d'elle, ce qui augmente son anxiété d'abandon. Par contre, une mère qui joue la victime favorise entre elle et sa fille un renversement des rôles, c'est-à-dire qu'elle devient l'objet materné, et ce, au détriment de sa fille qui doit se transformer en objet maternant. Et ce ne sont là que deux exemples qui entraînent une perturbation du développement psychosexuel de la jeune fille. L'idéal pour cette dernière serait donc qu'elle ait une mère qui soit suffisamment aimante et valorisante pour satisfaire ses besoins de fusion mais qui, en même temps, encourage son individuation. Et que dire du rôle que jouera le père ? Il sera déterminant puisque c'est à travers lui que sa fille pourra trouver suffisamment de masculinité pour pouvoir s'individualiser. Dans le cas contraire, elle risquera plus fortement de s'enliser dans la dépendance et l'insécurité.

Une individuation plus vulnérable

Nous constatons donc que les filles sont plus avantagées que ne le sont les garçons lorsqu'elles partent à la recherche de leur identité de genre. Elles peuvent se dire : « Je suis une femme comme ma mère est une femme. » Par contre, elles sont moins bien armées que ne le sont les garçons pour s'individualiser. Elles auront donc plus de difficulté à se dire : « Je ne suis pas ma mère, je suis moi. »

Nous avons vu que pour se masculiniser, le garçon doit renoncer à la féminité et à ses besoins fusionnels. De son côté, si la jeune fille veut se féminiser, elle doit faire patienter le besoin qu'elle peut ressentir de s'individualiser. Or, tout comme le garçon, les jeunes filles que nous avons été ont vécu une situation conflictuelle. En effet, pour être en mesure de nous féminiser, nous avons dû faire taire notre besoin de nous individualiser et vivre cette fusion avec notre mère, alors que pour nous masculiniser, nous avons dû faire taire notre besoin de fusionner avec elle. D'un point de vue sexoanalytique, les filles et les garçons ont le désir de se féminiser puisque ce désir les amène à vouloir combler leurs besoins de fusion, et ce, à travers le lien qui les relie à leur mère.

Quelques anxiétés et désirs

Cette situation vous a donc confrontée, en tant que jeune fille, à certains désirs et anxiétés : si, par exemple, vous éprouviez un fort besoin de fusionner, vous éprouviez moins le besoin de quitter la féminité. Et votre désir de féminisation a pu être renforcé si votre statut féminin vous apportait certains gains narcissiques, que vous avez obtenus grâce à une mère qui vous démontrait qu'elle était fière de vous et à un père qui vous valorisait corporellement. Mais le fait que vous ayez voulu vous féminiser a pu aussi entraîner certaines anxiétés telles que la peur de ne pas pouvoir répondre aux exigences qu'on reliait à la féminité, celle de ne pas être suffisamment maternante ou désirable ou encore de devenir une victime sans défense. Si cette anxiété de féminitude devient trop importante, la jeune fille risque de se diriger vers la masculinité dans le but de se protéger. Marie, quarante ans, nous en offre un exemple :

> Ma mère était très exigeante, il fallait toujours que j'aie des A à l'école. Elle voulait sans doute que je réussisse mieux qu'elle […] Elle pleurait pour des riens. Je suis devenue une femme forte pour ne pas finir comme ma mère qui avait l'air tellement victime, martyre même ! J'ai voulu développé des traits qui sont à l'opposé de ça. Alors, j'ai mis ma féminité dans un coffre et j'ai jeté la clé. Il faut dire aussi que mon père ne me regardait pas. J'ai même pensé que si je pratiquais un sport de gars, il allait venir me voir jouer… qu'il allait enfin me remarquer. En fin de compte, il n'est jamais venu me voir jouer.

Le désir de masculinisation est présent chez la majorité des jeunes filles puisqu'il les amène à combler leur besoin de s'individualiser. Alors, bien sûr, plus une jeune fille éprouve le besoin de s'individualiser et plus elle ressent fortement le désir de se masculiniser. Et inversement, plus elle éprouve le besoin de combler ses besoins fusionnels avec sa mère et moins son désir de se masculiniser est puissant. Mais pour elle, la masculinisation représente trois dangers potentiels : le sentiment d'abandon qu'elle éprouverait en coupant le lien fusionnel avec sa mère, le problème de ne pas correspondre à sa réalité corporelle et celui de subir l'opprobre social.

Se masculiniser signifiait donc pour nous que nous allions perdre certains privilèges liés à la féminité. On peut alors aisément comprendre pourquoi le désir de féminisation a primé chez la majorité des jeunes filles. Et nous avons développé cette féminité en nous identifiant à notre mère et en devenant en quelque sorte son miroir, puisque c'est ainsi que nous sommes arrivées à surmonter notre anxiété de séparation. Cela signifiait que nous allions devenir fusionnante à notre tour, c'est-à-dire que nous allions passer du rôle d'objet fusionné au rôle de sujet fusionnant.

Notons ici que ce processus de féminisation peut être entravé, notamment par le fait que la jeune fille s'identifie à une mère phallique, c'est-à-dire une mère qui n'accepte pas sa propre féminité et qui envie la puissance attribuée aux hommes. Cette jeune fille, pour surmonter son anxiété d'abandon, aura donc le sentiment de ne pas avoir d'autre recours que celui d'absorber la « phallicité » de sa mère, d'autant plus que cette attitude lui donnera le sentiment d'être reconnue par elle. Par ailleurs, une mère captative pourra conduire sa fille à développer excessivement sa masculinité, puisque celle-ci éprouvera le besoin de protéger son espace vital et son identité personnelle, à moins qu'elle veuille se masculiniser pour ne pas partager l'insécurité et la névrose de sa mère.

Œdipe : du mythe à Freud

On fait souvent référence à Œdipe lorsqu'on veut parler d'une personne qui n'a pas réglé certains conflits intérieurs. On dira en riant, par exemple : « Elle ne doit pas avoir résolu son Œdipe ! » Dans la théorie freudienne, le complexe d'Œdipe est la notion centrale de l'évolution psychologique de l'être humain. Mais Freud n'a pas inventé le nom « Œdipe » puisqu'il appartient à un héros célèbre de la mythologie grecque. Victime de la fatalité, il fut une source d'inspiration pour plusieurs écrivains dont Voltaire, Corneille et André Gide. Lorsqu'on connaît l'histoire de ce héros, on comprend mieux pour quelles raisons il est également à la source de la réflexion de Freud et de la psychanalyse. Alors, permettez-moi de vous la raconter, du moins en partie.

Il était une fois…

Œdipe a comme mère Jocaste et comme père Laïos, qui est le roi de Thèbes. Un jour, une divinité fait une révélation à Laïos. Il lui dit : « Ton propre fils te tuera, après quoi il épousera ta femme, Jocaste, sa propre mère. » Pour ne pas voir cet oracle se réaliser, Laïos abandonne son fils sur une montagne où il est recueilli par des bergers. Ces derniers le présentent au roi de Corinthe qui l'adopte, sans savoir qui il est. Devenu adulte, Œdipe apprend qu'il n'est pas le fils naturel du roi de Corinthe. Il décide donc de quitter son royaume et rencontre sur sa route deux étrangers avec lesquels une querelle éclate. Il tue l'un d'eux, Laïos, ce père naturel qu'il ne connaît pas. Créon, le frère de Jocaste, succède donc à Laïos sur le trône de Thèbes. Comme un sphinx menace son royaume, Créon offre la couronne royale et la main de sa sœur Jocaste à celui qui les délivrera de ce monstre. Œdipe y parvient et épouse ainsi Jocaste, veuve de Laïos et, bien sûr, sa propre mère. Ils ont deux filles, Antigone et Ismène, ainsi que deux fils, Étéocle et Polynice. Lorsque plus tard, Œdipe découvre la vérité sur son union incestueuse, il est banni de Thèbes et il se crève les yeux. Il mène alors une vie errante, guidé par Antigone, sa fille douce et aimante.

Œdipe et libido

Cette histoire a amené Freud à établir certains parallèles entre ces personnages et la relation que nous vivons tous avec nos parents. D'un point de vue freudien, le complexe d'Œdipe réfère à l'ensemble des désirs liés à la libido de l'enfant à l'égard de son père et de sa mère. Or, pour Freud, le mot « libido » désigne une énergie, une force, une pulsion sexuelle. Et pour lui, cette dernière a une importance extrême dans la vie psychique de l'être humain ; elle est présente non seulement dans la vie de l'adulte mais également dans celle du petit enfant. Et les conflits ou les blocages liés à notre libido sont à la source de bien des maladies psychiques.

D'un point de vue sexoanalytique, vers l'âge de deux ans, nous nous tournons vers une autostimulation qui revêt un caractère érotique. Cette stimulation est le signe que nous entretenons une bonne relation affective avec notre mère. Mais il est toutefois important de souligner ici qu'à cet âge, notre sexualité est vue comme étant une simple réaction génitale associée à une stimulation de notre corps, puisque nous n'avons pas une pensée symbolique et des fantasmes élaborés.

Vers l'âge de trois ou quatre ans, nous commençons à prendre conscience que le plaisir peut venir de l'extérieur et, peu à peu, nous nous mettons à jeter un regard différent sur «l'autre»: il devient un objet de désir. À ce stade, la sexualité relationnelle demeure pour nous un mystère et c'est habituellement à partir de la scène primitive (nous voyons ou imaginons nos parents en train de faire l'amour) que nous commençons à élaborer nos propres fantasmes. Cette réalité joue bien sûr un rôle important dans notre développement psychosexuel puisque nos parents deviennent l'objet de nos premiers désirs allo-érotiques, c'est-à-dire un érotisme qui se tourne vers les autres. C'est alors le début du conflit œdipien.

Le complexe d'Œdipe chez le garçon

Nous avons vu que, pour se masculiniser, le garçon doit cesser de s'identifier à sa mère et prendre un modèle masculin qui est habituellement son père. Cette contre-identification, qui n'est pas de type fusionnel, renforce son identité de genre, ce qui lui permet de se dire: «Je suis un homme!» Vers l'âge de quatre ans, ce même garçon peut se croire suffisamment masculin pour être capable d'entrer en rivalité avec son père et ainsi, posséder sa mère. Il éprouve donc un désir amoureux sexualisé pour sa mère, mais à partir des connaissances élémentaires qu'il possède sur la sexualité et non pas à partir des connaissances plus nombreuses et approfondies d'un adulte. Ce désir œdipien lui permet de se confirmer dans sa masculinité et de rétablir le lien fusionnel qui le maintenait à sa mère, mais sans toutefois éprouver l'angoisse d'être à nouveau englouti par elle et de perdre ainsi son identité personnelle.

Quelques anxiétés

Si ce garçon éprouve une certaine ambivalence par rapport à son identité de genre et ressent une forte anxiété de masculinitude, c'est-à-dire qu'il ne se sent pas suffisamment masculin, conservant, de ce fait, certaines composantes féminines, il n'osera pas rivaliser avec son père car pour lui, désirer sa mère sera synonyme de renoncer à ses composantes féminines et au lien fusionnel qu'il a toujours maintenu avec elle.

Par ailleurs, si le garçon est très anxieux à l'idée de se séparer de sa mère, il a de la difficulté à valoriser sa spécificité sexuelle, c'est-à-dire à investir son pénis. Il ne sexualisera donc pas sa mère, et ce, pour la garder près de lui. Le désir qu'il éprouve pour elle est alors d'ordre symbiotique et il voit son père non pas comme un rival avec lequel il peut compétitionner, mais comme un intrus qui n'a pas sa place auprès de sa mère et de lui.

Pour que le désir sexuel du garçon soit intense et persistant, il faut que sa mère accepte ce désir sans toutefois disqualifier le père. Cette attitude renforce la masculinité de son fils comme elle rassure son ego. Si, par contre, elle ne reconnaît pas et n'accepte pas ce désir, son fils aura le sentiment qu'on nie sa masculinité, ce qui blessera son ego et lui donnera le sentiment qu'il ne mérite pas qu'on l'aime.

Il est très important de préciser ici que, pour un fils, une mère sexualisée est à l'image de l'antimadone qui, préférant le plaisir à son fils, l'abandonne. À l'inverse, une mère désexualisée fait figure de madone qui, privilégiant ses qualités fusionnelles, ne l'abandonne pas. Nous avons vu à quel point cette dualité madone et antimadone reste présente chez l'homme et de quelle manière elle influence sa perception des femmes. Ne dit-on pas souvent qu'un homme préfère une femme qui est sexuellement expérimentée, à condition que ce ne soit pas celle qu'il a épousée ?

Par ailleurs, si le garçon ne délaisse pas le désir sexuel inconscient qu'il éprouve pour sa mère, son développement sexuel en sera perturbé. Il éprouvera à l'âge adulte beaucoup de difficulté à transférer ce désir sur les autres femmes et pourra être ambivalent par rapport à son orientation sexuelle.

Cependant, si le garçon devient ce qu'on appelle un vainqueur œdipien, c'est-à-dire que sa mère accepte son désir tout en le préférant à son conjoint, cette situation aura comme conséquence de développer chez lui un moi grandiose qui le conduira à être très vulnérable au point de vue narcissique. C'est donc dire qu'un échec, aussi petit soit-il, l'amènera à partir à la défense de son ego hypertrophié, de ce moi grandiose. Cela, à plus forte raison si cet échec est d'ordre sexuel. Si, de plus, sa mère le sexualise plus ou moins, il aura bien des chances de détester les rapports hétérosexuels puisqu'il n'aura pas pu, étant enfant, répondre aux exigences et aux attentes de sa mère. Il aura donc ainsi peur de perdre son identité masculine. Je tiens toutefois à préciser ici que cette situation ne saurait à elle seule, expliquer l'origine d'une homosexualité masculine.

Pour Freud, ce conflit œdipien prend fin puisque le garçon, ayant peur d'être castré par le père, s'identifie à lui. D'un point de vue sexoanalytique, ce conflit se termine puisque le garçon a peur, d'une part, des représailles du père et, d'autre part, d'être abandonné par lui. C'est un sentiment pénible puisqu'il perdrait ainsi à la fois son modèle d'identification et sa protection contre l'envahissement de sa mère. Son désir prend également fin puisque cette dernière accorde sa préférence au père.

Le complexe d'Œdipe chez la fille

Si, contrairement au garçon, la fille n'a pas à s'éloigner de sa mère pour se féminiser, elle doit cependant établir ses propres frontières pour pouvoir devenir autonome et s'individualiser. Vers l'âge de trois ans, elle a tendance à se poser en rivale de sa mère, pour gagner l'amour de son père. Selon Freud, la jeune fille reproche à sa mère de ne pas lui avoir donné un pénis, ce qui la conduit à se tourner vers son père pour pallier ce manque. Quant à elle, la sexoanalyse estime que cette réalité peut être présente, mais uniquement chez certaines jeunes filles. Selon cette approche, le désir œdipien a un fondement narcissique. En effet, le désir que la jeune fille éprouve de posséder l'amour exclusif de son père repose sur le fait qu'elle a besoin de se sentir désirable et aimable. Elle est donc portée à vouloir écarter sa mère. De plus, si son père la préfère à sa mère, elle ne se sentira plus seule et sans défense.

Lorsque son père ne représente plus pour elle un objet sexuel, la jeune fille renforce son identification à sa mère. Si, par contre, son père la préfère à sa mère, elle devient alors une vainqueur œdipienne, ce qui peut la conduire à développer un moi grandiose, avec toute la vulnérabilité narcissique que cela suppose : pour elle, le fait d'être désirée physiquement devient un pouvoir en soi et elle développe des traits infantiles, des composantes égocentriques et une immaturité affective et sexuelle. Si son père la sexualise, c'est-à-dire qu'il est immature au point de vue psychologique et affectif et qu'il alimente les fantasmes incestueux de sa fille, le développement normal de cette dernière s'en trouve perturbé et elle peut se diriger vers la culpabilité. Quant à elle, la jeune fille qui a un père indifférent peut éprouver un déséquilibre par rapport à son ego, en ce sens que l'attitude de son père niera les qualités qu'elle possède en tant que femme. Elle aura donc le sentiment qu'il est impossible qu'on l'aime et qu'on la désire. En voici deux exemples :

Claire, quarante-huit ans, une femme qui a très peu d'estime de soi

> Je voulais que mon père soit fier de moi. Encore aujourd'hui, je voudrais qu'il soit fier de moi. Comme ça, j'aurais le sentiment qu'il m'aime [...] Mais ce n'est jamais assez, il n'est jamais content de ce que je fais. J'ai fait des choses dont je ne suis pas fière et je voudrais arranger ça. J'ai fait des choses interdites dans ma jeunesse et il n'était pas d'accord avec ça.

Geneviève, cinquante et un ans, une femme qui n'a pas de désir sexuel

Mon père était absent, distant, froid [...] Je pense que je l'ai aimé, mais... un peu comme on aime son chien parce que c'est pas ton chien qui change ta vie. Je ne l'ai peut-être pas aimé tant que ça, finalement... la peine que je ressentais, c'était bien plus que... Ce que je veux dire, c'est que j'étais incapable d'attirer son attention, d'avoir son affection et c'est ça qui me faisait beaucoup de peine.

Son désir œdipien prend fin lorsqu'elle constate, tout en étant aimée de son père, qu'elle ne remportera pas la victoire sur sa mère. Elle peut également renoncer à la recherche d'amour exclusif que son père lui inspire dans le but de conserver l'amour de sa mère.

Une étape formatrice

Freud prétend que la manière dont nous vivons notre complexe d'Œdipe ne peut pas être sans conséquences, et j'ajoute foi, pour ma part, à sa réflexion. En effet, je crois que cette phase de notre développement psychosexuel et affectif est très formatrice pour nous. Malheureusement, comme les parents possèdent souvent bien peu d'informations justes à ce sujet, il en résulte que leur attitude incorrecte ne permet pas à l'enfant de ressortir de cette expérience enrichi par rapport à la vie amoureuse et sexuelle qu'il connaîtra. Une petite fille de cinq ans qui cherche à attirer l'attention de son père et qui se colle amoureusement tout contre lui a un comportement tout à fait « normal », qui traduit un profond désir d'être reconnue dans son essence même de petite fille et de future femme. Elle est en droit d'espérer cette reconnaissance qui lui donnera le beau et le profond sentiment d'avoir des ailes ! Combien de femmes peuvent se vanter d'avoir eu un père présent, attentionné, aimant et valorisant? Très peu, j'en ai bien peur. Ce qui a contribué à faire de nous de grandes assoiffées d'amour et d'affection et ce qui, surtout, nous a laissé un arrière-goût de nullité dans la bouche. Lorsque je songe à cette période que bien des enfants traversent mal, je suis prise d'une immense tristesse car je suis convaincue que certaines réponses que nous cherchons en tant qu'adultes peuvent se trouver là. À plus forte raison si je songe que le complexe d'Œdipe constitue déjà en lui-même une étape ardue à franchir pour l'enfant puisqu'elle est très conflictuelle. En effet, au cours de cette période, l'enfant éprouve des sentiments fort contradictoires, car même si, par exemple, une fillette vit une certaine rivalité avec sa mère, il n'en demeure pas moins qu'elle continue à éprouver des sentiments d'amour pour cette dernière.

Je crois que le complexe d'Œdipe que nous avons vécu nous offrait la très belle opportunité d'apprendre à aimer et surtout, que l'amour que nous éprouvons pour l'autre peut être empreint de certains conflits que nous nous devons de régler.

Questions de réflexion

Ce chapitre avait comme but de vous amener à mieux comprendre le développement psychosexuel et affectif que vous avez connu en tant qu'homme ou en tant que femme. Mais comprendre d'une manière rationnelle ne suffit pas à vous réconcilier avec votre enfance. Les questions qui suivront ainsi que celles des prochains chapitres vous permettront donc de vous diriger vers une compréhension de type plus émotionnel. Bien sûr, elles vous mettront sur quelques pistes qui ne sauraient remplacer une démarche thérapeutique que vous pourriez entreprendre avec un(e) professionnel(le) si vous avez le sentiment de vivre certains conflits intérieurs profonds.

En ce qui concerne la plupart des questions proposées, il n'y a pas de bonnes ou de mauvaises réponses, pas plus qu'il n'y a de résultats donnés, car le but visé est de vous permettre de mieux vous situer par rapport à ce que vous avez vécu ou vivez et d'interpréter vous-même vos réponses. Pouvoir enfin parler des blessures qui ont marqué votre enfance et exprimer vos sentiments à cet égard sera sûrement très libérateur. Cependant, afin de mieux y réagir, je vous incite à ne pas perdre de vue l'émotion qui accompagnera vos dires ou vos écrits et vous suggère la ou les manières de faire suivantes :

- Écrivez un journal et relisez régulièrement vos réponses à voix haute.
- Répondez aux questions à voix haute, en faisant semblant de discuter avec quelqu'un.
- Répondez aux questions en regardant une chaise vide et en imaginant que celui ou celle à qui s'adressent vos réponses est assis(e) sur cette chaise.
- Faites-en un sujet de discussion avec un(e) ami(e) en qui vous avez confiance. Répondez alors à tour de rôle aux questions qui vous sont proposées :
- Si vous choisissiez un mot pour décrire votre père, quel serait-il ?
- Lorsque vous étiez enfant, quelles qualités avez-vous observées chez lui ?
- Qu'est-ce qui était unique chez lui ?
- Lorsque vous étiez enfant, quels défauts avez-vous pu observer chez lui ?
- Qu'est-ce qui était à la source des comportements négatifs qu'il empruntait ?
- Si vous choisissiez un mot pour traduire ce qu'il vous inspirait, quel serait ce mot ?
- Vous démontrait-il de l'affection ? Si oui, de quelle manière ? Sinon, pour quelles raisons ?
- Étiez-vous très attaché à votre père ? Pour quelles raisons ?
- Avez-vous le sentiment qu'il vous permettait d'être, de voler de vos propres ailes ?

Répétez le même exercice en ce qui concerne votre mère.

> # Test
>
> Comment réagissiez-vous lorsque votre père adoptait des comportements qui vous semblaient inacceptables ? Choisissez la phrase qui conviendrait le mieux à l'attitude que vous adoptiez :
>
> A) Je lui tenais tête en étant rebelle.
>
> B) J'essayais de le prendre en défaut, de me montrer plus intelligent(e) que lui.
>
> C) Je l'évitais et m'isolais pour ne pas avoir à faire face à des comportements qui me faisaient peur. Je ne démontrais pas mes sentiments et émotions.
>
> D) J'essayais d'attirer son attention par toutes sortes de moyens pour qu'il comprenne que j'avais besoin de son aide, que je me sentais bien petit(e) sans lui.
>
> Quels sentiments éprouviez-vous en adoptant cette attitude ? Pour quelles raisons ?

Si vous avez répondu A :

Vous cherchiez à l'intimider. Adoptant un comportement agressif, vous aviez tendance à vous lancer dans des jeux de guerre. Votre incapacité à contrôler vos émotions vous plaçait dans des situations explosives et l'attention qu'il vous accordait était surtout empreinte de la crainte que votre attitude lui inspirait. Il est fort probable que vous répétiez ce même comportement avec un(e) partenaire.

Si vous avez répondu B :

Vous étiez de nature plutôt agressive. Vous aviez tendance à observer et à surveiller le moindre geste qu'il faisait à votre endroit, et ce, dans le but de lui trouver des failles. En mettant l'accent sur ses défauts, vous le placiez dans une position inconfortable et contrariante qui l'amenait à se demander ce que vous pouviez bien penser de lui. L'attention qu'il vous portait était donc motivée par ces pensées contrariées et contrariantes. Il est fort probable que vous répétiez ce même comportement avec un(e) partenaire.

Si vous avez répondu C :
Assez passif(ve), vous aviez tendance à adopter des comportements d'évitement, à ne pas donner de réponses claires et précises aux questions qu'il vous adressait. Pour mieux attirer son attention, vous refusiez de vous engager, de l'approcher directement, préférant qu'il aille au-devant de vous. Il est fort probable que vous répétiez ce même comportement avec un(e) partenaire

Si vous avez répondu D :
Adoptant un comportement passif, vous aviez tendance à voir les événements de manière négative, à compter sur l'aide qu'il pouvait vous apporter au lieu de compter sur vos propres ressources. Vous le responsabilisiez pour mieux le culpabiliser et de ce fait, attirer son attention. Il est fort probable que vous répétiez ce même comportement avec un(e) partenaire.

Répétez le même exercice en ce qui concerne votre mère.

Je tiens à mentionner ici que d'autres questions vous seront posées à la fin du prochain chapitre. Comme elles peuvent être à la fois en lien avec ce que vous avez vécu étant enfant au sein de votre famille et avec l'environnement qui vous a marqué, j'ai cru qu'il était préférable de les réunir à la fin du prochain chapitre, qui porte précisément sur cet environnement.

CHAPITRE 5

Bien jouer son rôle, mal jouer sa vie

> Par toute son éducation, par tout ce qu'il voit et entend autour de lui, l'enfant absorbe une telle somme de mensonges et de sottises, mélangés à des vérités essentielles, que le premier devoir de l'adolescent qui veut être un homme sain est de tout dégorger.
>
> ROMAIN ROLLAND

Nous venons de voir que les hommes et les femmes ont un développement psychosexuel et affectif différent et qu'il s'agit là d'une réalité que nous devons comprendre afin de nous éviter des amours conflictuelles. Cependant, les différences qui marquent les hommes et les femmes sont également issues de facteurs socioculturels que nous ne pouvons pas négliger si nous avons à cœur de vivre des relations basées sur l'harmonie entre les sexes. C'est du moins ce que la vie s'est chargée de me faire comprendre…

C'est le 24 décembre. Les flocons de neige valsent langoureusement au-dehors. Je les regarde tournoyer, hésiter et venir rendre l'âme contre la paroi de cette fenêtre étrangère à laquelle mon regard s'est désespérément accroché depuis… depuis combien de temps, déjà? Cent ans peut-être… comme la Belle au bois dormant. Ah! comme la neige a neigé, qu'est-ce que le spasme de vivre, ô la douleur que j'ai… Je chante ou plutôt je fredonne ces paroles de Nelligan en passant et repassant inlassablement et machinalement mon index sur la nouvelle vitre de la nouvelle fenêtre de ce nouvel appartement. MON *appartement, et non pas* NOTRE *appartement. La petite fille en moi s'est figée, s'est recroquevillée sur elle-même au lieu de s'émerveiller des prouesses que ne se lasse pas de faire sa vieille amie la neige. Elle a mal à la tête, mal au ventre, mal au cœur. Mais à cause de quoi? Mais pourquoi? Elle ne le sait pas. Tout ce qu'elle sait, c'est qu'elle a peur, une peur viscérale qui la cloue là, sur place, un 24 décembre. Envie de se pelotonner dans des draps chauds, d'en savourer la douceur sur sa peau fragile et de dormir. Dormir et dormir encore… jusqu'à ce que cette peur s'épuise d'elle-même et ait la gentillesse de se dissoudre, de s'éteindre, de s'évanouir.*

Ces mots, je les ai écrits en 1993. Il y a donc neuf ans. Et si, dans ma vie, il y eut certains moments ou certaines dates fatidiques, ce 24 décembre en fait partie puisque cette nuit-là, j'osai aller rejoindre la petite fille en moi pour lui demander si elle avait une idée de ce qui avait bien pu lui causer tant de chagrin. Elle me parla alors d'une douleur qui lui faisait si mal que pendant toute sa vie, elle n'avait pas pu pleurer. Elle pleura, en cette veille de Noël, et ce fut le début d'une relation nouvelle entre elle et moi…

Une scène trompeuse

Enfant, j'allais voir les jeunes mariées sortir de l'église le samedi matin. Comme elles semblaient belles et radieuses au milieu de toute cette dentelle blanche et ces confettis multicolores! Pourtant, dans cette scène qui paraissait n'avoir été tournée que pour mon cœur de fillette, quelque chose sonnait faux, aussi faux que le son assourdissant du clocher qui coiffait ce lieu sacré. Un détail m'échappait et imprégnait tout le dedans de mon être d'une angoisse naissante, subtile, presque impalpable. Je vieillis et je compris: je ne pouvais pas supporter le regard de ces mariées qui semblaient avoir laissé leur propre identité derrière ces grands sourires qui masquaient leur vrai visage. Était-ce là tout ce que l'avenir me réservait, m'accrocher, l'air béat et conciliant, au bras d'un prince charmant?

Je n'ai jamais voulu me marier et ne me suis jamais prêtée à cette cérémonie. Il n'en demeure pas moins que la Belle au bois dormant et Cendrillon finirent par avoir raison de moi, par me faire tomber dans le même piège qui les avait rendues si dépendantes d'un homme grand et fort. Élevée pour devenir une bonne mère et une bonne épouse, rien ne me préparait à m'individualiser et m'affirmer. Je fus donc une jeune fille très belle, très douce et très sage. Plus que renfermée sur moi-même, je me sentais incompétente et n'osais jamais avoir d'opinions et de convictions personnelles.

Une éducation de fille

À l'âge de vingt ans, j'osai faire preuve de plus d'autonomie, poussée en cela par la grande passion que j'éprouvais pour le domaine artistique. J'entrepris une carrière de chanteuse et, ma foi, je fus surprise de constater que je possédais tout de même en moi des ressources jusque-là insoupçonnées. Je passai de la chanson à l'animation radiophonique avec beaucoup de succès. Cependant, même si en mon for intérieur je savais que ce type de carrière me ressemblait, m'aidait à grandir et à m'épanouir, je ressentais souvent l'impression de jouer le rôle de quelqu'un d'autre, de vivre dans la peau d'une usurpatrice. Il me fallut longtemps avant de comprendre et surtout avant de mesurer toute l'intensité de ce que mon « éducation de fille » avait pu faire en moi comme ravages. Cette blessure du corps, du cœur et de l'âme me suivait comme mon ombre et, du haut de mon ignorance et de mon inconscience partielle, elle prenait encore plus de force et avait des répercussions négatives sur mes états d'âme : changement d'humeur, changement de ville, changement de travail, changement d'homme... tant de changement autour de moi et non à l'intérieur de moi. Alors forcément, je ne tombais pas amoureuse d'un homme mais plutôt de ce qu'il m'inspirait, de l'idée que je me faisais de lui, sans le regarder vraiment.

Un sage combat

Je crois l'avoir déjà dit, nous nous sentons toujours plus attirés par l'idée de nous retrouver en terrain connu. Nous faisons rarement des pieds et des mains pour nous battre dans la vie, afin de savoir qui nous sommes vraiment! Ce qui fait que nous avons peur d'être confrontés à nous-mêmes et surtout de reconnaître nos erreurs, car si nous le faisons, nous sommes obligés de réagir, de nous diriger vers un changement intérieur qui génère des zones grises que nous ne connaissons pas. Nous devons faire des efforts et nous battre! Sinon, nous avons le sentiment d'être des lâches. Au cours des périodes où j'ai dû me remettre énormément en question, je me suis souvent dit ceci: «Tu as le droit d'avoir peur parce que c'est humain, mais tu n'as pas le droit de fuir parce que ça, c'est lâche!»

La fin de l'attente

En ce soir du réveillon de Noël, je me répétai une fois de plus ces paroles et je crois que cette fois-là fut la bonne. Le lendemain, je m'assis sur l'une de mes impressionnantes boîtes de déménagement et je pus identifier ce serrement au cœur que j'éprouvais depuis toujours: malgré ma réussite professionnelle, j'avais besoin d'un homme pour me sécuriser émotivement, besoin qu'un homme m'approuve, besoin qu'à travers lui je sache qui je suis, besoin de me sentir protégée. Soudainement, je partis d'un grand éclat de rire et me dis: «C'est incroyable! Non mais, regarde-toi! Qui a fait en sorte que tu puisses réussir à peu près tout ce que tu as entrepris dans ta vie professionnelle? Toi, toi, toi et encore toi! Oui… moi, moi, moi!» Et c'est dans ce nouvel état d'esprit que ma Belle au bois dormant décida qu'elle pouvait elle-même se donner le doux baiser qui la ferait sortir de ses cent ans d'attente. J'entrepris des études universitaires et commençai à goûter au bien-être de me sentir responsable de mon bonheur, à ressentir une espèce de vitalité intérieure qui envahissait chaque fibre de mon être et chaque geste que je posais. Et peu à peu, j'appris à devenir la première force de ma vie, ma première âme sœur.

Aimer : trop ou mal ?

Récemment, je fouillais dans ma bibliothèque, et mon regard fut attiré par le titre d'un livre qui me contraria quelque peu : *Ces femmes qui aiment trop* de Robin Norwood. En effet, je crois qu'il est impossible de trop aimer. Nous pouvons, à la rigueur, mal aimer, mais jamais trop. Mon attention fut également captée par *Le complexe de Cendrillon* de Colette Dowling, si bien que je me mis à en relire certains passages qui, eux, me contrarièrent souverainement, puisque j'eus le vif sentiment que cette auteur porte un regard limité sur la condition des femmes. Au même titre qu'elle, je suis d'avis que nous ressentons souvent, en tant que femmes, une peur au ventre à l'idée d'acquérir de l'indépendance, mais est-ce nécessairement la faute des hommes ? Je ne crois pas que nos histoires d'amour malheureuses au sein desquelles notre liberté est brimée, au sein desquelles nous perdons notre identité puissent être imputées exclusivement aux hommes. Contrairement à Dowling, je ne crois pas que notre sentiment d'être libres, en tant que femmes, puisse reposer uniquement sur une lutte que nous devons mener afin de devenir semblables aux hommes, c'est-à-dire soucieuses des titres, de l'efficacité et de la performance. Et si notre liberté passait plutôt par cette merveilleuse capacité que nous avons de nous sentir concernées par les autres, de leur offrir tendresse, affection et amour ? Dans notre société machiste, je crois que c'est plutôt le féminin qui nous fait défaut. Je suis persuadée que bien des petits garçons pleurent derrière leurs masques à virilité obligée et acquise.

Jeux de pouvoir

Il faut que les hommes et les femmes grandissent. Qu'ils choisissent ensemble de remplacer leurs jeux de pouvoir par des jeux de complicité et de confiance partagée. Le féminisme ne peut pas continuer à être pratiqué à sens unique. Les femmes ne peuvent pas continuer à faire chanter des hommes qui chantent faux et à prétendre qu'elles sont de bonnes musiciennes. Il est urgent de les empêcher de se retrouver dans l'univers duquel elles voulaient justement retirer les hommes. Comme l'écrit si bien Mariana Valverde, « dans nos rapports sexuels et non sexuels, nous ressentons toutes le besoin d'être reconnues comme des personnes autonomes et fortes. Ainsi, dans l'échange érotique, nous désirons toutes être parfois l'amante, celle qui contrôle la situation, le sujet qui prend l'initiative sexuelle. Mais nous éprouvons le besoin tout aussi grand de renoncer à notre pouvoir humain, de nous abandonner à un être plus fort qui va nous « prendre » et nous décharger de l'énorme responsabilité d'être active, de faire des choix[12]. »

Nous défaire de certains messages que nous avons reçus sur les rôles que nous jouons respectivement, apprendre à respecter et à concilier nos différences, voilà qui me semble plus prometteur comme avenir.

Ces femmes qui aiment trop… mal

Bien des femmes classent les hommes en deux catégories : l'homme macho narcissique centré sur lui-même et l'homme sans colonne et ennuyant qui est à la recherche d'une femme qui va le materner. Ce qu'elles disent en fait, c'est que LES hommes ne peuvent pas se montrer à la hauteur de ce qu'elles sont, c'est-à-dire aimantes, attentionnées, matures et très généreuses. Qu'ils ne savent pas les combler de la manière dont elles mériteraient de l'être. À force de s'être éreintées et vidées dans leur quête d'un rapprochement avec les hommes, elles se sentent incomprises et bafouées dans leur identité de femmes. Elles sont en colère, convaincues de détenir la vérité sur les sentiments qu'elles éprouvent à l'endroit des hommes, de tous les hommes.

---

12. VALVERDE, Mariana. *Sexe, pouvoir et plaisir*, Montréal, Éditions du Remue-ménage, 1989, p. 43.

Chaque fois que je vis une relation, c'est la même chose. Après que je leur ai tout donné, ils disparaissent dans la nature, vont voir ailleurs. Je les ai aimés, moi. Mais ils ont un bout de chemin à faire pour me rattraper, ces misogynes [...] Plus une femme a des qualités, plus ils s'éloignent. Ils ont peur d'une femme qui est plus évoluée qu'eux, qui n'a pas peur de les aimer.

À mon avis, cette femme « amoureuse » n'éprouve que mépris et hostilité envers ceux qu'elle dit aimer si profondément. Les femmes qui disent aimer à ce point n'aiment pas. Ce qui les attire, c'est l'espoir de combler leurs propres besoins à travers l'élu du moment. Un homme qu'elles ont, au départ, idéalisé. Elles choisissent un homme qui, dans un premier temps, semblera se prêter de bonne grâce à cette obsession qu'elles éprouvent de donner, de donner encore et toujours. Comme elles mettent beaucoup d'acharnement à vouloir changer l'autre pour qu'il devienne celui qu'elles voudraient qu'il soit, ce dernier étouffe parce qu'il n'aime pas suffisamment pour se protéger contre le serrement à la gorge qu'il ressent. Tous deux instaurent donc, et ce, dès leur entrée dans le monde d'Éros, une situation de vie où l'homme en tant qu'être « aimé » ne peut pas s'unir à la femme et où la femme, en tant qu'être « aimant », ne peut pas réduire sa dépendance à l'homme.

Combler ses manques

Certaines femmes essaient constamment de répondre aux besoins de l'autre. Pour elles, ce comportement est la preuve irréfutable qu'elles sont aimantes. En réalité, c'est à partir de leurs propres besoins qu'elles répondent à ceux de l'être qu'elles disent aimer : elles ont surtout besoin d'être constamment rassurées puisqu'elles ne sont jamais parvenues à affirmer leur identité. Et elles tombent amoureuses de machos qui, tout autant qu'elles, sont en mal d'identité. Des hommes qui voient également en l'autre un objet destiné à combler leurs manques et à satisfaire leurs besoins.

Victimisation et dépendance

Comme nous l'avons vu au début de ce livre, l'amour véritable repose sur la force et le bien-être intérieurs. Sur cette capacité que nous avons de faire des choix, de nous affirmer, d'être conciliant lorsqu'une situation le justifie. Au sein d'un amour véritable, il n'y a pas de sièges réservés pour les êtres qui se victimisent, qui passent la majeure partie de leur temps et de leur énergie à reprocher aux autres leur propre mal d'être.

Souvent, nous nous éprenons de quelqu'un pour des qualités qu'il n'a pas et nous le quittons pour des défauts qu'il n'a pas davantage.

> C'est vrai, j'ai eu bien des relations... disons, assez orageuses. Je me rends compte aujourd'hui, après tous ces mois d'analyse, que je... je les aimais pour certaines choses, mais je les aimais mal, ça c'est sûr. Eux aussi d'ailleurs, mais... Au début, c'était super et après [...] je suis devenue encombrante, trop lourde à porter. J'étais pleine de ressentiment, de colère. Je sais maintenant que j'ai une part de responsabilité à assumer.

Une femme qui aime mal peut souffrir de dépendance affective. C'est alors une fusionnelle qui est dominée par sa peur d'être abandonnée et qui cherche constamment à nouer de nouveaux liens affectifs, à préserver ceux qu'elle a et à sacrifier son identité personnelle plutôt que de renoncer à son besoin de fusion. Le plus souvent, elle est attirée par un antifusionnel qui a beaucoup de difficulté à nouer des liens affectifs profonds et durables avec quiconque, puisqu'il est habité par la peur d'être envahi et de perdre son identité personnelle. Ce besoin de fusion malsaine est dû à un traumatisme que cette femme a pu vivre au cours de son enfance : abandon, rejet, violence psychologique et/ou physiologique. Elle cherche inconsciemment à reproduire ce même scénario dysfonctionnel et douloureux pour se donner la chance d'affronter ce qu'elle a jadis vécu pour pouvoir en ressortir gagnante, pour convertir la défaite qu'elle a connue autrefois en victoire. Et comme elle échoue, d'histoire d'amour malheureuse en histoire d'amour malheureuse, son besoin de combler ses manques et de vaincre persiste, et son comportement devient obsessionnel. Elle doit comprendre que sa dépendance persistera tant et aussi longtemps que ce besoin l'habitera. Tant qu'elle ne se sera pas réconciliée avec son enfance, qu'elle ne saura pas assumer son autonomie personnelle et sa solitude intérieure.

Ces hommes qui aiment… mal

Aujourd'hui, certains hommes remettent en question leur virilité. Ils acceptent davantage l'idée d'apprivoiser leur féminité et essaient de donner une couleur différente à leur masculinité. Poussés en cela par de nombreuses femmes qui ont fait le choix de se redéfinir et même de se définir en tant que femmes, il leur semble urgent d'en faire tout autant. Mais ils se confrontent à ce qui est devenu une dure réalité pour eux : leur identité masculine ne va pas de soi, leur identité de genre est très fragile.

Quel petit garçon ne s'est pas fait dire, au moins une fois dans sa vie : « Fais un homme de toi ! » Pourtant, une petite fille qui adopte des comportements que l'on juge masculins peut à la limite se faire traiter de garçon manqué par son entourage. Cependant, elle ne sera jamais jugée aussi sévèrement et ne vivra pas autant de rejet que le petit garçon qui adopte des comportements que l'on juge féminins.

Je vous jure que j'en ai bavé quand j'étais petit. J'ai toujours été un grand sensible, alors... imaginez un peu ce que je pouvais ressentir et ce que je ne pouvais pas dire. J'avais constamment l'impression que je devais me surveiller, qu'il fallait que je cache quelque chose aux autres gars de la bande... que je cache que j'aimais ça, moi, la musique classique, par exemple. Je me suis fait suer à pratiquer des sports que je détestais et [...] quand les gars décidaient de faire peur à une fille, quand ils décidaient même de lui en imposer en l'insultant, je faisais semblant d'être de leur bord pour ne pas faire rire de moi [...] et quand je revenais chez nous, j'avais tellement honte que j'en aurais pleuré. Mais encore là, on ne pleurait pas, on se retenait quand on était un vrai gars, un dur de dur. Je me suis enfermé dans un silence... silence sur mes émotions, silence sur mes sentiments, silence sur... Et aujourd'hui, on veut que je brise ce silence, que je les exprime, ces maudites émotions, mais je ne sais même pas par où commencer. C'est tellement dur! J'ai l'impression de ne plus être personne.

Une identité qui a mal

Les hommes ont fondé leur identité d'homme sur une différenciation sexuelle qui, aujourd'hui, s'estompe. Ils sont donc perdus, se sentant déstabilisés et menacés, car leurs points de références ne sont plus les mêmes. Tous les jours, je les vois éprouver de fortes difficultés à changer leurs comportements ou, à tout le moins, à modifier certains d'entre eux. Remettre en question cette identité millénaire et sécurisante leur est douloureux. Mais ce qu'il leur faut comprendre, c'est qu'on ne peut pas faire une démarche intérieure, changer des attitudes profondément enracinées en soi depuis des siècles sans en être secoué, sans souffrir. Bien sûr, les choses auraient été beaucoup plus simples si, au départ, ils avaient souhaité eux-mêmes ces changements.

Une dualité inconfortable

Je l'ai déjà dit et je le répète: les hommes ont peur d'être féminisés. Et c'est en partie cette féminisation qui leur fait peur en ce qui concerne les comportements qu'ils doivent changer. Ce qui les rend malheureux, c'est cette impression constante d'avoir à se tourner soit vers une virilité qui est devenue fébrile, soit vers une féminisation qui leur apparaît menaçante. Ils vivent donc une dualité qui rend leur manière d'être et d'agir plutôt inconfortable.

> Je suis un bourreau de travail… un compulsif, je crois. Jusqu'à maintenant, j'ai probablement cru que c'était la meilleure façon pour moi de procéder. Mon père était comme ça, c'est le modèle que j'ai eu. Quand je ne travaille pas d'arrache-pied, j'ai l'impression de perdre mon temps, de… mais en même temps, je commence à réaliser que ce n'est pas une vie […] Ma femme ne peut plus supporter ça et je comprends, mais je vis un véritable dilemme. J'ai travaillé sur moi pour être capable d'être plus doux, plus présent, plus tendre avec elle… avec moi aussi, je suppose, mais j'ai facilement tendance à revenir à mes anciennes habitudes.

Un héros essoufflé

Les hommes ont, bien sûr, été influencés par des stéréotypes culturels dans ce besoin, qui semble pratiquement maladif chez eux, de devoir dominer, de faire ses preuves et de vaincre à tout prix. Mais vaincre qui, finalement? Eux, sans doute. C'est ce que certains d'entre eux commencent à peine à découvrir. Et les médias sont là pour nous rappeler les influences qu'ont subies ces hommes. Prenons, par exemple, le cinéma. Ce que les hommes ont vu au grand écran a forgé en partie leur identité, a eu une influence certaine sur la manière dont ils croient devoir se comporter pour faire figure d'hommes vrais, de héros. Et ne nous leurrons pas: nous, les femmes, avons mordu à l'hameçon tout autant qu'eux.

Nous avons approuvé et même demandé qu'ils correspondent à ces images de héros invincibles. Certaines d'entre nous le réclament encore, d'ailleurs. Sinon, comment ces hommes auraient-ils pu nous sauver et pourraient-ils nous sauver encore aujourd'hui ? Combien d'hommes nés à l'époque des baby-boomers ont eu comme modèle de référence des stars de la trempe de Gary Cooper qui leur ont appris comment parler, comment marcher, comment faire la cour à une femme, en un mot, comment vivre en tant qu'homme ? Cette représentation qu'ils ont eue d'eux-mêmes sur grand écran leur offrait un miroir à l'image de ce que devait être leur vie, de ce qu'ils devaient être eux-mêmes.

> L'autre jour, je suis entré dans un bar. J'étais quelque part dans un bled perdu et je voulais jouer au billard [...] Je regardais les gars autour de moi et j'avais l'impression d'être revenu au temps de l'homme des cavernes : les blagues vulgaires, les claques dans le dos, les rires gras et stupides... J'avais honte d'être un homme, je vous jure, j'avais honte de m'identifier à ça. Je n'ai jamais été de ce genre-là, de toute façon. Ça m'a même valu quelques bonnes claques sur la gueule quand j'allais à l'école. Je ne peux pas croire que ces gars-là n'aient même pas l'idée de remettre ce genre de virilité en question. En tout cas, je comprends la frustration des femmes [...] Qu'est-ce que ça veut dire, être un homme, être viril ? Bomber le torse, parler fort, roter en buvant sa bière et casser la gueule au premier venu qui a l'air de te regarder de travers ? [...] C'est sûr que moi, par exemple, ça m'a pris du temps à vivre en paix avec ce qui était plus féminin en moi et à l'accepter sans me sentir menacé... et je ne sais pas toujours très bien où j'en suis en tant qu'homme, parce qu'il a fallu que je révise mes positions, que je regarde la masculinité avec un regard différent. Et je n'ai pas fini de le faire, mais... en tout cas, si moi je le fais, c'est que ça se fait !

Une « virilité » obligée

L'image que les hommes se sont forgée d'eux-mêmes est en partie issue de notre culture. Et comme je viens de le mentionner, les médias ne sont pas étrangers à ce phénomène. Ils ont joué un rôle important, voire déterminant à cet effet puisque, pendant plusieurs décennies, ils ont présenté des scénarios, des histoires, des concepts empreints de stéréotypes auxquels les hommes ne pouvaient pas échapper. Les années 1950 ont vu la « virilité » devenir une norme importante à respecter. Tout homme qui avait un tant soit peu l'air d'adopter des attitudes dites féminines, tout homme qui pouvait avoir l'air d'un homosexuel était l'objet de presque autant de rejet que celui qui l'était réellement.

Une homosexualité castrante

Les relations que les hommes entretenaient entre eux étaient codifiées de manière très stricte. D'ailleurs, le sort qui était réservé au héros homosexuel des différentes productions cinématographiques n'était pas très invitant : passant de la « tapette » dont on riait au « pédé » malheureux et honteux, il était condamné à mourir d'une façon ou d'une autre. Une triste fin qui suggérait qu'il devait payer pour la faute qu'il avait commise : être homosexuel. Et cette folie de vengeance liée à la non-acceptation de l'homosexualité a même gagné la gent féminine. Vous vous rappelez ce film intitulé *La Primeur* qui, en 1962, mettait en scène Martha (Shirley MacLaine) qui, amoureuse d'une autre femme (Audrey Hepburn) n'avait pas d'autre choix — du moins selon les scénaristes de l'époque — que de se pendre à la fin du film ?

Pourtant, à une certaine époque, les hommes pouvaient se permettre d'exprimer de la tendresse et de l'affection au grand écran. Mais au fur et à mesure que l'homosexualité a été mieux connue dans la société, on a vu l'amitié que deux hommes pouvaient se démontrer devenir très suspecte. Et pour cause : l'homosexualité devenait menaçante pour l'identité d'un homme ou du moins pour la vision que cet homme avait de ce que l'identité masculine devait être. Dans une société telle que la nôtre, les hommes ont peur de leurs composantes féminines. Ils essaient donc de les enfouir sous des couches et des couches de sable qui n'est en fait que du sable mouvant.

Quand tendresse rime avec faiblesse

La plupart des hommes hétérosexuels se sentent très insécures et extrêmement mal à l'aise s'ils voient deux hommes faire l'amour ensemble au grand écran. Et je crois que la raison en est qu'ils associent la tendresse, la sensualité et l'affection entre deux hommes à la faiblesse. Comme ils ne sont même pas certains que la tendresse entre un homme et une femme ne soit pas synonyme d'une certaine faiblesse, comment pourraient-ils l'accepter entre deux hommes? D'ailleurs, c'est une faiblesse qu'ils considèrent comme une infirmité, puisqu'elle va à l'encontre de ce qu'est une identité masculine solide. Ils ont été conditionnés par leur environnement à croire qu'un homme, un vrai, est fort et insensible. Bien sûr, lorsqu'ils voient deux femmes faire l'amour ensemble, ils éprouvent le plus souvent une émotion agréable, voire excitante. Je soupçonne certains d'entre eux de ne pas prendre très au sérieux ces histoires d'amour qui peuvent prendre vie entre deux femmes. Et c'est sans doute parce qu'ils les voient comme étant des expériences éphémères, comme un caprice momentané qui prendra fin aussitôt qu'elles auront enfin rencontré l'homme de leur vie…

Le rôle des médias

Dans certains pays, les médias se prêtent maintenant à des changements. Alors qu'ils nous avaient présenté jusqu'ici le modèle de la femme « Sois belle et tais-toi ! », voilà qu'ils introduisent — et le mot est faible — l'homme « cornichon ». Partageant certaines similitudes avec la femme niaise, ce dernier manque d'échine, paraît handicapé mentalement et exprime une certaine maladresse. Un homme blanc, hétérosexuel, dont le public peut rire allègrement, puisque cet homme ne fait pas partie des minorités que l'on n'oserait pas ridiculiser. Au sein des différents couples que nous présente la publicité au petit écran, c'est de plus en plus l'homme qui a l'air niais. Un homme « cornichon » qu'une femme n'hésite pas à rabrouer, à infantiliser et à dénigrer, pas toujours subtilement. Imaginez un peu ce qu'une telle publicité provoquerait comme tollé de protestations si on inversait les rôles, si c'était la femme qui subissait le même sort! Ce nouveau phénomène serait-il le reflet d'un traumatisme que les femmes ont vécu autrefois et qu'elles essaieraient de convertir en triomphe?

Entre Apollon et Goliath

L'homme est donc confronté à ce phénomène nouveau ou alors à celui qui lui lance littéralement le beau mâle musclé et physiquement parfait en pleine figure. Juste retour des choses, pourraient dire bien des femmes, puisqu'ils n'ont pas été habitués comme nous l'avons été — du moins, à ce niveau — à se mesurer, à se comparer, à être confrontés à des modèles prescrits et inaccessibles. Ils se retrouvent donc aux prises avec cette position très peu enviable : être identifiés d'une part, à l'idiot du village, et d'autre part, à un croisement entre Apollon et Goliath.

> C'est du sexisme! J'admets que les hommes ont couru après, mais je commence à être contrarié parce que... C'est sûr que ça nous permet en tant qu'homme de goûter à ce qu'on a tellement servi aux femmes [...] c'est-à-dire que moi, personnellement, j'ai l'impression que les femmes se trompent de cible, que ce sont les hommes de la génération de mon père qu'elles auraient dû lapider comme ça. Moi, je pense qu'on pourrait peut-être signer un traité de paix, enterrer nos haches de guerre. Ce ne sont tout de même pas

tous les hommes qui sont limités dans l'expression de ce qu'ils sont et de ce qu'ils peuvent faire. En tout cas, je l'espère !

Il s'agit en effet de sexisme renversé, mais admis. Il n'en demeure pas moins que les rapports entre hommes et femmes ne gagneront pas en quantité et encore moins en qualité si nos comportements continuent de se baser sur le bon vieux dicton « Œil pour œil, dent pour dent ! »

L'absence du père

Les hommes ont eu des pères absents, des pères qui ont brillé tout autant par leur absence physique que par leur absence psychologique. Nous avons vu que pour se masculiniser, le garçon doit avoir la possibilité de s'identifier à un modèle masculin qui est habituellement le père. Un père qui permettra à son fils de s'individualiser, de sortir des jupes de sa mère et de lui faire prendre conscience qu'elle ne peut pas ne vivre que pour lui et être tout pour lui. C'est également le père qui, par sa présence, posera l'interdit de l'inceste, ce qui permettra à son fils de construire ultérieurement une relation amoureuse et sexuelle avec une autre femme. Un garçon a besoin d'être reconnu par un père et de se reconnaître en un père qui soit un modèle empreint, entre autres, de compréhension, d'affection et de tendresse. Il cherchera à imiter cette attitude qui l'aidera à s'humaniser en tant qu'homme et à humaniser ses rapports sexuels.

La sensibilité : une affaire de femmes

Souvent dépourvus de ce modèle adéquat, les hommes n'ont pas pu connaître un développement psychosexuel et affectif leur démontrant que la sensibilité pouvait tout aussi bien être une affaire d'hommes. On ne leur a pas donné ce modèle. Pire encore, on leur a dit, en les référant à celui des femmes, qu'il ne pouvait pas constituer un modèle positif. Ils ont donc été amenés à croire que la sensibilité est non seulement une affaire de femmes mais qu'il fallait absolument s'en éloigner pour devenir un homme. Évitant un rapprochement avec la sensibilité, ils se sont coupés de leurs émotions. Une coupure qui les a conduits à nier leur féminité et donc, à se mettre en réaction contre leur propre mère et, par conséquent, contre les femmes.

> Parfois, je me dis que pour être un homme, il ne faut surtout pas que je sois une femme. C'est comme si j'avais un choix radical à faire. Il ne pourrait pas y avoir un juste milieu ? Pourtant, dans la vie, il me semble que les choses ne sont pas toujours ou blanches ou noires. Les rares fois où j'ai pleuré devant quelqu'un dans ma vie, je me suis senti tellement petit, tellement idiot, mais… il faut que je change ça, parce que je vais mourir d'un infarctus si ça continue. Ça fait tellement mal de se retenir quand on a envie de pleurer, ça fait tellement mal […] Ça doit être toute une libération de pleurer, de se laisser aller sur l'épaule de quelqu'un sans avoir honte. Sans penser que le plancher va s'effondrer…

Depuis longtemps, les hommes vivent en rejetant les femmes parce qu'elles leur rappellent, entre autres, une féminité qui fait partie d'eux-mêmes et qu'ils veulent taire parce qu'elle s'avère trop menaçante pour l'identité masculine qu'ils se sont forgée. C'est donc dire qu'ils n'ont pas suffisamment consolidé leur masculinité. S'ils le faisaient, ils atteindraient une plus grande maturité en réintégrant les composantes féminines qui sommeillent au plus profond de leur être. De ce fait, ils parviendraient à instaurer un plus juste équilibre entre leurs composantes masculines et féminines.

Malheureusement, bien des hommes n'y sont pas parvenus. En rejetant cet univers féminin, c'est tout un univers de douceurs qu'ils repoussent : plaisir de s'émerveiller comme des enfants, de pleurer de peine ou de joie sans se sentir vulnérables, de faire l'amour pour le simple bonheur de recevoir de longues caresses. Au lieu de cela, les hommes gèrent, produisent et comptabilisent. Ils mesurent même leur propre valeur aux affaires qu'ils font, qu'ils brassent et bâclent en s'essoufflant, vidés comme ils le sont de leur âme et de leur cœur. Et bien sûr, pour être en mesure de brasser de si grosses affaires et d'en détenir le monopole, ils ont dû aliéner la femme. Mais, ironie du sort peut-être, je crois qu'ils ont fini par s'aliéner eux-mêmes.

> Je n'ai vu pleurer mon père qu'une seule fois dans sa vie. C'était… je m'en souviendrai toujours, c'était quelques heures avant sa mort. Il a serré ma main du plus fort qu'il le pouvait et il m'a dit : « J'ai fait de mon mieux, fiston. J'espère que tu ne m'en veux pas trop. Je t'ai toujours aimé et je t'aimerai toujours. Vis ta vie, laisse faire les autres. Vis ta vie, ne fais pas comme moi. » J'ai pleuré toutes les larmes de mon corps et je me suis mis à analyser la vie qu'il avait vécue : un homme d'affaires respectable, envié mais froid, autoritaire, dur, aussi dur envers lui-même qu'envers les autres. Je me suis promis de respecter ses dernières paroles. J'y travaille tous les jours. Je ne veux pas souffrir comme lui et, surtout, je ne veux pas avoir des regrets comme ça à la fin.

Plusieurs hommes ont une réaction similaire à ce fils : ils veulent guérir en eux la profonde blessure laissée par leur père. Une plaie qu'ils ont cru éviter et même recoudre en se lançant à corps perdu dans le travail, les biens matériels, l'alcool, la sexualité défensive, la guerre, le sport et la politique.

Une identité de genre fragilisée

L'identité de genre des hommes est fragile. L'un des plus beaux exemples de cette réalité nous est fourni par l'attrait érotique que ressentent certains d'entre eux pour les adolescentes ou les jeunes femmes inexpérimentées. Étant de grands immatures, ils ne peuvent pas se sentir bien dans une relation amoureuse où ils risquent d'être confrontés, contestés, remis en question. Ce qui caractérise ce genre d'hommes n'est pas tant d'être en état de contrôle et de supériorité que d'avoir le sentiment qu'ils le sont. Un état qui génère moins d'angoisse de performance chez eux et qui les rend donc sexuellement plus fonctionnels. Il faut dire aussi que la « femme » représentée par la publicité n'est qu'illusion et mensonge : une grande jeune fille au teint de pêche et esthétiquement parfaite qui se différencie des autres femmes par le fait qu'elle est une exception dans la réalité. Et une exception qui a eu le privilège de tomber entre les mains expertes des plus grands maîtres de la photographie, du maquillage et de la coiffure. Elle possède en fait les qualités que notre société valorise. Cette dernière ne nous vend pas les rides d'expression, la vivacité d'esprit, la sagesse, l'intelligence du cœur et la maturité. Se promener au bras d'une jeune femme que tout le monde est censé désirer devient donc très valorisant pour un homme qui a un creux narcissique à remplir. Pourtant, cette même société le jugera souvent immature… Néanmoins, elle ne le condamnera pas aussi sévèrement qu'elle condamnera une femme qui oserait adopter un comportement similaire puisque tout, dans notre éducation, nous porte à voir la femme comme étant une mère qui protège et non un être humain qui exploite.

Depuis quelques décennies, le mal qui atteint les hommes et les femmes en regard de leurs différences s'est fait plus douloureux. Le grand responsable est en partie un mouvement qui, pour avoir des retombées positives sur les deux sexes, ne peut plus continuer à être pratiqué à sens unique. Nous nous pencherons sur lui au cours des pages qui suivront.

Questions de réflexion

Comme je l'ai déjà mentionné, les questions de réflexion proposées n'appellent aucune mauvaise ou bonne réponse. Celles-ci vous sont posées dans le seul but de vous amener à faire un retour sur vous-même afin de vérifier jusqu'à quel point l'environnement dans lequel vous avez été éduqué vous a cantonné dans les rôles qu'on réserve traditionnellement aux hommes et aux femmes. Donc, de quelle manière et dans quelle mesure vous prêtez-vous à des stéréotypes qui peuvent vous limiter dans l'expression de ce que vous êtes ? À vous d'y répondre et d'essayer d'y voir plus clair.

Si vous êtes un homme :
- Lorsque vous étiez enfant, votre père était-il présent physiquement et psychologiquement pour vous ?
- Avez-vous le sentiment qu'il a été un guide, un bon conseiller pour vous ? En quoi l'a-t-il été ?
- Jusqu'à quel point croyez-vous vous être identifié à lui ?
- Avez-vous le sentiment qu'il vous a appris à humaniser vos rapports avec les autres ? Pour quelles raisons ?

- Avez-vous déjà eu le sentiment que votre mère vous poussait à réussir là où elle croyait avoir échoué, qu'elle voulait réaliser ses rêves à travers vous ?
- Quelle est la dynamique entre votre mère et vous, actuellement ? Pour quelles raisons ?
- L'idée de vous éloigner d'elle fait-elle naître en vous un sentiment de culpabilité ? Pour quelles raisons ?
- Avez-vous le sentiment d'avoir grand besoin de votre mère aujourd'hui ?

- Vous a-t-on déjà dit : « Fais un homme de toi » ?
- Que vous a-t-on dit d'autre qui pouvait ressembler à cette remarque ?
- Qu'en pensez-vous ?

- Que ressentiez-vous ?
- Vous sentiez-vous le droit de montrer vos sentiments, vos émotions ?
- Vous est-il déjà arrivé de pleurer ? Pour quelles raisons et en quelle(s) occasion(s) ? Qu'avez-vous ressenti ?

- Qu'est-ce que l'idée de prendre des cours de ballet classique sème en vous comme sentiment ? Pour quelles raisons ?
- Avez-vous ou accepteriez-vous d'avoir un ami qui soit homosexuel ? Pour quelles raisons ?
- Que ressentez-vous en présence d'un homosexuel ?
- Que ressentez-vous lorsqu'un homme vous fait une accolade ?

- Comment faites-vous l'amour ?
- Y a-t-il des positions que vous préférez ? Lesquelles et pourquoi ?
- Y a-t-il des positions que vous ne voulez pas adopter ou qui vous mettent mal à l'aise ? Lesquelles et pour quelles raisons ?
- Avez-vous le sentiment d'être capable de vous abandonner pleinement lorsque vous faites l'amour ? Pour quelles raisons ?
- Préférez-vous une partenaire passive à une partenaire active ? Pour quelles raisons ?
- Lequel de ces énoncés s'applique le mieux à vous :

Le plus souvent, je fais l'amour par besoin de rapprochement et de partage.

Le plus souvent, je fais l'amour pour me libérer d'une tension.

Si vous êtes une femme :
- Votre mère respectait-elle vos opinions ?
- Avez-vous déjà eu le sentiment qu'elle supportait mal l'idée que vous ne soyez pas comme elle ? Pour quelles raisons ?

- Avez-vous déjà eu le sentiment qu'elle vous poussait à être différente d'elle, à réussir là où elle croyait avoir échoué, qu'elle voulait réaliser ses rêves à travers vous ?
- Quelle est la dynamique entre votre mère et vous, actuellement ? Pour quelles raisons ?
- L'idée de vous éloigner d'elle fait-elle naître en vous un sentiment de culpabilité ? Pour quelles raisons ?

- Lorsque vous étiez jeune, votre père était-il présent physiquement et psychologiquement ?
- Comment définiriez-vous la qualité du rapport que vous entreteniez avec lui ?
- L'avez-vous senti fier de vous. ? Pour quelles raisons ?
- Vous faisait-il des compliments sur votre apparence et votre personnalité ?

- Comment faites-vous l'amour ?
- Y a-t-il des positions que vous préférez ? Lesquelles et pourquoi ?
- Y a-t-il des positions que vous ne voulez pas adopter ou qui vous mettent mal à l'aise ? Lesquelles et pour quelles raisons ?
- Avez-vous le sentiment d'être capable de vous affirmer pleinement lorsque vous faites l'amour ? Pour quelles raisons ?

- Lequel de ces énoncés s'applique le mieux à vous ?
- Le plus souvent, je fais l'amour par devoir, par obligation.
- Le plus souvent, je fais l'amour pour vivre un moment de complicité, de plaisir et de rapprochement avec mon partenaire.

CHAPITRE 6

Un féminisme à deux voies

> La dot des vrais couples est la même que celle des couples faux : le désaccord originel.
>
> JEAN GIRAUDOUX

Un tremblement de terre est venu secouer et affaiblir l'édifice masculin que les hommes ont bâti à coups de raison, de calculs et de stratégies : le féminisme, un mouvement qui, bien sûr, ne pouvait venir que de la femme bafouée et rejetée. Ce mouvement a amené des changements radicaux des rôles traditionnellement joués par les hommes et les femmes. Il a donc eu des répercussions importantes, voire inquiétantes, au sein du couple. Celui-ci est actuellement très perturbé et à la recherche d'un nouvel équilibre entre l'amour et la sexualité. Confrontés à cette situation, bien des hommes et des femmes se sentent blessés et perdus. Ils se posent donc de multiples questions qui demeurent souvent sans réponses. Parfois, cela les pousse à éprouver des sentiments négatifs envers l'autre sexe.

> Qu'est-ce qu'on a gagné avec notre beau féminisme ? Deux jobs ! Un au travail et l'autre à la maison. Et les hommes, qu'est-ce que ça a changé pour eux ? Je me le demande encore… On a voulu être comme les hommes et on court

tout le temps entre les enfants à habiller, à aller chercher à la garderie et le rendement au travail.

Je ne partage pas entièrement cet avis. Certes, la lutte pour l'égalité a compliqué nos vies et les rapports entre les hommes et les femmes. Mais nous ne pouvons pas nier certains acquis que nous avons faits : le droit de vote, le droit à l'avortement, à la contraception, au marché du travail, aux ressources économiques et à l'éducation. Il nous reste encore beaucoup à faire, je l'admets, mais il me semble qu'il serait bien utopique de croire que nous pouvons changer des siècles d'inégalités en quelques décennies. Autrefois, les femmes pouvaient rêver de devenir mère de famille, infirmière, religieuse ou maîtresse d'école. Aujourd'hui, elles sont nombreuses à être cardiologues, ingénieurs, architectes, avocates, analystes financiers, et même ministres. Des femmes qui peuvent créer, réaliser, gérer. Des femmes qui ont l'opportunité de faire des choix qui les rejoignent et qui leur ressemblent. Des femmes qui ont pu gagner en autonomie grâce à l'indépendance financière acquise.

Les femmes qui ont des enfants et qui exercent un métier ou une profession vivent souvent un triple sentiment de culpabilité : celui de ne pas être à la hauteur en tant que mère, de ne pas être assez performante dans leur milieu de travail et de ne pas être suffisamment disponible en tant qu'amante.

> Souvent, je suis complètement épuisée. Alors, pour ce qui est de faire l'amour... Je passe mes journées à avoir peur que quelque chose m'échappe, qu'une catastrophe m'attende en entrant dans la maison ou au bureau. Si un enfant est malade, c'est un stress de plus au travail et si un projet va mal au bureau, c'est un stress de plus à la maison. Je passe mes journées à organiser des horaires, à planifier, à penser et à repenser [...] Je me demande si je ne devrais pas abandonner mon emploi pour un bout de temps...

Lorsqu'une femme conclut que vie de famille et travail sont incompatibles, c'est habituellement elle qui renonce à son emploi pour être en mesure de consacrer la majeure partie de son temps à son foyer. Pourquoi? Parce que dans la plupart des cas, le mari gagne un salaire plus élevé, parce qu'il se sentirait dévalorisé d'assumer un rôle traditionnellement féminin, parce qu'il risquerait d'être la risée de son entourage et parce qu'il se sent beaucoup moins bien préparé et armé que la femme à tenir une pareille position.

Je crois que l'une des difficultés que les femmes doivent maintenant affronter, c'est que le féminisme leur a certes permis de quitter leurs fourneaux, mais qu'il ne leur a pas pour autant enlevé le goût d'avoir et d'élever des enfants. Malheureusement, très peu de milieux de travail tiennent vraiment compte des problèmes de stress et de frustration qu'un couple avec enfants rencontre dans sa vie quotidienne. Certaines entreprises commencent enfin à comprendre et à mesurer ce que leur implication peut avoir de bénéfique sur la vie de leurs employés et donc, sur la qualité même de leur rendement au travail. Elles proposent donc des horaires plus flexibles, mettent sur pied un service de garderie, des studios de conditionnement physique, etc.

La société dans laquelle nous vivons est axée sur la performance, la productivité et l'efficacité. Ce sont là des valeurs difficiles à concilier avec le double rôle qu'une femme-mère peut adéquatement tenir. Alors, inutile de nous mentir, le féminisme a encore bien des chats à fouetter avant que les femmes puissent respirer plus librement et par conséquent, que leur couple vive plus sereinement. Je crois que nous devons pousser l'État et les entreprises à prendre conscience des réalités que nous vivons en tant que femmes et en tant que mères. Nous devons favoriser l'adoption par les hommes de comportements qu'ils jugent actuellement comme exclusivement féminins ou maternels. Nous devons également exiger une meilleure répartition des tâches à la maison et continuer à revendiquer des salaires qui soient égaux à ceux qu'obtiennent les hommes.

Aujourd'hui, bien des femmes peuvent se permettre de s'épanouir, de se réaliser en tant que femme et non uniquement en fonction d'un mari ou d'enfants qu'elles ont portés. J'ai eu bien du temps pour comprendre qu'une femme peut passer bien des années à trouver mille et un prétextes pour ne pas faire d'enfant et mille et une excuses pour ne pas en avoir fait... On oscille longtemps entre des cycles qui n'ont ni la même couleur ni la même saveur puisqu'ils sont diamétralement opposés. J'ai souvent eu, au cours de ma vie, la désagréable impression de me promener entre deux états d'âme bien distincts : celui qui fait dire oui et l'autre non, s'imprégnant tous deux de remises en question douloureuses. Alors que j'étais partagée entre le désir de me vouloir du bien sans sombrer dans l'inintelligence du cœur, mon miroir m'a souvent parlé : « Ce serait doux d'avoir un enfant, tu les aimes tellement... Et puis, tu n'es pas une femme dénaturée ou égocentrique... » ou encore : « Tu as raison de ne pas en vouloir, car tu es une femme raisonnable et responsable qui ne prend jamais de décision à la légère... » La voix qui a fini par l'emporter est celle qui me disait d'apprendre à prendre soin de moi-même avant d'apprendre à prendre soin des autres. D'accoucher de moi-même avant d'accoucher d'un enfant. Et puis, le temps passant, il n'y a pas eu d'enfant. Il faut dire que partir à la découverte de ce que je suis n'a pas toujours été de tout repos.

Pour plusieurs femmes, le fait de ne pas avoir d'enfants est directement relié à un désir d'autonomie et de liberté. Et ce qui est important, à mon avis, c'est que leur décision repose en partie sur le fait qu'elles refusent de croire que seule la maternité pourra leur permettre de se réaliser en tant qu'être humain. Une étude que la psychologue Marlène Carmel a effectuée au Québec montre qu'en choisissant de ne pas avoir d'enfants, une femme s'arroge le droit de ne pas se prêter à la procréation et au rôle d'épouse-mère-ménagère qui lui est traditionnellement réservé. D'ailleurs, dans *Le deuxième sexe*, Simone de Beauvoir ne dit-elle pas, en parlant des femmes, que leur malheur, c'est sans doute d'avoir été biologiquement vouées à répéter la vie ?

Certaines femmes remettent en question la maternité parce qu'elles craignent de ne pas pouvoir se réaliser et réaliser leurs rêves en ne devenant que des mères. En France, Catherine Valabrègue établit un parallèle entre le désir d'enfant et l'influence sociétale. Chez beaucoup de femmes, le désir d'avoir un enfant répond aux exigences de la société. Par conséquent, certaines femmes qui ne sont pas faites pour élever des enfants, n'osent pas transgresser ce qui leur semble être un interdit ; elles se sentent « anormales » de ne pas désirer d'enfants. L'environnement dans lequel elles vivent les amenant à se culpabiliser, certaines justifient sincèrement leur désir d'avoir un enfant, sans se rendre compte que ce désir n'est pas intimement lié à la réalité de vivre la maternité ou d'élever un enfant. Il s'agit plutôt pour elles d'un besoin à combler : se réaliser en utilisant un moyen qui est hautement encouragé et valorisé par leur milieu ambiant.

Françoise Gavarini dit, en parlant de sa mère : « Tu as été pleinement mère et totalement absente. Femme, où es-tu ? Je ne t'ai jamais rencontrée[13]. » Ces mots me laissent songeuse. Je ne peux m'empêcher de penser à toutes ces femmes qui, effectivement, n'ont pas connu la femme qu'était leur mère. Elles n'ont connu que cette mère qui cachait totalement la femme en elle. Et ce qui est plus triste encore est de se demander à quoi elles auraient bien pu s'identifier, si ce n'est à la mère qui, elle, était présente. Une mère — et non une femme — sert de modèle ; une jeune fille devient mère — et non une femme — à son tour… une chaîne lourde à porter et combien difficile à briser. J'ai souvent dit à mes amies : « Lorsque je repense à mon enfance, je réalise que je ne me souviens pas de ma mère… comme si elle n'avait pas été là… elle y était pourtant, en tant que mère. » Ai-je senti très tôt que je n'aurais droit qu'à cette partie d'elle-même, ce qui m'aurait frustrée et fait abdiquer ? Je me suis sans doute mise à ne plus la voir, puisque ce n'est pas l'image que je désirais qu'elle me renvoie

---

13. GAVARINI, Françoise, dans DE VILAINE, A. M., L. GAVARINI et M. COADIC. *Maternité en mouvement*, Montréal, Éditions Saint-Martin, 1986, p. 47.

d'elle-même, de moi-même finalement. Quoi qu'il en soit, une chose est certaine : malgré cette grande passion que j'éprouvais pour les enfants, je ne me suis jamais projetée dans l'avenir avec, en tête, ma mère comme modèle. Elle avait pourtant bien des qualités, ma mère : une intelligence vive, un sens de l'humour peu commun, le geste et la pensée raffinés, un courage monstre.

L'étude de Valabrègue montre que bien des femmes sont obnubilées par l'idée qu'elles sont naturellement faites pour enfanter. Quand elles ne le font pas, elles ont tendance à se culpabiliser et à se traiter elles-mêmes de dénaturées. Il faut bien du temps et un extraordinaire et dur retour sur soi-même pour se départir de telles idées. Et si l'*instinct* maternel n'était qu'illusion ? Comme le dit si bien le psychiatre Rabkin, les femmes n'ont pas besoin d'être mères plus qu'elles n'ont besoin de manger des spaghetti. Mais si vous vivez dans un monde qui vous répète sans cesse qu'il est indispensable pour votre survie et votre équilibre de manger des spaghetti, vous finirez par vous en gaver. Bien des femmes croient répondre à un besoin biologique lorsqu'elles sentent le besoin d'avoir un enfant. Elles ne répondent en fait qu'à un besoin psychologique. D'ailleurs, l'enquête que Valabrègue a réalisée prouve bien que le désir d'enfants se rapporte rarement à l'enfant lui-même. Chez les femmes, on désire avoir un enfant pour diverses raisons qui se rapportent d'abord et avant tout à soi-même : justifier son existence, défier la solitude, ressembler aux autres, vivre l'expérience de la grossesse, être aimée inconditionnellement, combler un vide, faire plaisir à son conjoint, etc. Les raisons qui motivent les hommes à vouloir un enfant sont également liées à eux-mêmes : avoir une preuve tangible de l'amour qui les unit à l'autre, avoir une vie de couple stable et sécurisante, vouloir exercer son autorité paternelle, renouer avec sa propre enfance, se rassurer sur sa capacité de procréer, etc. Bien sûr, en donnant le droit à la contraception et à l'avortement, le féminisme a permis à bien des femmes de mieux planifier l'arrivée d'un enfant dans leur vie, mais il n'en demeure pas moins que les raisons pour lesquelles elles désirent en avoir semblent être les mêmes.

Je n'ai pas retrouvé, dans l'ouvrage de Catherine Valabrègue, des répondantes qui auraient prétendu vouloir un enfant par besoin de retrouver l'enfant qu'elles avaient été, à travers leur propre enfant. Pourtant, je suis certaine que bien des femmes doivent choisir, inconsciemment ou non, cette façon de panser leurs blessures d'enfant. Au lieu de retrouver l'enfant qui est toujours présente en elles et qui ne demande qu'à être consolée par l'adulte qui est la mieux placée pour la comprendre, elles choisissent de faire cette démarche auprès de leur propre enfant, comme si elles pouvaient ainsi corriger les erreurs passées. Lorsque je jouais à la poupée, étant petite — et Dieu sait si je l'ai fait! —, que je les baignais, les parfumais, les habillais soigneusement, leur murmurais des mots d'amour et d'encouragement, je crois sincèrement que je m'occupais de moi-même. À partir de ce constat, je suis bien obligée de m'avouer que non seulement j'aurais fait une bien piètre mère mais que devenir mère n'aurait fait qu'amplifier mon manque d'estime de soi et ce sentiment que j'avais de ne pas être aimée pour la personne que j'étais.

Par ailleurs, lorsque je rencontre des jeunes filles, je remarque assez fréquemment que pour elles, le mot «féministe» revêt un caractère plutôt péjoratif.

> J'ai vingt-trois ans et ça m'arrive de parler de féminisme avec ma mère, mais je ne suis pas certaine qu'on s'entende très bien là-dessus. Pour moi, le féminisme, ça ressemble à une bande de femmes frustrées qui déambulent dans les rues en revendiquant agressivement toutes sortes de choses. Moi, je n'ai jamais eu de problèmes avec ça. Je me suis toujours sentie l'égale des gars…

Je crois que ce témoignage plutôt naïf peut tout de même nous permettre de reconnaître que le féminisme a eu le mérite de faire en sorte que certaines jeunes filles de vingt ans se sentent les égales des hommes. Bien sûr, elles apprendront à leurs dépens que nous ne sommes pas au bout de nos peines en ce qui concerne cette question d'égalité, mais je crois que nous avons tout de même fait un pas dans la bonne direction.

En ce début de XXIe siècle, il nous faut reconnaître cette réalité : le féminisme a tenu un discours qui a été perçu par plusieurs comme un discours contre les hommes et contre le couple. Ce phénomène est sans doute fort compréhensible, si nous prenons en considération l'influence que les féministes radicales ont eue sur ce mouvement. De mon côté, le mot « féministe » me colle encore bien à la peau — même s'il est tellement galvaudé — mais j'ai beaucoup de difficulté à l'accoler au mot « radical » bien que je comprenne que l'un ne va pas nécessairement de pair avec l'autre. Certaines féministes radicales vont loin lorsqu'elles affirment haineusement, par exemple, que les bébés garçons sont des violeurs en miniature et qu'elles exigent que les mères cessent d'imposer leur présence aux fillettes qui ont besoin qu'on les protège contre les agressions sexuelles des garçons ! Fort heureusement, un homme ne pourra jamais être tous les hommes. Et je suis de celles qui croient qu'il faut du temps pour changer les choses. Fermement, mais non radicalement !

Bien sûr, lorsque certaines féministes radicales prétendent, par exemple, que dans un système patriarcal comme le nôtre, la femme n'existe qu'en tant qu'épouse et matrice d'un homme pour lequel elle produira, je trouve ça dur ! Mais il y a tout de même une part de vérité dans ces propos. Je me suis souvent sentie prisonnière, dans un système patriarcal comme le nôtre. Et la seule idée d'avoir un enfant amplifiait énormément ce sentiment. J'aurais effectivement eu l'impression de rapetisser un espace vital où il m'était déjà difficile de bien respirer... J'aurais sans doute eu la mauvaise impression de répondre aux attentes de mes geôliers, en quelque sorte. Impression de me soumettre, de m'oublier plus et mieux que jamais, de me perdre de vue, de m'être infidèle. Ces féministes qui refusent de produire pour le compte des hommes sont sans doute, en partie, à l'image de la révolte qui a été la mienne. Elles refusent en somme de se prêter au rôle qu'on a toujours dévolu aux femmes, un rôle qui leur demande exclusivement de materner les autres, exploitant ce qu'elles ont de plus sensible et de plus altruiste en elles. Elles rêvent de créer un monde différent dans lequel elles pourront affirmer chaque fibre de leur être. En cela, je les rejoins mais ne condamne pas d'emblée toute la gent masculine.

De plus en plus de femmes réalisent qu'elles n'ont plus à attendre que le regard d'un homme se porte sur elles pour savoir qui elles sont et ce qu'elles veulent faire de leur vie et d'elles-mêmes. Et plusieurs hommes en sont profondément déstabilisés. Certaines valeurs ont changé et ceux qui ne peuvent pas assumer cette réalité se retrouvent dépourvus et ce, sur différents plans. Combien d'hommes se sentent anéantis lorsque, se retrouvant au chômage, ils n'arrivent plus à se définir de quelque manière que ce soit? Combien d'hommes vivent diverses anxiétés lorsque l'objet de leur amour se met à demander ce qu'il veut au lit? Combien d'hommes se sentent diminués à l'idée d'avoir un salaire moindre que celui de leur compagne?

Bien des femmes ont décidé de ne plus tolérer et surtout, de ne plus subir la manière dont les hommes composent avec leurs relations interpersonnelles, amoureuses et sexuelles. Et ce que ces femmes ne peuvent plus supporter, par-dessus tout, c'est le refus manifesté par plusieurs hommes d'une possible société où les valeurs affectives tiendraient une place de choix. Les hommes qui traversent cette crise de manière positive sont ceux qui, à mon avis, savent avoir recours à leurs composantes féminines.

> J'apprends à être plus à l'écoute des besoins de ma femme, des miens aussi… à partager certaines tâches que je croyais destinées uniquement aux femmes […] Avec la venue de notre enfant, je me laisse aller à plus de démonstrations d'affection et de tendresse, aussi bien avec mon fils qu'avec ma femme. Et c'est devenu très précieux pour moi, parce que j'ai l'impression

de vivre plus pleinement et de faire vivre à ma famille de grandes joies qu'elle n'aurait pas connues autrement… ou du moins avec moi, car je pense que ma femme serait passée à autre chose et avec raison ! J'ai encore des difficultés sur le plan sexuel, mais ça viendra.

Très souvent, j'entends des hommes contrariés me faire ce genre de confidences :

Mais qu'est-ce qu'elles veulent, les femmes ? Ou j'ai l'impression d'être trop rose ou trop blanc ou trop bleu ou… Je ris bien mais je ne trouve pas ça facile. Est-ce qu'il faut que je sois comme elles, que je devienne un macho rose, peut-être ? Ce serait peut-être ça, la solution, en fin de compte, parce que quand je suis macho, je suis trop ceci ou trop cela et quand je ne le suis pas, je suis encore trop ceci ou trop cela. Alors, je ne sais plus…

Des machos roses… Pourquoi pas ? Je remarque souvent, au cours de mes interventions thérapeutiques, que les hommes se situent souvent à l'un ou l'autre de ces deux pôles : l'homme macho figé dans une masculinité conformiste ou l'homme rose figé dans un trop-plein de féminité. Le premier aurait intérêt à aller puiser dans ses composantes féminines et le second, dans ses composantes masculines.

Depuis un certain temps, les hommes ont mal à leur être. Certains vivent leur état dans le déni, d'autres l'occultent. Mais ils sont de plus en plus nombreux à lutter contre ce manque intérieur qui génère en eux beaucoup d'anxiété. Être un homme devrait donner la possibilité d'être à la fois courageux, fort, ferme, chevalier, champion, sensible, vulnérable, sûr de soi ou inquiet. Parce que certaines situations justifient les larmes et que d'autres ne les justifient pas. Parce que certaines situations justifient la force et que d'autres justifient l'abandon. Pouvoir être tout cela avec discernement et sans fausse pudeur, voilà qui serait préférable à l'attitude austère et inflexible que trop d'hommes ont adoptée depuis trop de siècles. Que le doux puisse aller puiser au cœur de son agressivité d'affirmation et que le dur puisse aller puiser dans sa capacité d'abandon et de vulnérabilité. Ce que les femmes demandent aux hommes, c'est de laisser s'exprimer leur être entier, au lieu d'être animés par une seule partie de leur personne : leurs composantes masculines.

Il ne faudrait pas que les femmes demandent aux hommes de leur ressembler. Je ne crois d'ailleurs pas que ce soit la requête d'une femme qui vit en paix avec elle-même, en accord avec sa nature profonde. Pour ma part, je ne leur demande même pas de changer. Je déteste d'ailleurs ce mot. Je préfère dire que je les invite à prendre contact avec ce qui, avant d'être l'apanage d'une femme, est avant tout profondément humain : l'élan du cœur, l'intelligence du cœur, la tendresse du cœur. Avant de penser à se travestir en femmes, je les inviterais plutôt à ôter le masque qu'ils portent depuis des siècles afin que nous puissions déceler, sur leur beau et leur vrai visage, leur cœur d'enfant et celui de l'homme nouveau qu'ils seront enfin devenus.

Des différences à apprivoiser

Depuis environ deux décennies, bien des revues, journaux et livres ont mis l'accent sur les différences qui existent entre les hommes et les femmes. Je crois que trop de ces ouvrages nous ont laissé un sentiment de malaise et d'impuissance, puisque le message semblait être le suivant : « Vous pouvez toujours essayer de vous entendre… à vos risques et périls ! » Mais parallèlement à ce discours, on a également essayé d'édulcorer les différences qui existent entre hommes et femmes. On nous a donc fait parvenir un double message : vous êtes très différents, mais les hommes et les femmes se ressemblent… Je crois qu'en voulant devenir égaux, nous avons tout simplement confondu égalité et similitude.

Les hommes et les femmes sont différents mais, à mon avis, « différence » n'est pas systématiquement synonyme d'*incompatibilité*! En effet, on dit souvent, par exemple, que les femmes sont plus romantiques que les hommes, qu'elles favorisent davantage la sensualité et la communication, qu'elles sont les reines du « bichonnage », etc. Cela semble contrarier bien des hommes, puisque cette réalité — fort bien documentée d'ailleurs — les confronte à ce qui est quelque peu différent de leur manière d'être et d'agir. Mais pourquoi n'essayerions-nous pas de comprendre et d'utiliser cette heureuse différence à bon escient? Je dis bien « heureuse » puisqu'elle l'est, en ce sens qu'elle peut nous permettre de vivre un grand défi, celui d'avoir l'opportunité de nous tourner vers nous-mêmes et vers l'autre afin de partir à la découverte de notre complément. Mais nous redoutons de nous lancer dans cette grande aventure, car si nous le faisons, nous avons l'impression de nous diriger tout droit vers l'inconnu. Et nous n'aimons pas particulièrement ce qui nous est étranger. Lorsque, par exemple, nous empruntons une route pour la première fois, nous ignorons tout d'elle et, par conséquent, nous savons d'instinct qu'elle peut nous réserver bien des surprises, des bonnes comme des mauvaises... Nous prenons alors toutes sortes de moyens pouvant nous garantir un minimum de sécurité. L'être humain est ainsi fait: il a besoin d'être rassuré, car ses instincts de survie et de conservation sont extrêmement forts. Il faut dire également qu'il semble avoir un penchant presque naturel pour la facilité, la loi du moindre effort. Il est toujours plus sécurisant et moins laborieux de s'aventurer en terrain connu: nous avons ainsi le sentiment que nous risquons moins d'être meurtris. C'est sans doute l'une des raisons pour lesquelles certains préfèrent vivre des relations avec des gens qui ne sont, en fait, qu'un reflet de leur propre image. On ne risque évidemment pas beaucoup de passer des heures à se remettre en question avec quelqu'un qui pense comme nous, qui agit comme nous et qui vit comme nous! Alors, si on veut troquer une vie active riche en couleurs contre une vie stagnante en noir et blanc, c'est sans doute le meilleur poste qu'on puisse syntoniser...

Quand le cœur est plein, il faut que les lèvres s'ouvrent. Ces paroles de Hoffmann me reviennent à l'esprit quand je songe à tous ceux qui, le cœur plein d'amour, semblent parfois surpris de ne pas savoir comment exprimer ce bel état d'âme, comment conjuguer avec leurs différences et leurs similitudes respectives. En tant que sexologue clinicienne, je rencontre souvent des femmes et des hommes amoureux qui me posent deux questions bien distinctes. Les hommes, l'air penaud et quelque peu contrarié, me demandent : « Que veut-elle, ma femme, quand on fait l'amour ? » et les femmes, mal à l'aise et quelque peu angoissées, m'interrogent : « Que pourrais-je bien faire pour éprouver plus de plaisir lorsque je fais l'amour ? » Je crois que ces deux questions se complètent fort bien. L'interrogation de ces hommes sous-entend qu'ils ignorent, du moins en partie, ce qui peut rendre leur femme heureuse sexuellement et celle de ces femmes sous-entend, entre autres, qu'elles ne se connaissent pas et qu'elles ne se sentent pas comprises par ceux qui disent les aimer.

Afin de pouvoir mieux nous situer par rapport à ce que nous vivons en tant que femmes, regardons en premier lieu ce qui peut se passer dans la tête et dans le cœur des hommes aux prises avec ce genre de problématique. Nous leur avons souvent reproché d'avoir une sexualité beaucoup plus génitale que la nôtre : « Les gars ne pensent qu'à ça ! Pour eux, le plus important est de savoir si une femme baise bien et si elle est capable de faire une bonne fellation ! » Plusieurs d'entre nous pensent effectivement que les hommes accordent beaucoup d'importance à la dimension génitale de la sexualité et qu'ils y pensent beaucoup plus souvent que nous. Pourtant, nous ne devrions pas nous en étonner car, sur les plans biologique et psychologique, ils sont différents de nous. Les hommes sécrètent de 300 à 1 000 nanogrammes d'androgènes, dont la testostérone, l'hormone par excellence de l'agressivité et du désir sexuel, pendant que nous, les femmes, n'en sécrétons que de 30 à 80 nanogrammes ! À mon avis, c'est un facteur important auquel nous ne nous sommes pas suffisamment arrêtés. Bien sûr, loin de moi l'idée d'affirmer que ce facteur hormonal explique tout.

La femme, par exemple, ressent et vit les stimuli sexuels différemment de l'homme. Cette réalité est due entre autres à son éducation et aux valeurs morales et sociales qui sont reliées à la sexualité. De plus, ses organes génitaux extérieurs (clitoris, orifice vaginal, grandes lèvres et petites lèvres) sont moins extériorisés que ceux de l'homme. Je fais d'ailleurs souvent remarquer aux femmes que même leurs organes génitaux extérieurs sont intérieurs. Dès qu'elle vient au monde, la petite fille connaît au cours de son sommeil une vasocongestion (augmentation du volume du sang dans les parois vaginales) qui provoque chez elle une lubrification vaginale et un gonflement du clitoris. Kinsey rapportait en 1954 qu'il avait pu observer chez une fillette de quatre mois des réactions sexuelles qui allaient jusqu'à l'orgasme. En grandissant, une fillette cherche à retrouver ce plaisir, mais cette recherche est le plus souvent très restreinte puisque ses organes génitaux externes favorisent très peu l'excitation et l'exploration.

Adolescente, elle a peu de stimuli sexuels. Je tiens à signaler ici que l'arrivée de sa puberté est marquée par ses premières menstruations qui, souvent, la font souffrir physiquement, alors que la puberté du garçon est marquée par une éjaculation qui, le plus souvent, lui procure du plaisir. De plus, la fille sécrète très peu de testostérone, peut craindre de vivre une grossesse qu'elle ne désire pas et se censure sexuellement puisque déjà, elle se plie au double standard qui veut qu'une fille « bien » contrôle sa sexualité et fasse figure de madone. Cette réalité a été d'autant plus vraie à l'époque de l'adolescence des baby-boomers. C'est ainsi que jadis, nous avons emprunté le chemin de l'affectivité pour nous rendre à la sexualité. Et comme nous l'avons vu précédemment, nous assumions déjà, en tant que jeunes femmes, un rôle qui faisait tout d'abord appel à notre intériorité affective. Ainsi, nous nous sommes intéressées plus que ne le faisaient les garçons à tout ce qui touchait les échanges de type affectif. Encouragées par notre environnement à ne pas rejoindre les rangs de celles que l'on qualifiait de mauvaises filles ou de putains, nous avons éprouvé de la difficulté à créer et à élaborer des fantasmes qui soient uniquement érotiques et qui, surtout, aient un caractère génital.

Selon Crépault, seulement 35 % des jeunes filles utilisent des fantasmes érotiques pendant qu'elles se masturbent, le scénario de ces fantasmes étant composé de sentimentalité et de romantisme. Or, à la fin de l'adolescence, il n'est pas rare qu'une femme n'ait jamais éprouvé d'orgasme ou qu'elle ignore si ce qu'elle ressent en est un ou non. Évidemment, lorsqu'elle rencontre son premier amant, elle a tendance à lui reprocher son manque de romantisme et à lui dire qu'il ne pense qu'à ça...

Par ailleurs, j'aimerais attirer votre attention sur ce fait : pendant la nuit, nous connaissons deux types de sommeil : le sommeil lent et le sommeil paradoxal. Ce dernier se produit de quatre à cinq fois par nuit et entraîne chez l'homme, aussi bien que chez la femme, des réactions paradoxales. En effet, alors que notre corps est lourd, presque paralysé, nous faisons de l'hyperventilation et nos pulsations cardiaques s'accélèrent. Au cours de ce type de sommeil, l'homme a une érection et la femme, une lubrification. C'est donc dire que l'homme a, pendant la nuit, de quatre à cinq érections qui sont bien visibles alors que la femme a de quatre à cinq lubrifications qui passent inaperçues. Avant les années 1950, on croyait que ce phénomène était l'œuvre des rêves érotiques. Lorsque j'explique ce phénomène aux femmes, certaines d'entre elles sont soulagées, car elles cessent de croire que leur partenaire « ne pense qu'à ça » ou qu'il est « dénaturé »...

Ce phénomène se produit graduellement chez le bébé et s'installe de manière presque définitive vers l'âge de trois ans. À ce jeune âge, le bébé garçon qui connaît des érections et donc, une certaine forme d'excitation, est porté à rechercher une stimulation physique telle qu'un frottement contre sa couche. Le bébé de sexe féminin n'adopte pas le même comportement puisque, comme je viens tout juste de le mentionner, ses organes génitaux externes sont intérieurs. Elle ressent, de ce fait, moins d'excitation puisque son clitoris n'est pas l'objet de stimulations aussi directes. Nous pouvons donc constater que très tôt dans sa vie, le garçon est en contact étroit avec son pénis. Il le touche et le voit chaque fois qu'il va uriner, le sent bouger lorsqu'il marche et qu'il est dévêtu, etc. Il connaît donc un constant rappel à son pénis que, comme nous le savons déjà, il investit pour se différencier de sa mère.

C'est au début de l'adolescence que le désir sexuel commence à s'élaborer chez le garçon. Et le plus souvent, il vit cette expérience à partir de revues, de livres ou de films à caractère érotique et au cours de discussions entre amis. L'érection étant une réaction autant physiologique que psychologique, la masturbation est le comportement le plus manifeste de cet âge. Certains garçons peuvent la pratiquer trois fois par semaine alors que d'autres s'y adonnent plusieurs fois par jour. Quatre-vingt-dix pour cent des garçons connaissent l'orgasme entre douze et vingt ans. Ce premier orgasme est obtenu par la masturbation (66 %), l'éjaculation nocturne (14 %) ou lors de contacts homosexuels (5 %).

La réponse sexuelle de l'homme de vingt ans est souvent très importante. Il a de nombreux et fréquents fantasmes sexuels, éprouve énormément de désir et d'excitation et ses orgasmes sont puissants. À trente ans, la fréquence de ses activités sexuelles commence habituellement à diminuer car son intérêt sexuel se fait moins pressant. Aussi, il éprouve moins de frustration et de contrariété lorsque l'objet de son désir ne répond pas à ses demandes. À quarante ans, le plaisir sexuel qu'il éprouve devient souvent plus voluptueux, sensuel et diffus. C'est donc dire qu'il est moins localisé et intense qu'il l'était dans la vingtaine.

Des différences qui ont mal

Combien de fois ai-je entendu qu'un homme doit passer par le sexe pour donner de l'amour alors qu'une femme doit passer par l'amour pour donner du sexe? Ce genre de propos me fait grincer des dents! Ce que j'entends dans ce genre de réflexion, c'est qu'une femme doit uniquement faire appel à la douceur, à la tendresse et à la soumission pour être en mesure d'avoir une réponse sexuelle adéquate. Comme c'est érotisant! Et que dire des hommes? Que seule l'idée d'avoir un pénis rigide peut les amener à se ramollir psychologiquement? Que l'intimité affective ne peut être bien vécue que par un homme qui a un trouble érectile?

Les hommes et les femmes ont été conditionnés à croire qu'ils devaient correspondre à des modèles qui, aujourd'hui, ont mal à leurs différences. Pouvons-nous être si compartimentés et profiter d'une sexualité heureuse, satisfaisante? Absolument pas. Une multitude de problèmes sexuels observés chez les femmes sont d'ailleurs reliés à ce qu'elles croient qu'on attend d'elles sexuellement.

La socialisation, que ce soit au sein de la famille ou de la société, a toujours été plus permissive, voire encourageante à l'égard des hommes par rapport à leurs performances sexuelles. Je pourrais même ajouter que la société «phallique» dans laquelle nous avons été éduqués a tellement mis l'accent sur le fait qu'un mâle — un vrai! — devait performer et multiplier ses conquêtes que, parmi eux, certains ont tôt fait de focaliser leur énergie sur ce pénis dont la nature les a pourvus et de reléguer aux oubliettes tout ce qui, de près ou de loin, ressemblait aux dentelles et aux fleurs séchées!

Et que dire de nous, les femmes? Notre éducation judéo-chrétienne nous a empreintes de cette dualité madone-antimadone ou vierge-putain: d'un côté, les femmes sans taches qu'on peut respecter et aimer; de l'autre, les femmes impures dont on se sert et qu'on rejette. Pas étonnant que celles qui préfèrent appartenir à la première catégorie se gardent bien de s'exprimer sexuellement. N'a-t-on pas associé le sexe au péché, surtout en ce qui les concerne?

J'aurais envie de vous dire: «Arrêtez d'être des vraies filles!», mais je le dis avec humour car si je le disais sérieusement, cela traduirait fort mal ma pensée. Soyez plutôt des femmes à part entière. Donnez-vous le droit d'aller chercher en vous certaines composantes que l'on dit plus masculines, telles que l'agressivité d'affirmation. Ne demandez-vous pas aux hommes de faire preuve de plus de tendresse, d'aller puiser en eux certains comportements que l'on dit plus féminins, eux qui ont été conditionnés à s'endurcir et à performer ? Cessez de croire, lorsque vous avez une relation sexuelle, qu'un homme peut tout deviner par amour. Osez développer le côté plus génital de votre sexualité, et ce, sans perdre de vue son côté affectif qui vous touche tant. Faites-vous la complice d'un homme qui manifeste le désir de s'ouvrir davantage, de laisser parler ses sentiments, ses émotions et son humilité, d'un homme qui peut comprendre que performer n'équivaut pas nécessairement à maintenir une érection pendant des heures et que se rapprocher ne signifie pas qu'on sera inévitablement envahi.

Les hommes et les femmes sont différents. Et je crois que ce faisant, la nature a été bien altruiste à notre égard, en ce sens que c'est précisément lorsque nous sommes confrontés à ce qui est différent de nous que nous pouvons faire taire cet ego si souvent hypertrophié qui nous habite pour laisser parler le peu d'humilité que nous possédons. Le fait que chacun d'entre nous soit un être unique nous offre une belle opportunité : celle de nous remettre en question pour mieux réaliser qu'il peut exister d'autres formes d'intelligence, de pensée et d'émotions que les nôtres et que nous pouvons nous enrichir à partir d'elles. Et puis, être différent ne signifie pas qu'on soit meilleur ou pire, cela signifie tout simplement que l'on est différent. Ce qui nous donne la merveilleuse possibilité de partir à la découverte d'un monde qui peut nous apprendre beaucoup sur nous-mêmes et nous ouvrir des horizons nouveaux.

Questions de réflexion

Les questions qui suivent vous permettront, je l'espère, de mieux comprendre pourquoi et en quoi vous êtes différent de l'autre et surtout, de quelle manière vous pourriez apprendre à mieux conjuguer ces différences respectives.

Si vous êtes un homme :
- Qu'est-ce qui semblait être le plus important pour votre père dans la vie ?
- Quelle était sa philosophie ?
- Qu'avez-vous appris de votre père pour réussir dans la vie ?

- Dans quel domaine de votre vie avez-vous le sentiment de vous réaliser le plus et le mieux ? Pour quelles raisons ?
- Le sentiment de ne pas avoir pu relever un défi vous amène-t-il d'emblée à vous mépriser ?
- Que ressentez-vous lorsque vous avez le sentiment de ne pas pouvoir contrôler une situation ?
- Avez-vous beaucoup de réticence à l'idée d'accomplir des tâches ménagères ?

- Que ressentez-vous quand vous songez à l'éventualité d'un engagement sérieux sur le plan amoureux ?
- Vous sentez-vous à l'aise de laisser parler votre intuition et de l'écouter ?
- Vous sentez-vous certaines aptitudes à partir à la découverte de ce qui est différent de vous ? Que ressentez-vous à cette idée ?
- Avez-vous le sentiment de vous livrer à un jeu de pouvoir avec l'autre sexe ?
- Que ressentez-vous lorsque vous vivez une telle dynamique ?
- Qu'espérez-vous en retirer ?
- Quels besoins cette situation vous permet-elle de combler, pour vous-même ?
- Croyez-vous adopter une position souple ou rigide ? Pour quelles raisons ?
- Avez-vous tendance à projeter vos propres problèmes sur l'autre ?
- Votre partenaire reflète-t-elle certaines émotions (haine, peur, colère) que vous avez et contre lesquelles vous vous défendez ?

- Enfant, sentiez-vous vos parents à l'aise de parler de sexualité ?
- Le faisaient-ils de manière positive ?
- Étaient-ils à l'aise d'échanger des gestes de tendresse et d'affection devant vous ?
- Quelles étaient les idées, croyances et messages véhiculés par votre père en ce qui concerne la sexualité ? Par votre mère ?
- Comment votre père réagissait-il lorsqu'une discussion portait sur la sexualité ? Qu'en disait-il ? Que disait-il des hommes à ce sujet ? Que disait-il des femmes ? Pour quelles raisons ?
- Comment votre mère réagissait-elle lorsqu'une discussion portait sur la sexualité ? Qu'en disait-elle ? Que disait-elle des hommes à ce sujet ? Que disait-elle des femmes ? Pour quelles raisons ?

- Quels sont vos besoins lorsque vous faites l'amour ?
- Quelles attentes votre partenaire a-t-elle envers vous lorsque vous faites l'amour ?
- Avez-vous vérifié auprès d'elle si ces attentes étaient bien les siennes ?
- En quoi, selon vous, un homme peut-il être différent d'une femme sur le plan sexuel ? Pour quelles raisons ?

Si vous êtes une femme :
- Lorsque vous étiez une enfant, à quels genres d'activités votre mère se prêtait-elle ?
- Vous semblait-elle heureuse, sereine et comblée au sein de ces activités ?
- Que pensez-vous du modèle qu'elle vous présentait en tant que femme ? En tant que mère ?

- Que ressentiez-vous à l'idée de lui ressembler ?
- À quelles activités vous demandait-on de vous livrer à la maison ?

- Auriez-vous préféré faire autre chose ? Pour quelles raisons ?
- Avez-vous des frères ? Si oui, vous est-il déjà arrivé de les envier ? En quoi et pour quelles raisons ?

- Croyez-vous détenir un certain pouvoir en tant que femme ? Si oui, lequel ?
- Lorsque vous faites une activité que l'on dit plus masculine, en quoi et de quelle manière cette activité vous rejoint-elle ?
- Avez-vous le sentiment de faire des choses qui vous ressemblent et vous rejoignent dans la vie ? Pour quelles raisons ?
- Avez-vous des enfants ? Si oui, pour quelles raisons les avez-vous eus et dans quelle mesure briment-ils votre liberté ? Sinon, pour quelles raisons n'en avez-vous pas eu ?
- Vous sentez-vous à la hauteur en tant que mère ? En tant que femme ? Dans votre vie professionnelle ? Pour quelles raisons ?

- Dans quel domaine de votre vie avez-vous le sentiment de vous réaliser le plus et le mieux ? Pour quelles raisons ?
- Êtes-vous angoissée à l'idée de mener à bien un projet, et ce, quel qu'il soit ? Pour quelles raisons ?
- Que ressentez-vous lorsque vous avez le sentiment d'être contrôlée ?
- Que ressentez-vous quand vous songez à l'éventualité d'un engagement sérieux sur le plan amoureux ?
- Vous sentez-vous certaines aptitudes à partir à la découverte de ce qui est différent de vous ? Que ressentez-vous à cette idée ?
- En quoi, selon vous, un homme peut-il être différent d'une femme ?
- Avez-vous le sentiment de vous livrer à un jeu de pouvoir avec l'autre sexe ?
- Que ressentez-vous lorsque vous vivez une telle dynamique ?
- Qu'espérez-vous en retirer ?
- Quels besoins cette situation vous permet-elle de combler, pour vous-même ?

- Croyez-vous adopter une position souple ou rigide ? Pour quelles raisons ?
- Avez-vous tendance à projeter vos propres problèmes sur l'autre ?
- Votre partenaire reflète-t-il certaines émotions (haine, peur, colère) que vous avez et contre lesquelles vous vous défendez ?

- En quoi, selon vous, un homme peut-il être différent d'une femme, sur le plan sexuel ? Pour quelles raisons ?
- Quels sont vos besoins lorsque vous faites l'amour ?
- Quelles attentes votre partenaire a-t-il envers vous lorsque vous faites l'amour ?
- Avez-vous vérifié auprès de lui si ces attentes étaient bien les siennes ?

- Enfant, sentiez-vous vos parents à l'aise de parler de sexualité ?
- Le faisaient-ils de manière positive ?
- Étaient-ils à l'aise d'échanger des gestes de tendresse et d'affection devant vous ?
- Quelles étaient les idées, croyances et messages véhiculés par votre père en ce qui concerne la sexualité ? Par votre mère ?
- Comment votre père réagissait-il lorsqu'une discussion portait sur la sexualité ? Qu'en disait-il ? Que disait-il des hommes à ce sujet ? Que disait-il des femmes ? Pour quelles raisons ?
- Comment votre mère réagissait-elle lorsqu'une discussion portait sur la sexualité ? Qu'en disait-elle ? Que disait-elle des hommes à ce sujet ? Que disait-elle des femmes ? Pour quelles raisons ?

CHAPITRE 7

Pardonner pour se libérer

> Ce que les hommes vous pardonnent le moins,
> c'est le mal qu'ils ont dit de vous.
>
> ANDRÉ MAUROIS

Partir objectivement à la découverte de l'autre afin de vous diriger vers un amour véritable ne peut se faire, à mon avis, que si vous acceptez de vous engager dans un processus qui vous donnera la merveilleuse opportunité de faire taire le ressentiment et la haine que, bien souvent, vous portez en vous depuis l'enfance et que vous projetez sur un(e) partenaire. Lors d'une première rencontre avec certains patients, une souffrance qui les enchaîne à leur passé me saute toujours aux yeux. Dans la majorité des cas, elle est due à un père et/ou une mère qui les ont mal aimés. Pour se libérer de cette douleur et se réconcilier avec eux-mêmes, je suis convaincue qu'ils doivent absolument jumeler leur cœur au pardon. Un pardon qu'ils doivent s'accorder à eux-mêmes et à l'autre.

L'homme : ce grand offenseur

Bien des femmes qui me consultent me donnent l'impression de voir les hommes comme s'ils étaient de grands offenseurs. Je dirais même que parfois, elles les massacrent littéralement, quand elles ne tombent pas dans une ironie qui dépeint une philosophie de vie plutôt triste. Je me souviens du jour où, assise devant mon téléviseur, j'avais quelque peu souri en écoutant la sexologue et animatrice Louise-Andrée Saulnier nous lire la lettre d'une auditrice anonyme :

> Les hommes sont de beaux parleurs quand vient le temps d'expliquer qu'ils adorent faire l'amour, qu'ils raffolent des nouvelles positions, qu'ils sont incapables de résister à l'attrait de courbes sensuelles savamment suggérées par des atours érotiques. C'est tout ce dont ils semblent capables car, quand vient le temps d'en faire la démonstration, on a plus de chances d'émouvoir un congélateur qu'un mari. Avec, pour résultat, des femmes très instruites ou spécialistes du crochet et de l'aiguille à tricoter. Ne vous étonnez donc pas, messieurs, que les clubs de macramé soient si populaires, vous ne nous avez guère laissé le choix ! Vient pourtant un temps où même le macramé, si passionnante que soit cette activité, ne suffit plus à meubler de trop longues heures de loisirs. Évidemment, la masturbation a aussi ses avantages et, en dernier recours, c'est la solution idéale. Mais étrangement, il vous faut sauver les apparences, même pour pratiquer cette activité. Vous ne vous imaginez pas à quel point monsieur serait vexé de voir qu'on sait fort bien...

S'aimer pour mieux aimer

Je crois que plusieurs d'entre nous ont rêvé, un jour ou l'autre, d'exprimer ce genre de griefs aux hommes. Moi, la première ! J'avais sans doute le cœur rempli de haine et de ressentiment à force d'avoir l'impression de ne pas pouvoir les rejoindre, une faiblesse que j'essayais de pallier par tous les moyens : je me faisais tantôt trop gentille et compréhensive, tantôt distante et inaccessible, partagée comme je l'étais entre mon grand besoin de donner et celui de recevoir. Avec toujours en tête cette angoissante question : pourquoi suis-je incapable de les comprendre, de me faire aimer d'eux, de les rejoindre ? Jusqu'au jour où cette réponse m'est enfin apparue clairement : « Parce que tu ne te comprends pas toi-même, parce que tu ne t'aimes pas toi-même et parce que tu ne te rejoins pas toi-même. Tu ne peux donc pas connaître tes propres besoins et, surtout, tu ne peux certainement pas attirer à toi ceux qui connaissent les leurs. Et puis, un homme ne sera jamais tous les hommes ! »

Si vous lancez une balle de ping-pong sur un mur, il vous reviendra toujours une balle de ping-pong entre les mains. Pas un ballon de football ! Il se peut, bien sûr, que cette balle dévie de sa trajectoire et que vous la perdiez de vue, mais si vous la cherchez dans la bonne direction en étant convaincu que vous la retrouverez, il y a de fortes chances pour que vous l'aperceviez. Et c'est en partant de ce principe que je me suis alors posé cette question : « Qu'est-ce que tu lances autour de toi ? L'image d'une femme sereine, en paix avec elle-même ? » Je fus bien obligée d'admettre qu'il n'en était rien et que par conséquent, je ne pouvais pas attirer à moi l'homme qui avait fait une certaine démarche intérieure, cet homme que, depuis longtemps, j'espérais rencontrer.

S'attribuer du pouvoir

Je dus également reconnaître qu'une certaine forme de haine m'habitait, qu'elle me faisait souffrir et qu'elle jouait contre moi. J'eus alors à choisir entre deux attitudes à adopter : m'écraser sous le poids de ma douleur ou passer à l'action et faire de cette douleur un moteur qui me permettrait d'avancer, tout en étant habitée par une pensée plus positive. C'est précisément à ce moment-là que je réalisai à quel point il m'était facile, comme bien d'autres femmes, de jouer les victimes en amour. Et cet état d'esprit me conduisit à me conscientiser à tout ce pouvoir que nous, les femmes, réclamons à cor et à cri depuis des décennies :

pouvoir d'être reconnues pour ce que nous sommes, pouvoir d'éprouver du plaisir et de le dire, pouvoir de gagner un salaire égal à celui de l'homme, pouvoir de marcher dans la rue sans nous faire attaquer... Bref, pour m'octroyer ces pouvoirs, je me dis alors que je devais peut-être commencer par ce qui me semblait être le commencement : refuser de me voir et de me considérer comme une victime. En agissant ainsi, je m'attribuais un pouvoir.

Nous pouvons être victimes d'un événement, car nous ne pouvons pas tout contrôler en ce bas monde, mais c'est notre façon de réagir qui peut donner un sens positif à notre vie et faire de nous des gagnants. L'être humain a souvent tendance à partir du principe que la vie devrait être facile, un peu comme si tout lui était dû. Lorsqu'un malheur lui arrive, il se plaint et maudit le sort. Lorsqu'une grande joie le rejoint, c'est comme si cela allait de soi... Si nous partions plutôt du principe que la vie est difficile, nous serions mieux armés et préparés pour affronter les coups durs et nous éprouverions plus de reconnaissance et d'émerveillement lorsque la vie nous fait un cadeau. Et ces cadeaux ne nous tombent pas du ciel ! Ils sont souvent le fruit d'un travail de longue haleine qui suppose qu'on a choisi de faire une certaine introspection pour être en mesure de s'ouvrir d'abord à soi-même, puis aux autres.

Une haine acquise

Je décidai donc fermement de découvrir les origines de cette haine que je trimballais avec moi depuis si longtemps. Un jour que je regardais le film *Entre ciel et terre* d'Oliver Stone, je fus très émue par une voix féminine et sensible qui récitait ce texte : « Le chemin qui conduit au nirvana est, d'un côté, fleuri et sécurisant mais de l'autre, étroit et rempli d'embûches. Mais si tu n'avances que les jours de soleil, tu n'atteindras jamais ta destination. Nous avons du temps en abondance et l'éternité pour répéter les mêmes erreurs, mais il nous suffit de nous corriger de nos fautes une seule petite fois pour entendre le chant de la connaissance et rompre à jamais la chaîne de la vengeance. Tu peux l'entendre ce chant, en ce moment même. L'âme l'entoure dans ton cœur depuis ta naissance. » Les mots *l'âme l'entoure dans ton cœur depuis ta naissance* me firent frémir. Je crois qu'ils réveillèrent en moi ce que je n'avais jamais voulu m'avouer véritablement. En effet, à trente ans, j'avais lu Daco, Freud et bien d'autres, pour qu'ils puissent m'éclairer sur ces traces indélébiles que mon enfance semblait avoir laissées en moi. Pourtant, j'avais l'impression de tourner en rond comme si « comprendre » n'était pas suffisant, comme si cette situation me ramenait uniquement à ce qu'il y avait de rationnel chez moi. J'avais beau « raisonner », une boule demeurait pourtant coincée au fond de ma gorge. Mais après avoir vu ce film, quelque chose en moi éclata et je me criai : « Arrête ! On le sait que ton père et ta mère n'ont pas vu ceci ou cela, qu'ils auraient dû faire ceci ou cela. Ça fait des années que tu répètes la même chanson et qu'est-ce que ça a changé ? Vas-tu enfin te décider à t'avouer que ça t'a fait mal, que cette douleur a fait naître en toi un ressentiment qui t'étouffe, qui t'empoisonne la vie ? Tes parents, ce sont eux et toi, c'est toi. Alors TOI, qu'est-ce que tu fais maintenant ? »

Oser regarder ses émotions

Le plus ardu débuta alors pour moi : oser regarder mes émotions, les palper, les prendre pour ce qu'elles étaient et les apprivoiser. Comme c'était la petite fille en moi qui avait eu mal, j'allai retrouver cette petite fille, en pensée. L'adulte que j'étais devenue alla la rejoindre dans ce garde-robe où elle se cachait lorsqu'elle avait peur et elle lui dit ce qu'elle aurait alors aimé entendre à l'âge de cinq ans, pour ne plus avoir ce sentiment d'être abandonnée. Étant celle qui la connaissait le mieux, je crus que j'étais celle qui pouvait vraiment l'atteindre et la guérir. Et j'ai eu raison. À force d'aller la retrouver dans sa cachette pour la bercer tendrement et lui dire que sa douleur était compréhensible, je finis par la convaincre qu'elle était belle, sensible, intelligente et qu'elle méritait tout l'amour du monde ! Je ne prétends pas ici que le travail est terminé, mais pourquoi le serait-il? Ma vie serait certainement terne si je n'avais pas encore quelques démarches à faire pour mieux me rejoindre... Et lorsque cette petite fille a non pas compris, mais RESSENTI qu'elle était vraiment grande, son ressentiment et sa colère se sont tus. Son nouvel état d'âme me permit alors de jeter un regard plus souple sur les comportements que ses parents avaient adoptés à son endroit. C'est ainsi que, tranquillement, l'adulte que je suis put se diriger vers le pardon.

Le pardon

Le pardon s'apprivoise avant de se vivre. Il ne peut pas reposer sur une simple question de bonne volonté, mais sur tout un processus existentiel par lequel nous devons passer:
- Reconnaître que le ressentiment et la haine nous sont nuisibles.
- Reconnaître sa blessure et sa souffrance intérieures.
- Accepter d'identifier et de se rappeler la personne et le geste offensants et en parler.
- Accepter d'identifier les conséquences négatives de ce geste sur sa vie.
- Se donner le droit d'exprimer sa colère.
- Accueillir les émotions que la colère suscite en soi.
- Améliorer son estime de soi et accepter l'idée que l'on puisse mériter le pardon.
- Accepter de se pardonner à soi-même.
- Entreprendre une démarche de compréhension envers son offenseur.
- Porter un regard différent sur son offenseur.
- Accorder son pardon

Pardon et intimité

L'intimité, de Gilberte Montigny, pose une intéressante question qui m'a amenée à faire un lien avec le pardon: qui suis-je? Selon l'auteur, cette question exige que vous vous y attardiez si vous voulez être capable de développer une intimité avec l'autre. L'identité est un préalable à l'intimité : être capable d'être libre d'être, être capable de l'exprimer à l'autre et être capable de recevoir de l'autre ce qu'il est. S'ouvrir et se raconter, écouter activement l'autre et le laisser libre d'exprimer ce qu'il ressent est souvent une expérience que nous ne parvenons pas à vivre. Il est plus facile de se taire, de se cacher car, bien sûr, nous voulons nous protéger, mais aussi parce que souvent, nous ne sommes pas écoutés, entendus pour ce que nous sommes. Cependant, être capable de vivre une intimité, c'est également être capable de constater que l'autre ne nous blesse pas intentionnellement. C'est donc croire en sa bonté, en sa bonne foi. Être capable d'intimité, c'est d'abord et avant tout être capable de s'abandonner dans la confiance, confiance en soi et en l'autre. Or, comment pourriez-vous croire en la bonté, en la bonne foi de l'autre si vous traînez avec vous des années de ressentiment, de haine et de colère envers vos premiers offenseurs ? Je crois que pour être capable de vivre une telle confiance avec l'autre, il faut avoir déjà traversé un processus de pardon avec ceux qui, auparavant, nous ont blessés. Le plus souvent, ce sont nos parents. Tel que nous l'avons vu, comprendre les scénarios amoureux que nous répétons est une chose. Les changer en est une autre. Et ce changement ne peut se faire, à mon avis, que si nous faisons un travail d'analyse sur nous-mêmes qui nous permet, entre autres, de nous diriger vers le pardon.

Comprendre… de la tête et du cœur

Se diriger vers le pardon est une démarche qui prend du temps, de la volonté, de l'humilité et surtout, beaucoup d'amour. J'entends ici par « amour » cet élan du cœur empreint d'énergie positive et d'émerveillement qui a le pouvoir de nous libérer de la haine, de la colère et du ressentiment. Donc, croyez-vous en l'amour ? Si vous pouvez répondre à cette question par l'affirmative, vous pouvez pardonner car le pardon est essentiellement amour. Pour Jacques Ellul, le « pardon suppose une grande force de celui qui pardonne pour ne pas en faire un instrument de domination [...] et de plus suppose une force qui dépasse toute offense mais il s'agit de la Toute-Puissance de l'Amour, car seule la Toute-Puissance de l'Amour peut vouloir cette limitation de la Puissance même[14] ». Le pardon demande donc une grandeur d'âme.

En philosophie, il s'explique par cette capacité à aimer, mais également par une compréhension rationnelle des agissements de la personne qui vous a blessé. En fait, le pardon demande autant de cœur que d'intelligence. En effet, si vous ne voulez pas savoir pourquoi cette dernière vous a infligé cette peine, si vous n'essayez pas de comprendre les causes qui sont à la source de son geste, vous ne pouvez pas pardonner.

Pardon et oubli

> Ça ne m'intéresse pas de parler de mon père qui est mort. De toute façon, je ne sais pas si j'aurais tant de choses à dire à son sujet [...] C'est du passé et le passé, c'est passé, il faut l'oublier. À quoi bon remuer toute cette merde-là ? C'est vrai qu'il m'a beaucoup marqué, mais j'ai enterré ça avec lui, je ne lui en veux pas tant que ça [...] À vingt ans, je l'aurais bien tué mais là, c'est correct, je lui ai pardonné.

L'oubli n'est pas synonyme de pardon. Il est même très contraire à cette vertu, puisque cette dernière exige que nous fassions appel à notre mémoire, que nous nous rappelions certains événements qui nous ont meurtris. Je constate souvent que bien des gens disent avoir pardonné alors qu'en fait ils se sont anesthésiés pour ne pas avoir à écouter la souffrance qu'ils éprouveraient en

---

14. ELLUL, Jacques. Dans *Le pardon : briser la dette et l'oubli,* sous la direction de Olivier Abel, Paris, Éditions Autrement, 1991, p. 142.

se rappelant des situations pénibles. Pourtant, ni le temps ni le refoulement ne peuvent réussir à éteindre complètement une grande peine. Ils contribuent à faire de nous de petites bombes à retardement qui ne demandent qu'à exploser, sous le poids d'une colère, d'une vengeance trop longtemps retenues. D'ailleurs, lorsqu'une blessure prend le chemin de notre inconscient, elle ouvre la voie à un ressentiment qui, à son tour, ouvre souvent la voie à une pléiade de problèmes psychosomatiques.

Ressentiment et maladies

La maladie guette les grands blessés du cœur qui sont de nature passive. Certaines cliniques médicales où l'on soigne des cancéreux exigent même de leurs patients qu'ils aient entamé un processus de pardon envers eux-mêmes et envers ceux qui les ont blessés avant de commencer une chimiothérapie. Ces cliniques adoptent ce genre de politique parce que leur expérience leur a prouvé que le traitement ne donne pas de bons résultats lorsqu'un patient est habité par le ressentiment, la haine et la vengeance. Quant à eux, les grands blessés du cœur de nature agressive mettent un certain acharnement à s'attaquer à la personne qui les a offensés afin de lui faire porter une partie du poids de leur peine, et ce, dans le but d'alléger une partie de la leur.

> Je le fais suer ? Et puis quoi ? Il ne payera jamais assez pour le mal qu'il m'a fait. Il n'aura jamais assez de sa vie pour réparer le tort qu'il m'a causé, à moi, sa supposée fille. Je suis encore bien bonne de ne pas le faire payer plus que ça. Il devrait me remercier !

C'est ainsi que certaines personnes refusent de faire un retour sur elles-mêmes pour se libérer de leur peine et en guérir.

De la colère au pardon

Bien sûr, la colère est légitime, normale et même thérapeutique dans un premier temps, car elle est souvent proportionnelle à la blessure qui nous habite, avec laquelle nous devons prendre contact si nous voulons guérir. Elle est même préférable à la fuite que certains choisissent pour s'empêcher de souffrir. Comme l'écrit la psychanalyste Alice Miller, le véritable pardon ne peut pas passer à côté de la colère. Il doit plutôt passer par elle.

Nous avons si peur de souffrir ! Cela m'apparaît légitime, car je ne crois pas que la conscience à l'état pur soit faite pour avoir mal. Si ma vision des choses n'avait pas cette couleur, je ne passerais pas le plus clair de mon temps, en tant que thérapeute, à éprouver le profond désir d'alléger la souffrance de ceux qui me consultent. Mais chaque fois que je suis confrontée à la douleur, je me dis que chacun doit pouvoir lui donner un sens, pour être en mesure de composer avec elle et qu'ainsi, elle serve à quelque chose de positif. Qu'elle soit morale et/ou physique, la souffrance peut nous révéler beaucoup sur notre être, mais à la condition que nous soyons prêts à faire un retour sur nous-mêmes. Si nous ne le sommes pas, nous ne pouvons pas l'inviter à prendre contact avec nous dans le but de discuter avec elle. Une discussion que nous ne devons d'ailleurs jamais nous imposer ou nous faire imposer car, parfois, la douleur que nous éprouvons est tellement grande qu'elle nous anesthésie, ce qui rend tous pourparlers avec elle biaisé, voire impossible. Il vaut mieux alors qu'elle perde de son emprise sur notre âme.

Le pardon requiert donc que nous ayons à cœur de comprendre l'autre. Cependant, tant et aussi longtemps que nous refusons d'admettre notre douleur et tant et aussi longtemps que nous sommes emprisonnés par elle, nous ne pouvons pas comprendre l'autre. La douleur étant quelque chose de concret, de bien vivant, nous devons nous guérir d'elle avant d'entreprendre tout processus de compréhension envers l'autre. Si nous ne le faisons pas, nous sommes tellement envahis par cette douleur que nous ne pouvons pas avoir une compréhension juste et objective de la personne et des événements qui nous ont blessés.

À quoi bon chercher un coupable ?

En m'engageant dans ce processus de pardon, j'ai donc compris qu'il est faux de prétendre que nous avons toujours le libre choix dans la vie, et que ceux qui ne l'ont pas compris doivent être nécessairement jugés et punis. On imagine toujours que les comportements des êtres humains reposent sur la liberté qu'ils ont de faire des choix, sur une liberté qu'ils ont d'avoir de la volonté. Or, je crois que nous nous leurrons lorsque nous adoptons une telle philosophie. Lorsque nous l'adoptons, nous devrions peut-être nous poser ce genre de questions : pourquoi et à qui ai-je fait du tort dans ma vie ? L'ai-je toujours fait de manière intentionnelle, délibérée ? Nous avons souvent les pieds et poings liés par tout un apprentissage qui nous suit comme notre ombre, et ce, depuis que nous sommes hauts comme trois pommes. Mes parents et les vôtres n'ont pas échappé à cette règle. À plus forte raison si l'on songe qu'à leur époque, très peu d'information était transmise sur la psychologie de l'être humain. J'ai reproché tant de choses à mes parents… mais eux, à qui pourraient-ils reprocher de ne pas avoir pu donner ce qu'ils n'avaient pas reçu ? Qui pourraient-ils blâmer pour ne pas avoir reçu suffisamment d'amour et de tendresse ? Leurs propres parents ? Et leurs propres parents, qui pourraient-ils blâmer ? Et vos enfants, que pourraient-ils vous reprocher ?

Pourquoi devrais-je pardonner ?

En étant habitée par un nouvel état d'âme, je pus me tourner vers ce qui fut, pour moi, le début d'une bienheureuse métamorphose : le pardon. Je ne dis pas qu'un comportement est toujours acceptable en lui-même, je dis simplement qu'au lieu de condamner, nous devrions essayer de comprendre d'où vient un être humain pour comprendre que si nous avions été formés comme lui, nous aurions peut-être fait de même. Qui sommes-nous pour juger du stade d'évolution auquel devrait être rendu un autre être humain ?

La plupart d'entre nous n'ont pas le pardon facile : « Pourquoi devrais-je pardonner ? » me suis-je souvent fait demander. Chaque fois, je réponds : « Parce que c'est plus facile de vivre en arrêtant de haïr, que de vivre en continuant à haïr. » En pardonnant, c'est à moi que je fais d'abord le plus grand bien. Haïr demande une énergie peu commune, une énergie que nous dépensons à des fins destructives. Pendant ce temps, nous ne l'employons pas à des fins plus utiles et heureuses. Si seulement certains pouvaient prendre conscience de ce que le ressentiment a comme effet négatif sur leur santé psychologique et physique ! Nous parlons aisément des effets négatifs que la cigarette ou une mauvaise alimentation peuvent avoir sur nous, mais nous oublions les ravages du stress sur l'être humain.

> [...] j'enrage quand j'entends parler d'abus sexuel, de viol [...] Je les passerais tous à la chambre à gaz, ces espèces de malades [...] Vous voulez dire qu'il faudrait tout pardonner ? Le viol d'un enfant de deux ans ? Moi, je ne pourrai jamais faire ça, c'est trop dégueulasse de…

En fait, on ne pardonne pas à l'autre pour le laver de ses fautes, car certains comportements demeureront toujours inacceptables. C'est le péché que l'on condamne, pas le pécheur. Un pécheur avec lequel on pourra décider de renouer ou non, car pardonner ne signifie aucunement que l'autre représente quelque chose de sain et de positif pour nous. Nous pardonnons parce que nous nous aimons suffisamment pour faire ce geste d'amour envers nous-mêmes, puisqu'il nous apportera plus de paix intérieure. D'ailleurs, le plus grand et le plus beau pardon est celui que nous nous accordons à nous-mêmes.

Se pardonner

Mais que pourrions-nous tant avoir à nous reprocher lorsque c'est nous qui avons été blessés ? Le meilleur exemple que je puisse donner, en ce qui concerne cette question qui m'est si souvent posée, est celui des femmes qui ont été victimes d'abus sexuels. Au cours de leur thérapie, elles réalisent et admettent qu'elles se sont senties souillées, honteuses et coupables. En fait, lorsqu'un agresseur nous blesse à ce point, il entre en nous, fait partie de nous et ce qu'il a semé de craintes, de sentiments négatifs et de mal en nous continue à faire son œuvre malgré la distance et le temps. À une autre échelle, lorsqu'une petite fille reçoit, par l'indifférence de son père, le message qu'elle n'est pas aimable, des sentiments tels que la honte d'elle-même et la culpabilité peuvent l'habiter. Elle grandira donc avec ces sentiments qu'elle aura amplifiés, qui lui auront empoisonné la vie, et elle aura ce genre de réaction :

> Au fond, c'est moi qui l'ai cru. C'est ma faute si je n'ai pas réussi à me départir de ce sentiment de ne pas être quelqu'un qu'on peut aimer [...] Je n'aurais pas dû accorder tant d'importance au fait que mon père n'ait jamais été là, qu'il ne m'ait jamais regardée comme quelqu'un de bien.

Enfant, cette femme a donc intégré ce père offenseur en elle. Elle doit donc entreprendre une démarche pour guérir ce père qui vit à l'intérieur d'elle. Pour y parvenir, elle devra essayer de le comprendre. En fait, plus l'image de l'offenseur que nous portons en nous est négative, plus ce qui fait partie de nous par rapport à cet offenseur est négatif. Si nous tentons de comprendre ce que cet offenseur peut être en tant qu'être humain, ce qu'il a vécu au cours de sa vie et les raisons qui ont motivé son geste, cette démarche peut aider à rendre moins négative l'image que nous avons de lui et par conséquent, elle peut rendre moins négatif ce qui vit à l'intérieur de nous. En comprenant mieux notre offenseur, nous nous comprenons mieux.

Le jour où nous ne souhaitons plus aucun mal à ceux qui nous ont blessés, le jour où nous avons le sentiment de pouvoir conserver notre paix intérieure en pensant à eux, c'est que nous avons été capables d'emprunter le chemin du pardon.

Exercices

Nous avons vu qu'il était utopique de croire que vous puissiez croire en la bonté, en la bonne foi de l'autre, si vous traînez avec vous des années de ressentiment, de haine et de colère envers vos premiers offenseurs qui, le plus souvent, sont votre père et/ou votre mère. Le but de cet exercice est donc de vous diriger vers le pardon, en ce qui les concerne. Pour simplifier cet exercice, je prendrai le père comme exemple, mais il pourrait tout aussi bien s'agir de la mère.

Dans un premier temps, séparez une feuille en quatre colonnes :
1) Écrivez le nom de la personne qui vous a blessé(e), soit votre père.
2) Décrivez *brièvement* un événement que vous avez vécu avec lui lorsque vous n'étiez qu'un(e) enfant et au cours duquel il vous a beaucoup peiné(e).
3) Écrivez trois sentiments que vous avez ressentis.
4) Écrivez trois raisons pour lesquelles vous avez du ressentiment à son égard.

Relisez votre feuille à quelques reprises et respirez profondément, en gonflant le ventre. Si vous possédez une photographie le représentant, placez-la devant vous. Une mise en garde s'impose cependant : ne vous prêtez à cet exercice qu'après avoir reconnu la haine que vous entretenez à l'égard de votre père comme étant nuisible pour vous. Aussi, choisissez un moment où vous vous sentez suffisamment solide physiquement et moralement pour composer avec les émotions que l'exercice ne manquera pas de soulever en vous. Commencez à écrire uniquement lorsque vous aurez compris et accepté que cet exercice ne vise nullement à démolir votre père mais à vous donner le droit de reconnaître et d'exprimer une douleur que vous avez commencé à ressentir lorsque vous étiez jeune et sans défense, une douleur qui a fait naître en vous des sentiments qui demeurent néfastes aujourd'hui.

Sur une autre feuille, recommencez à écrire en élaborant davantage sur le sujet. Si vous n'aimez pas écrire, parlez plutôt à voix haute. En écrivant ou en parlant, adressez-vous directement à votre père. Répondez alors aux questions suivantes au rythme qu'il vous conviendra. Écoutez-vous et respectez vos limites. Si l'exercice s'avère trop douloureux, octroyez-vous un moment de répit et poursuivez-le quelques heures ou quelques jours plus tard. Si vous avez un(e) ami(e) de confiance, discutez-en ensuite avec lui ou elle, ce qui vous aidera et sera encore plus libérateur :

- Avez-vous de la peine ? Qui est à l'origine de cette peine ?
- Jusqu'à quel point avez-vous mal et pour quelles raisons ?
- Êtes-vous en colère ? Pour quelles raisons ?
- Comment vous sentez-vous à l'idée d'exprimer cette colère ?
- Depuis combien de temps cette colère vous habite-t-elle ?
- Vous êtes-vous donné le droit, jusqu'à ce jour, de ressentir les émotions qui vous habitent et qui se cachent sous cette colère ?
- Qu'est-ce que votre père a bien pu vous dire ou faire pour vous faire tant de peine ?
- Sentez-vous le besoin de pleurer, de crier votre souffrance ? Pour quelles raisons ?

À cette étape-ci, donnez-vous le droit de vivre votre colère, mais de la vivre positivement : prenez de grandes respirations et parlez à votre père en lui répétant à voix haute ce que vous avez écrit ou dit précédemment. Frappez un coussin en vous imaginant qu'il s'agit de lui. Donnez-vous la permission de ressentir toute la rage qui vous habite. Si vous ressentez le besoin de crier, criez. Il se pourrait bien qu'un sentiment tel que la tristesse vous gagne et que vous ressentiez l'envie de pleurer. Essayez de faire taire ce sentiment de tristesse afin d'être en mesure de laisser libre cours à votre sentiment de rage. Lorsque vous aurez l'impression d'être allé(e) au bout de votre rage et d'être épuisé(e) physiquement, allongez-vous, concentrez-vous sur votre respiration, et donnez le temps à votre pouls de reprendre son rythme normal.

2) Poursuivez votre écriture ou parlez-vous à vous-même :
- Votre père a-t-il contribué à ce que vous ayez un manque d'estime pour vous-même ? De quelle manière ?
- Quelles sont, en réalité, vos qualités ? Vos forces ? Vos talents ?

À cette étape-ci, représentez-vous bien mentalement l'événement que vous avez vécu avec votre père et au cours duquel vous vous êtes senti(e) démuni(e), sans ressources et apeuré(e). Allez alors rejoindre, en pensée, l'enfant que vous étiez à cette époque et qui avait de la peine. Imaginez-le bien : où est-il ? que fait-il ? comment est-il habillé, coiffé ? qu'exprime son visage ? Demandez-lui la permission de l'approcher et de lui parler. Apprivoisez-le tout doucement, ce qui pourrait prendre quelques séances. Lorsque vous sentirez que vous avez gagné sa confiance et qu'il accepte d'entrer en contact avec vous, posez-lui des questions telles que : « Veux-tu me dire pourquoi tu pleures ? Qui t'a fait de la peine ? Veux-tu m'en parler ? » Mais avant tout, écoutez-le et suivez votre intuition.

Maintenant, rassurez-le en lui disant, par exemple : « Je te comprends, c'est très difficile ce que tu vis... je pleurerais aussi si j'étais toi mais tu sais, ce n'est pas ta faute, ce n'est pas toi qui es responsable de ce qui t'arrive... » et surtout, faites-lui des compliments, dites-lui les mots qu'il a envie d'entendre pour être rassuré et consolé, car vous les connaissez mieux que personne, ces mots : « Tu es tellement beau (belle), tellement gentil(le)... tu peux me croire, je sais ce que je dis, tu es le plus gentil petit garçon (la plus gentille petite fille) que je connais... » Prenez-le dans vos bras et imaginez que vous le serrez très fort en tenant un objet tel qu'une poupée contre vous.

Lorsque vous aurez le sentiment d'avoir bien franchi cette étape, ce qui signifie que vous l'aurez sans doute fait à quelques

reprises et sur un laps de temps plus ou moins long, reprenez votre écriture ou reprenez votre monologue et répondez à ces questions :
- Ai-je quelque chose à me pardonner ? Pour quelles raisons ?
- Est-ce bon pour moi de vouloir me pardonner ? En quoi est-ce bon ?

Poursuivez votre écriture ou votre réflexion dans l'immédiat ou reprenez-la ultérieurement en vous arrêtant à ces questions :
- Quel genre d'enfance mon père a-t-il eue ?
- A-t-il été entouré d'amour ?
- Était-il heureux, comblé, soutenu, encouragé ?
- Comment son père se comportait-il avec lui ?
- Comment sa mère se comportait-elle avec lui ?
- De quelle manière son enfance a-t-elle pu avoir une influence sur sa vie ? Sur moi ?

Maintenant, faites une liste de ce qui aurait pu manquer à votre père lorsqu'il était un jeune enfant et poursuivez avec ce questionnement :
- Aurait-il pu être différent s'il avait eu une enfance différente ? En quoi aurait-elle pu être différente ?
- Si j'avais été à sa place, aurais-je réagi différemment de lui ? Pour quelles raisons ?
- Qu'est-ce qui m'aurait manqué que je n'aurais pas pu donner à quelqu'un d'autre ?

Cet exercice s'est avéré libérateur pour bien des gens qui me consultent. Cependant, comme je les accompagnais au cours de cette démarche, je vous répète d'être prudent(e) si vous choisissez de la faire seul(e). Donnez-vous du temps entre chacune des étapes à franchir. S'il le faut, prenez des semaines, voire des mois.

Chapitre 8

Une communication non filtrée

> Quand quelqu'un dit : Je me tue à vous le dire !
> Laissez-le mourir !
>
> Jacques Prévert

La toute fin du XXe siècle a vu apparaître un phénomène nouveau : l'ère de la C-O-M-M-U-N-I-C-A-T-I-O-N. Pourtant, il semble que nous manquons de plus en plus d'aptitudes pour entrer en relation avec nous-mêmes et, par conséquent, avec les autres. Nous restons branchés sur notre cellulaire, notre ordinateur, notre téléviseur ou notre radio, mais je crois qu'il serait grand temps que nous puissions faire un pied de nez à notre toute-puissante communication de consommation pour conquérir une communication relationnelle. Mais qu'est-ce au juste qu'une bonne communication relationnelle et sexuelle ? Qu'est-ce qu'une communication sexuelle adéquate avec soi-même ? Ce sont là des questions auxquelles il serait préférable que vous puissiez trouver des réponses. En effet, les hommes et les femmes qui vivent des histoires d'amour malheureuses à répétition connaissent quelques lacunes en regard de la communication qu'ils ont avec eux-mêmes et les autres, et ce, que ce soit sur le plan humain ou sexuel.

Quelques définitions

Le Petit Larousse illustré définit la communication comme étant, entre autres choses, le fait d'entrer en relation avec quelqu'un. D'un point de vue psychologique, il présente la communication comme étant la «transmission de l'information au sein d'un groupe, considérée dans ses rapports avec la structure de ce groupe».

Dans une perspective psychologique, Roger Mucchielli nous dit, en se référant à Marie-Aimée Guilhot, que la communication conjugale authentique amène de la *transparence* et de la *clairvoyance*. Le premier de ces deux mots clés fait référence à la capacité d'un conjoint de se révéler à l'autre et le second fait référence à la capacité d'un conjoint de comprendre l'univers de l'autre. À cela, Mucchielli ajoute une troisième condition nécessaire à une communication authentique: l'ouverture du moi de chacun, qui demande l'abandon de toute attitude systématique d'autodéfense. Je partage l'avis de cet auteur selon lequel il nous faut apprendre sur nous-mêmes si nous voulons parvenir à établir un échange vrai avec l'autre.

Partant d'un point de vue psychologique et sociologique, Jacques Salomé nous dit que l'apprentissage de la liberté d'être tout comme celui de la rencontre sexuelle est en miroir avec les compétences que chaque être humain est susceptible de mettre en œuvre afin d'établir une meilleure qualité de communication avec son prochain, mais également avec lui-même. Lorsque nous communiquons, nous mettons en commun des signes qui peuvent être verbaux, non verbaux, infra ou ultraverbaux. Nous le faisons dans le but de transmettre des messages qui impliquent que nous serons en relation avec l'autre, et ce, à partir de nos ressemblances, de nos complémentarités, de nos différences ou de nos antagonismes.

Je crois, au même titre que Salomé, que bien élever un enfant, c'est lui reconnaître cette «aptitude à être un partenaire actif, compétent et non l'objet de nos désirs, de nos peurs ou de nos insatisfactions[15] ». Ce faisant, nous lui donnons les moyens qu'il doit posséder pour être en mesure de se confronter à ses propres limites ainsi qu'à ses propres ressources. Et pour que nous puissions enseigner la liberté et la responsabilité, il nous faudra initialement avoir cultivé de manière satisfaisante ces deux notions en nous-mêmes. Ce faisant, il nous sera possible de faire naître ou de cultiver chez l'enfant sa capacité à définir ses choix, à prendre des décisions tout en respectant les engagements qu'il a pris. Dès lors, il pourra entrer en contact avec tout son potentiel, ce qui lui permettra d'avoir une communication plus saine, tant avec lui-même qu'avec les autres.

La mésentente conjugale

Si vous vivez des histoires d'amour malheureuses à répétition, il y a de fortes chances pour que vous vous soyez déjà posé cette préoccupante question : Qu'est-ce qui peut bien différencier les couples heureux de ceux qui ne le sont pas ? La communication entre partenaires a été étudiée en laboratoire. Ces études ont montré qu'au sein d'un couple en difficulté, les messages sont perçus de manière négative par le conjoint et ce, même s'ils partaient de bonnes intentions.

Des recherches montrent que les couples en difficulté :
- se parlent souvent de manière négative et ont moins d'échanges positifs que les couples heureux ;
- communiquent de la même façon que les couples heureux sur le plan du contenu mais différemment sur le plan du langage non verbal ;
- s'échangent moins de messages positifs que les couples qui fonctionnent mieux ;
- ont moins d'aptitudes à trouver des solutions à leurs problèmes conjugaux. Ils sont moins constructifs dans leurs échanges, en ce sens qu'ils critiquent et se plaignent, plutôt

---
15. SALOMÉ, Jacques. *Heureux qui communique*, Paris, Éditions Albin Michel, 1993, p. 20.

que d'essayer de comprendre le problème qui mine leur partenaire ;
- ont tendance à se perdre dans des discussions interminables qui accentuent leurs conflits.

Depuis le début des années 1980, le rôle que peuvent jouer les facteurs cognitifs au sein de la mésentente conjugale a été étudié. Une recension de certaines recherches a été faite et elle rapporte notamment, que :
- plus les partenaires croient que les différends sont destructifs, plus ils avouent avoir des difficultés de communication ;
- plus un partenaire considère que l'autre devrait deviner ce qu'il veut sans le lui demander, plus la communication négative est courante ;
- plus les partenaires prêtent de mauvaises intentions à leur conjoint, plus ils disent avoir des problèmes sur le plan de la communication, et moins ils croient en la possibilité d'une amélioration de leur relation.

L'art de bien communiquer

Je peux te parler deux minutes ? Voilà souvent une phrase que nous prononçons du bout des lèvres, du bout du cœur. Et pour cause ! Il est parfois pénible de se vider le cœur devant un(e) ami(e) ou devant sa douce moitié, d'annoncer une mauvaise nouvelle à un être cher, de faire le point avec un collègue de travail. Et ça peut se comprendre, puisqu'une telle situation peut vous conduire à éprouver certaines peurs : peur que vos paroles et vos gestes ne soient pas bien compris et mal interprétés, peur de vivre de l'abandon, du rejet, peur de blesser ou d'humilier, peur d'éprouver de la culpabilité, peur de ne pas être à la hauteur, de ne pas pouvoir assumer les conséquences de vos gestes…

Pourtant, ce qui demeure problématique au sein de quelque communication que vous ayez avec une autre personne n'est pas tant ce qui aura été dit que ce qui ne l'aura pas été. Souvent, nous n'osons pas dire les choses telles que nous les ressentons et telles que nous les vivons, ce qui donne à notre interlocuteur un sentiment de malaise qui le met sur la défensive : « Qu'est-ce que tu veux dire au juste ? » ; « Ça cache quoi, ton attitude ? » ; « Tu n'as pas l'air convaincu(e) de ton affaire ! » ; « Arrête de tourner autour du pot ! »

Nous ne savons pas nous livrer sainement aux discussions qui, *a priori*, nous semblent quelque peu épineuses. Nous ne savons pas le faire avec délicatesse, transparence et ouverture. Mais nous l'a-t-on enseigné au cours de toutes ces années que nous avons passées sur les bancs d'école ? Non. Lorsqu'il s'avère qu'une discussion a été particulièrement pénible, c'est qu'elle reposait sur une lutte que nous menions avec l'autre, et ce, réciproquement. Nous nous lançons souvent dans une discussion comme si nous partions en guerre, bouclier en main. Que de mécanismes de défense déployés ! Mais pourquoi ?

1) Nous voulons faire accepter à l'autre la manière dont nous envisageons et comprenons les faits. Nous voulons donc imposer notre point de vue.

2) Nous voulons sciemment taire nos émotions et sentiments à l'autre ou nous exigeons qu'il les reconnaisse à tout prix.

3) Nous voulons protéger notre image, aussi bien à nos propres yeux qu'à ceux de l'autre.

En voici un exemple :

Céline et Jean vivent ensemble depuis quatre ans. Ils sont invités à dîner chez les parents de Jean. Céline, qui suit une diète amaigrissante depuis trois semaines, mange deux portions de gâteau au chocolat. Soudain, Jean lui dit : « Je croyais que tu étais à la diète.... tu ne devrais peut-être pas manger autant, tu vas le regretter demain ! » Mal à l'aise, Céline fait dévier la conversation sur un autre sujet tandis que les convives font semblant de ne pas avoir prêté attention à ce qui a été dit. La soirée se termine comme si de rien n'était.

Au cours du trajet qu'ils effectuent en voiture, Céline demeure silencieuse, l'air boudeur. Jean lui passe donc la réflexion suivante : « Il y a quelque chose qui ne va pas ? » et Céline répond, nonchalamment : « Non... j'ai juste un peu mal à la tête, j'ai eu une journée difficile au bureau. »

De retour à la maison, Jean invite Céline à prendre un bain avec lui. Elle refuse l'invitation et se dirige tout droit vers la chambre à coucher. Jean la rejoint et lui murmure : « Qu'est-ce qui se passe, chérie ? Je t'ai fait quelque chose ? Tu n'es pas comme ça, d'habitude... » Et contre toute attente, Céline sort de ses gonds : « Je ne suis pas comme ça d'habitude ? Comment je suis d'habitude, hein ? Trop stupide pour savoir ce que je dois manger et quand je dois le manger ? Ça ne te regarde pas ce que je mange, ça ne regarde que moi ! De quoi tu te mêles ? » Surpris et confus, Jean rétorque : « Mais c'est toi qui m'as dit que tu voulais maigrir, que tu voulais perdre du poids et tu en as perdu, alors je trouvais ça dommage que... Je voulais juste t'encourager, moi, c'est tout ! »

« Tu n'as pas à intervenir dans ma vie comme ça. Je n'ai pas besoin de tes encouragements. Je viens de te le dire, je peux m'occuper de moi toute seule. Mais ça, tu ne peux pas comprendre ça ! »

« Tu exagères ! Tu veux quoi, là ? Moi, j'ai juste voulu bien faire ! »

« C'est bien ce que je disais. Tu dis toujours que tu veux bien faire, mais tu n'es jamais capable d'admettre que tu peux avoir tort. Tu t'es vraiment arrangé pour que j'aie l'air stupide devant tes parents, monsieur Je-veux-bien-faire ! »

« Et toi, madame Je-suis-trop-grosse, madame Je-ne-peux-même-plus-fermer-mes-pantalons ! En plus, on croirait toujours que c'est ma faute si tu as pris 5 kilos. Mais ce n'est pas ma faute si moi, je peux manger du chocolat en regardant la télé et que toi, ça te fait grossir à vue d'œil ! »

Fin de la charmante conversation... Le moins que l'on puisse dire, c'est qu'elle a dégénéré en véritable pugilat qui aurait pu être évité. « Je ne comprends vraiment pas comment on a pu en arriver là ! » Voilà une réflexion que j'entends fréquemment au sein de ma pratique et qui mérite qu'on s'y arrête. En effet, comment pouvons-nous en arriver là ? Pour le comprendre, faisons des liens entre les éléments mentionnés précédemment et les comportements qu'a adoptés ce couple.

Je possède la Vérité avec un grand V

La première question que nous devons nous poser est la suivante : Qu'est-ce qui est à l'origine de cette dispute ? C'est la réflexion de Jean, en ce qui concerne le fait que Céline soit à la diète et qu'elle regrettera sans doute d'avoir mangé autant le lendemain. Une réflexion qu'ils interprètent tous les deux de manière subjective. Céline en déduit qu'il ne la traite pas comme une femme intelligente et Jean prétend qu'il n'a voulu que l'encourager. Dès le début de la conversation, chacun essaie d'imposer à l'autre la manière dont il interprète les faits. Ils n'essaient donc pas d'avoir un échange objectif sur ce qui s'est passé, mais s'engagent dans une véritable lutte pour savoir lequel d'entre eux détient la vérité sur ce qui a été dit. En fait, ils tiennent tous les deux à avoir raison sur l'interprétation qu'ils font de la réflexion de Jean.

Chacun prétend connaître les intentions de l'autre. Pire encore, ils semblent persuadés qu'elles ne sont pas bonnes. Les accusations et récriminations s'ensuivent donc. Alors bien sûr, l'utilisation du « tu » accusateur domine, et ce, au détriment du « je » qui favorise beaucoup plus un échange sain et équitable. Un « je » qui pourrait me permettre de parler à l'autre à partir de ce que je pense et ressens, un « je » qui pourrait inciter l'autre à faire de même avec moi. Le « tu » accuse et amène l'autre à se mettre sur la défensive. Il n'a alors pas d'autre choix que d'attaquer à son tour pour se défendre. C'est ainsi que le « Tu ne peux pas comprendre ça » de Céline appellera inévitablement un « Tu exagères ! Tu veux quoi, là ? » de Jean.

Ce qui serait beaucoup plus profitable pour ces deux personnes serait de rechercher une compréhension mutuelle plutôt que de porter des accusations qui ne font que les monter l'un contre l'autre. En prenant chacun leur part de responsabilité, ils pourraient regarder ensemble pourquoi ils ont des points de vue différents et parvenir ainsi à s'entendre.

Mes émotions me tuent

Que d'émotions impliquées dans ce scénario ! Dans un premier temps, Céline n'accepte pas d'en faire état devant son partenaire. Elle les dissimule, les réprime tant bien que mal en adoptant un air boudeur et distant. Ce qui ne la conduit qu'à faire exploser ce trop-plein d'émotions qui s'accumulent et qui l'envahissent à tel point qu'elle finit par sortir de ses gonds : « Je ne suis pas comme ça d'habitude ? Et toi, tu penses peut-être que… » Une réaction qui amène Jean à éprouver de l'étonnement et de la confusion dans un premier temps et une véritable colère dans un second temps : « Mais ce n'est pas ma faute si je peux manger du chocolat en regardant la télé et que toi, ça te fait grossir à vue d'œil… » Ce qui ne manquera pas de provoquer de la peine et de la honte chez Céline, et sans doute de la culpabilité chez lui.

Si nous pouvions faire fi des sentiments et émotions qui nous habitent, nous ne serions plus des êtres humains. Alors, inutile de nous mentir, il est impossible de les dénier et de chercher à les camoufler. Nos émotions nous accompagnent, c'est un fait, et davantage lorsque nous nous retrouvons en position de vulnérabilité, ce qui rend leur manifestation quelque peu ardue. En effet, ayant été refoulées avec force, elles ne demandent qu'à exploser avec force et à rejaillir sous une forme très négative. C'est alors que le ressentiment fait son entrée en scène, en compagnie de la moquerie et de la raillerie : « Et toi, madame Je-suis-trop-grosse ! »

Nous sommes souvent maladroits dans nos tentatives de bien identifier nos sentiments et émotions au moment où ils nous gagnent avec force. Nous avons du mal à les assumer et, par le fait même, à les partager avec l'autre. Qu'est-ce que je ressens au juste ? Céline s'est-elle seulement posé la question au moment où Jean a commenté ses actes devant ses parents ? Était-ce de la gêne, de la honte, de la colère, de l'humiliation ? Au lieu de faire cette démarche intérieure, elle a transféré son sentiment sur Jean : «Tu t'es vraiment organisé pour que j'aie l'air stupide devant tes parents !» Ce qui est malheureux dans l'attitude qu'elle adopte, c'est qu'elle ne peut pas être entendue pour ce qu'elle ressent véritablement, puisqu'elle le dissimule au profit d'intentions négatives qu'elle prête à Jean et qu'il n'a sans doute pas. Nous ne pouvons pas tendre vers une bonne communication si nous ne pouvons pas nous approprier nos émotions et les exprimer. Ici, le «je» s'avère notre plus fidèle allié puisqu'il invite notre partenaire à se pencher avec plus de compréhension sur ce que nous ressentons vraiment. Si nous rendons l'autre responsable des émotions que nous vivons, il se retire. Il est donc primordial de mettre des mots sur les émotions qui nous appartiennent.

Une bonne communication demande également que les émotions de l'autre soient aussi entendues pour ce qu'elles sont. Lorsque Jean dit à Céline : «Tu exagères ! Tu veux quoi, là ?» il ne l'amène qu'à éprouver encore plus de colère. Ce qui la conduirait à se calmer et à s'ouvrir sur les émotions qu'elle ressent et qui la font souffrir serait plutôt d'entendre : «Écoute, ma chérie, parle-moi, dis-moi pour quelles raisons tu es si fâchée.»

Voyons comment cette situation aurait pu être vécue de manière plus positive par Céline et Jean :

«Je ne me suis pas sentie très bien quand tu as commenté mon comportement devant tes parents. J'ai eu l'impression d'être nulle. J'ai eu honte, tellement honte. Je me suis sentie coupable aussi parce que je sais que je ne devrais pas manger autant, mais c'était plus fort que moi… Mon père faisait ça souvent devant mes amis et ça me va droit au cœur…»

«Je suis désolé, ma chérie, j'ai manqué de… Ce n'était pas mon intention, excuse-moi. Je suis désolé de t'avoir fait de la peine. Je voulais seulement t'encourager, mais c'est vrai que je m'y suis mal pris. Aurais-tu une suggestion à me faire pour l'avenir ?»

«Tu pourrais peut-être me frotter doucement la jambe sous la table, en me faisant des yeux doux…»

Une image vaut mille maux

Nous avons vu au chapitre 4 que nos identités personnelle et de genre doivent traverser un long processus avant de se parfaire et qu'elles sont bien fragiles... Nous pouvons constater que Céline et Jean n'échappent pas à cette réalité : elle ne veut pas qu'on la prenne pour une femme stupide, il ne veut pas faire office de bourreau. Mais derrière cette crainte qui est plus près de leur conscience s'en cachent d'autres beaucoup plus inconscientes : ils craignent de ne pas être à la hauteur d'un amour qu'on pourrait leur porter comme ils appréhendent l'idée de perdre l'estime de leurs proches et même, de perdre l'estime qu'ils ont pour eux-mêmes.

À partir du moment où nous avons un différend avec l'autre, il est fort probable que ce dernier nous amène à nous poser certaines questions sur nous-mêmes : « Est-ce vrai que je ne suis pas stupide ? » ou « Lui ai-je vraiment donné l'air stupide aux yeux de mes parents ? » Face à la réaction de notre partenaire, nous risquons d'adopter ces comportements : soit nous prenons la critique qui nous est faite comme étant parole d'Évangile, car nous ne nous aimons pas suffisamment et nous n'avons pas suffisamment confiance en nous, soit nous refusons catégoriquement d'abonder dans son sens pour préserver notre image. Dans le premier cas, nous nous perdons dans la dévalorisation de soi et dans le second, nous laissons notre mauvaise foi l'emporter.

Une vie amoureuse réussie demande qu'on sache faire preuve d'humilité, qu'on ne craigne pas de s'ouvrir à la personne que l'on aime avec nos forces et nos faiblesses. Cette attitude est toujours plus invitante pour l'autre, à plus forte raison si ce dernier est émotionnellement équilibré.

« C'est vrai que j'aurais peut-être pu me retenir de manger autant... Ça m'arrive de manquer de volonté. »

« Oui, mais moi, j'ai manqué de discernement... je n'aurais pas dû te parler comme ça devant mes parents... J'ai tendance à vouloir contrôler parfois. »

Voilà une attitude qui pourrait faire naître une admiration mutuelle chez Céline et Jean. Si vous avez la capacité d'admettre vos torts et de montrer que vous pouvez être ouvert à la possibilité de changer, vous avez toutes les chances d'amener l'autre à être fier de vous. C'est également une attitude qui aurait permis à Céline et à Jean de mettre moins l'accent sur les défauts de leur partenaire et donc, d'éviter de tomber dans des accusations démesurées.

Modèle de questions

Les questions suivantes vous sont données en exemple, afin que vous puissiez disposer de meilleurs outils pour communiquer avec l'autre lorsque vous vivez un différend.

- Qu'est-ce qui est à l'origine de notre dispute ?
- Quelle est mon interprétation des faits ? Quelle est la sienne ?
- Qu'est-ce que mon attitude a fait naître comme émotions chez lui ? Quelles sont les miennes ?
- Quelle était ma véritable intention ? De quelle manière a-t-elle pu le toucher ?
- Quelle est ma part de responsabilité dans ce qui m'est reproché ? Quelle est la sienne ?
- Quelle part de vérité puis-je reconnaître dans ce qui m'est dit ?
- De quelle manière mon identité, mon image sont-ils atteints par notre conflit ?
- Comment pouvons-nous résoudre ce problème ?

Questions de réflexion

Réfléchissez à la manière dont vous faites vos demandes à l'autre et à ce qu'elles cachent comme véritable intention. Posez-vous alors ces questions :

- Est-ce que j'ordonne à l'autre ? Est-ce que je le force, le soumets, le contrains ?

- Lorsque je dis donner à l'autre, se pourrait-il que j'impose plus que je ne donne ? Cela fait-il naître en lui un sentiment d'obligation, de culpabilité ?
- Lorsque je reçois de l'autre, ai-je l'impression que cela m'est dû ?
- Lorsque je m'oppose à une demande de l'autre, est-ce que je fais naître en lui un sentiment de rejet, d'abandon ?
- M'est-il aisé d'accepter que nous soyons différents ?
- Puis-je comprendre, admettre et consentir que l'autre soit un individu à part entière avec ses propres croyances, opinions et valeurs ?
- Ai-je tendance à croire que je possède la vérité avec un grand V ?

Chapitre 9

L'autocommunication sexuelle : un corps à cœur avec soi

> Pour descendre en nous-mêmes,
> il faut d'abord nous élever.
>
> Joseph Joubert

Nous avons vu qu'une bonne communication avec l'autre nous convie, entre autres choses, à faire preuve de délicatesse, de transparence, d'ouverture de soi et d'esprit. Il s'agit là d'un défi qui, pour les simples humains que nous sommes, peut sembler ardu à relever. Or, si nous jumelons communication et sexualité, les choses risquent de se corser. Je reconnais qu'il n'est certes pas facile de parler à l'autre de notre sexualité, car cela signifie qu'on lui ouvre les portes de notre intimité, un lieu où l'on se sent vulnérable et fragile. Mais la vie elle-même est faite de risques que nous nous devons de prendre. Sinon, nous nous éteignons, nous mourons à petit feu.

Il existe plusieurs facteurs susceptibles d'avoir une influence sur le type de communication sexuelle que nous entretenons avec l'autre. Chez certaines femmes, l'un d'entre eux réside en la difficulté, voire en l'incapacité d'entrer en contact avec elles-mêmes, tant sur le plan de leurs sentiments, de leurs émotions et de leurs pensées qu'en ce qui concerne les sensations que leur corps peut leur procurer. De ce fait, leur désir sexuel est très faible quand il n'est pas absent. Et cette réalité n'est pas sans avoir des effets négatifs sur le type de relations amoureuses qu'elles nouent.

Anesthésie sexuelle

Ce thème a fait l'objet d'un rapport d'activités que j'ai présenté à l'Université du Québec à Montréal. Il s'intitule *L'influence d'une autocommunication sexuelle sur la capacité de la femme à éprouver du désir sexuel*. Il aurait sans doute été intéressant qu'un tel rapport puisse également vérifier si, au même titre que certaines femmes, des hommes vivent une espèce d'anesthésie sexuelle. Mais pour ce faire, il aurait fallu qu'au sein de mon travail clinique, je puisse rencontrer des patients qui présentent ce profil. Or, il n'en était rien. Il semble donc que, sur le plan sexuel, les hommes soient moins nombreux à se couper d'eux-mêmes ou du moins, que cette coupure ne se traduise pas de la même manière ni dans les mêmes circonstances que chez les femmes. J'ai pensé qu'il serait tout de même intéressant de présenter ici une partie de mes découvertes, dans le but qu'hommes et femmes prennent conscience de ce qu'une bonne communication sexuelle avec eux-mêmes peut avoir comme répercussions positives sur leur vie amoureuse et sexuelle. En effet, vous pourrez constater qu'en étant amenées à communiquer sexuellement avec elles-mêmes, et ce, sur différents plans (pensées, sentiments, sensations, fantasmes, etc.) et surtout, à bien comprendre les raisons pour lesquelles elles le faisaient, certaines femmes ont pu élargir leur vision de la sexualité. Elles ont également été enclines à porter un regard nouveau et plus objectif sur les différents facteurs qui contribuaient à ce qu'elles puissent, ou non, éprouver du désir sexuel. De ce fait, elles ont été en mesure de mieux communiquer avec leur partenaire. Peut-être certains hommes pourront-ils se reconnaître en partie dans le profil que présentent les femmes interviewées ici. Une chose est certaine : une majorité d'entre eux pourront mieux comprendre le profil psychologique qu'une femme peut présenter, une femme qu'ils pourraient bien rencontrer au cours de leur vie, si ce n'est déjà fait.

Définition

Au sein de la documentation que j'ai consultée, il n'existe pas de définition spécifique du concept d'autocommunication sexuelle. Je tiens donc à mentionner ici que j'entends, par ce terme, la capacité d'un individu à établir une interaction avec lui-même par rapport à ce qu'il se dit intérieurement, et ce, dans le but de se révéler à lui-même et donc d'apprendre ce qu'il pense et ressent à propos de ses comportements, valeurs, croyances, plaisirs, déplaisirs et sensations. Certains ouvrages parlent certes de communication sexuelle avec soi, et ce, au sens large, tout en mettant l'accent sur l'importance de connaître son propre corps, de le découvrir ou de se l'approprier, mais c'est souvent par le biais de l'apprentissage de la masturbation ou de l'orgasme à atteindre que ce type de communication est traité.

Un plaisir à se donner

C'est ainsi que Crépault et Desjardins nous présentent la masturbation comme étant pour la femme un moyen de se familiariser avec l'orgasme et qui peut la préparer à un épanouissement sexuel. Ils soulignent de plus l'importance de la masturbation au sein d'un processus de maturation de l'adolescent. En effet, cette dernière lui permet, en libérant ses tensions, de communiquer plus aisément avec les autres et d'établir par conséquent des relations interpersonnelles plus profitables et humanisantes.

Selon LoPiccolo *et al.*, chaque femme porte en elle une possibilité de jouissance quasi infinie. Malheureusement, elle la méconnaît parfois et ne l'utilise qu'imparfaitement. Il est donc primordial qu'une femme apprenne à se donner un plaisir sexuel, pour ensuite être en mesure d'enseigner à son partenaire les

stimulations qui lui procurent ce plaisir. Cette découverte de soi se fait notamment par :
- l'auto-exploration des textures de tout son corps ;
- des exercices destinés à faciliter sa détente ;
- l'exploration visuelle de ses organes génitaux ;
- le traitement des sentiments et inquiétudes que lui inspire son corps ;
- la masturbation (seule et avec son partenaire) ;
- des exercices de concentration sensuelle et de musculation ;
- l'exploration de la littérature érotique et du monde des fantasmes ;
- le recours à la communication verbale et non verbale pour connaître les préférences sexuelles de l'autre et pour exprimer les siennes.

Jouer son rôle

Le Dr Leleu souligne que les femmes accèdent plus facilement au plaisir grâce à leurs propres caresses qu'à celles d'un partenaire. Il pose donc la question suivante : quel est le rôle de la femme dans la satisfaction de ses propres désirs et en particulier de son désir d'orgasme ? Sa réponse est claire : elle doit s'en sentir responsable et pour ce faire, elle ne peut pas n'offrir que sa complaisance et sa disponibilité. La femme doit se préparer très tôt à faire une fête de l'alliance de son corps avec celui de l'homme. Et cette préparation se fera entre autres par la masturbation au cours de l'enfance et de l'adolescence, ce qui éveillera et aiguisera ses muqueuses sexuelles et représentera une étape naturelle vers l'éveil de sa sensualité sexuelle. Parvenue à l'âge adulte, la femme devrait avoir à cœur de chercher de l'information sur la sexualité, de se défaire de quelques préjugés, d'apprendre à mieux connaître son corps grâce à l'auto-exploration. Finalement, elle pourrait s'entraîner au plaisir.

J'abonde dans le même sens que ces différents auteurs. Néanmoins, je suis convaincue que la seule connaissance de son corps n'est pas suffisante pour communiquer sexuellement de manière plus bénéfique avec soi-même. À mon avis, pour être en mesure de mieux communiquer sexuellement avec lui-même, un être humain doit pouvoir se questionner sur ce qu'il se dit et ressent au sujet de la sexualité et sur les comportements qu'il adopte face à elle, comportements qui sont à l'image de ce qu'il vit intérieurement.

Le droit d'être et de faire

Par ailleurs, selon Salomé et Galland, l'être humain ne peut pas améliorer sa communication s'il ne s'interroge pas d'abord sur la manière dont il a appris à communiquer. Ce faisant, il découvrira sans doute qu'il a appris à *incommuniquer,* c'est-à-dire que, très tôt, il a été dépouillé de sa parole par ceux qui l'aimaient et qui, croyant le comprendre, parlaient à sa place. Parents et pédagogues invitent rarement un enfant à s'exprimer librement : « Plus grave encore, ils s'approprient notre parole pour parler sur nous, à notre place. Et pire encore, ils nient notre expression propre[16]. » Ces auteurs nous donnent en cela l'exemple de l'enfant qui, après avoir dit : « J'ai peur ! » se fait répondre par son père : « Mais non, il n'y a aucune raison d'avoir peur ! » Selon eux, ces messages qui peuvent sembler sans importance, et qui se veulent rassurants pour l'enfant n'en disent pas moins à ce dernier qu'il ne peut pas se fier à ce qu'il ressent et que le parent sait, lui, ce que son enfant doit ressentir. Ils lui dictent donc les sentiments et émotions qu'il doit ou qu'il ne doit pas avoir. C'est donc ainsi que l'être humain apprend à communiquer, tout en étant nié dans son ressenti par ceux qui l'aiment. Et il les voit également nier leurs propres émotions et sentiments.

Si vous désirez entamer une démarche pour améliorer votre communication avec l'autre, vous devez d'abord vous interroger sur la relation que vous entretenez avec vous-même. Et la première étape de ce questionnement consistera à reconnaître ce

---

16. SALOMÉ, Jacques et Sylvie GALLAND, *Si je m'écoutais, je m'entendrais*, Montréal, Les Éditions de l'Homme, 1990, p. 12.

que vous ressentez, ce que vous éprouvez, et ce, au moment où vous le vivez. Une démarche qui peut s'avérer ardue puisque vous avez davantage appris à cacher, à nier, voire à censurer vos émotions et vos sentiments.

Les cas de Marie et Louise

Marie et Louise sont respectivement âgées de vingt-cinq et quarante-cinq ans. Elles se présentent à mon cabinet pour une absence de désir primaire, c'est-à-dire qu'elles n'ont jamais éprouvé de véritable désir sexuel. Afin de pallier ce manque qu'elles disent être très pénible, nous travaillons entre autres choses sur l'impact que leurs affects (sentiments, émotions), cognitions (croyances, pensées, valeurs) et sensations corporelles peuvent avoir sur leur absence de désir.

Affects

Ce qui caractérise ces deux femmes, en début de thérapie, c'est qu'elles éprouvent beaucoup de confusion à propos des sentiments qui les habitent en regard de la sexualité. Elles reconnaissent aimer se « coller et embrasser », mais disent ressentir une certaine forme d'indifférence face à leurs propres organes génitaux et à ceux de leur partenaire. Cependant, Marie utilise le mot « gêne » à plusieurs reprises, avant d'être capable d'identifier la honte qui l'inhibe :

> Peut-être que c'est à cause des petits amis de ma mère. Ils me tripotaient et j'avais peur. Peut-être que ce n'était pas si grave parce qu'il n'y a pas eu de pénétration, mais… Il me semble qu'on ne fait pas ça à un enfant parce qu'il ne peut pas comprendre. En tout cas, ça ne lui fait pas croire que la sexualité, c'est quelque chose de beau… ça le gêne.

L'environnement familial dans lequel Marie et Louise ont respectivement grandi était dysfonctionnel. Comme il mettait en scène rejet, agressivité, violence physique et psychologique, il serait sans doute utopique de croire qu'elles n'aient pas été niées dans leur ressenti et qu'elles aient appris à bien communiquer leurs sentiments et émotions.

> Mon père traitait ma mère de charogne. Il buvait beaucoup. Il avait peur de tout, de manquer d'argent, de foncer. Ma mère aussi était nerveuse et voyait tout en noir. Un jour, il a voulu la tuer avec un couteau et nous, les enfants, on a dû l'arrêter. C'est sûr que c'était difficile à vivre pour des enfants mais, aujourd'hui, je suis une adulte qui peut comprendre tout ça, alors...

En cours de thérapie, j'observe que Louise est dépressive et qu'elle est davantage handicapée que Marie sur le plan de ses affects. Elle parle en cela de l'impression qu'elle a de ne pas être à la hauteur en tant que femme et amante, d'avoir peur de ne pas réussir et de connaître un échec.

> Je me sens coupable de ne pas lui avoir donné d'enfant, même si lui, il ne me l'a jamais reproché. Je ne me sens pas une vraie femme parce que je ne peux pas avoir d'enfant et que je ne peux même pas faire plaisir à mon mari sexuellement. J'aimerais ça qu'on ait une relation sexuelle satisfaisante, mais j'ai souvent peur de ne pas être à la hauteur, de m'en aller vers un échec.

Les témoignages de Marie et de Louise semblent illustrer qu'elles éprouvent certaines peurs en ce qui concerne leur propre corps, l'image qu'elles ont d'elles-mêmes et, enfin, des peurs qui sont reliées à des interdits.

> Ça me gêne de penser à ce que je fais. Je veux dire… par rapport à mon sexe, surtout. Avant, je n'y pensais pas et maintenant je suis obligée de le faire. L'autre fois, j'ai repris ma débarbouillette pour me laver parce que j'étais trop gênée, j'y pensais trop en le faisant avec ma main. J'essayais de porter mon attention sur mon corps, mais j'avais du mal à me concentrer. Je ne ressens rien de particulier à part la gêne. On dirait que je ne suis pas capable, que ça me gêne d'être en contact avec moi, de savoir ce que je ressens dans mon corps et dans ma tête.

En cours de thérapie, il est clair pour Marie qu'elle a énormément de difficulté à vivre une intimité corporelle, que ce soit avec elle-même ou son conjoint, qu'elle ressent de la «gêne» à l'idée d'entrer dans son propre espace corporel et de permettre à son partenaire d'y avoir accès. En travaillant davantage sur les distorsions cognitives (croyances, pensées, idées erronées) qui peuvent être à l'origine de ce malaise, Marie en arrive à la conclusion qu'un lien existe entre ce malaise et le profil que présentait sa mère, ainsi que les hommes qui ont partagé la vie de cette dernière. C'est alors qu'elle prend conscience qu'elle a été marquée, étant enfant, par des événements spécifiques qui ont fait naître de la peur et un malaise en elle. De plus, elle réalise que l'adulte qu'elle est devenue est également marquée de manière excessive par certaines situations qui éveillent à l'intérieur d'elle-même certaines croyances qu'elle ignorait même avoir.

> Ma gêne, c'est probablement de la honte, finalement. Plus mon excitation devient forte, plus je me bloque pour ne pas en avoir trop parce que ce serait trop sexuel, trop cochon […] Je pense que j'aurais honte de ressembler à ma mère qui avait l'air d'une prostituée […] Je la déteste de m'avoir fait ça, je ne veux même pas qu'elle me touche…

Le corps à corps que nous vivons et expérimentons au cours d'une relation sexuelle nous ramène inconsciemment à ce que nous avons vécu lors de nos premières relations corporelles, affectives et sensuelles, avec nos parents et avec ceux de qui nous dépendions. Il serait donc judicieux de nous poser ici la question suivante, en ce qui concerne Marie et Louise : qu'ont-elles bien pu vivre comme expérience ? Il est impossible de répondre à cette question puisqu'elles n'étaient alors que des bébés, mais pouvons-nous supposer que le profil que présentaient leurs parents et leur environnement familial leur ait donné tendresse et douceur ? J'en doute.

Les peurs qu'une femme est susceptible de vivre en regard de l'image de soi sont présentes tant chez Marie que chez Louise. Néanmoins, elles essaient toutes deux de conserver une image de soi qui soit acceptable, non seulement aux yeux de leur partenaire mais à leurs propres yeux, tout comme elles essaient de pallier certaines craintes qu'elles éprouvent. En effet, Marie qui, pendant qu'elle fait l'amour, entend sa mère pousser des gémissements, ne veut pas que son conjoint la regarde. Le sentiment de honte qu'elle finira par identifier en cours de thérapie lui permettra de réaliser qu'elle craint d'être vue comme celle qu'elle percevait comme étant une putain : sa propre mère.

> Ma mère se comportait comme une vraie cochonne... comme une prostituée qui embrassait ses amants d'une manière écœurante... des gros coups de langue pendant qu'on dînait. C'était dégueulasse et elle riait quand je lui disais qu'elle pourrait peut-être aller faire ça ailleurs !

De son côté, Louise craint de ne pas être une vraie femme, de ne pas être une bonne amante. Ce sentiment est sans doute le reflet de certains préjugés qu'entretient une société à l'égard d'une femme qui n'a pas eu d'enfants et de ce qu'est une bonne amante, mais je crois que son sentiment est également le reflet du rejet qu'elle a vécu étant enfant, et qui a brimé son estime d'elle-même.

> Je sais que je n'ai pas été désirée. Chez ma mère, il y a des photos des autres enfants mais pas de moi. Même quand j'étais petite, il n'y en a jamais eu. Pourtant, c'est moi qui ai été la plus généreuse avec ma mère. Je m'occupe encore beaucoup d'elle, mais c'est comme si ma sœur était toujours la préférée.

Marie et Louise semblent éprouver des sentiments ambivalents sur ce qui est acceptable par rapport à la sexualité. J'ai pu observer qu'elles avaient été touchées par des messages empreints d'ambivalence à propos de ce qui est permis ou défendu, bon ou mauvais, de ce qui est admis ou méprisable dans le domaine de la sexualité. Ce qui rejoint l'idée selon laquelle toute société véhicule de tels messages, lesquels ont des répercussions négatives sur notre vie sexuelle.

Les cognitions

En début de thérapie, Marie avoue spontanément qu'elle a des idées et des pensées dont elle n'arrive pas à se départir et qui lui donnent une image « laide et dégueulasse » de la sexualité. Elle n'arrive pas à se défaire de ses idées, même si, comme elle le mentionne elle-même, elle sait que la sexualité ne peut pas être à l'image de telles pensées négatives. Je constate donc que Marie est encline à entretenir des idées qui s'opposent au désir sexuel, ce qui est courant chez les individus qui ont un manque de désir sexuel. En milieu de thérapie, Marie est convaincue que ces messages d'ordre émotionnel que sa mère lui a transmis ont tôt fait de l'amener à s'anesthésier, à se couper d'elle-même, puisqu'ils la conduisaient à mettre en branle tout un système de croyances et de pensées incompatibles avec l'idée de se tourner vers soi-même ou vers quelqu'un d'autre dans le but d'éprouver du plaisir sexuel, des sensations agréables et, surtout, du désir. Elle prend alors conscience que c'est cet ensemble de croyances erronées et pénibles à entretenir qui l'ont en partie empêchée de communiquer avec elle-même et, par conséquent, avec son partenaire.

> Ça a commencé très jeune, je pense. Je ne voulais pas penser au sexe, ça me dégoûtait trop [...] Je ne me suis jamais masturbée, d'ailleurs [...] Quand j'ai rencontré Rémy, qu'est-ce que j'aurais pu lui dire sur moi ou sur la sexualité? Je ne savais même pas ce que je voulais, je ne me connaissais pas. Je commence seulement à le savoir, à prendre conscience que j'ai un corps et que je peux avoir des sensations sans me sentir gênée, honteuse.

En cours de thérapie, Marie éprouve beaucoup de frustration en prenant de plus en plus conscience que s'il est possible de bloquer ou de modifier une pensée, il s'avère pratiquement impossible de changer radicalement son schème de pensée.

> J'ai traîné ça avec moi toute ma vie. C'est sûr que ça ne peut pas disparaître du jour au lendemain, mais j'avais pensé qu'en faisant bien mes exercices, je pourrais vraiment arrêter d'avoir ces idées-là dans la tête, surtout quand je fais l'amour.

Marie et Louise ont développé avec le temps tout un ensemble de croyances, de valeurs et de savoirs implicites qui ont commencé à se mettre en place dès leur plus jeune âge. Louise s'exprime ainsi :

Je me dis que je ne suis pas une vraie femme parce que je ne suis pas capable d'avoir une vraie relation sexuelle avec mon mari et que lui soit heureux là-dedans et que je sois heureuse là-dedans. Souvent, vu que je n'aime pas beaucoup ça... pas que ça ne me tente pas mais [...] Il faut que j'en donne à mon mari [...] Je dois avoir un blocage... c'est peut-être à cause de mon éducation.

De plus, Louise est consciente de ne pas avoir eu un modèle de couple qui puisse lui donner une image saine et invitante de la sexualité.

Mes parents avaient des problèmes tous les deux. Ils buvaient, se disputaient et ma mère n'a pas eu une vie très heureuse. Mon père la traitait de tous les noms, la forçait à avoir des relations sexuelles qu'elle n'aimait pas et nous, les enfants, on voyait tout ça.

Ces deux femmes affirment ne pas avoir eu d'éducation sexuelle. Je crois plutôt qu'elles ont eu celle qui repose sur la loi du silence, sur des non-dits à partir desquels elles ont pu se construire bien des hypothèses et perceptions erronées. Marie et Louise ont donc interprété ces expériences à la lumière des informations qu'elles ne possédaient pas en tant qu'enfant et elles ont continué à vivre avec des pensées et sentiments négatifs par rapport à tout ce qui, de près ou de loin, faisait référence à la sexualité. Des pensées et sentiments qui n'ont pu que se renforcer avec le temps puisque je partage l'avis de Salomé et Galland lorsqu'ils soulignent le fait que l'éducation sexuelle formelle reçue en tant qu'adolescent et jeune adulte ne met pas l'accent sur ce qui nous intéresse le plus de la vie, c'est-à-dire le plaisir, les sensations et le désir. Autrement dit, une éducation qui focalise sur le « comment ça se passe » au détriment de ce qui se passe en nous-mêmes, chez l'autre et entre cette autre et nous-mêmes. D'ailleurs, à ce propos, j'ajouterais que l'éducation sexuelle stricte ou très religieuse peut être à l'origine des cognitions qui ont tendance à dévaloriser la sexualité.

Les interventions que j'ai faites avec Marie et Louise m'ont permis, en me fiant aux types de cognitions qu'elles présentaient face à la sexualité, d'arriver assez rapidement à la conclusion que l'éducation judéo-chrétienne a non seulement marqué de manière négative les cognitions de bien des parents mais qu'elle laissera encore bien des marques sur les enfants d'aujourd'hui et sur ceux de demain.

Les sensations

Marie et Louise méconnaissent leur propre corps. Les pensées et sentiments négatifs qu'elles ont entretenus ont tôt fait de les amener à une certaine forme d'anesthésie corporelle. En effet, lorsqu'elles font l'amour, elles « finissent » par éprouver certaines sensations, lesquelles « finissent » également par susciter certains blocages chez elles. L'utilisation qu'elles peuvent faire de leurs cinq sens est très limitée.

> Très souvent, j'ai hâte qu'il me pénètre, à condition que ce ne soit pas la position par en arrière, parce que je trouve ça trop animal. Quand on est dans la position du missionnaire, je me sens mieux, je sens qu'on fait un, qu'on est unis l'un à l'autre. Mais plus je sens du désir et de l'excitation, plus j'ai hâte que ça finisse rapidement. Ça m'arrive d'avoir un orgasme, mais mon corps devient tendu et je me bloque quand je le sens venir.

Louise, qui dit aimer les baisers profonds, a une réaction similaire à celle de Marie puisqu'elle se prononce ainsi sur certaines réticences quant à l'utilisation qu'elle peut faire de sa bouche au cours de ses échanges amoureux :

> Quand on s'embrasse passionnément, ça vient me chercher [...] mais pour le reste, je n'ai pas beaucoup d'imagination, je pense. À part les baisers profonds, je ne pense pas à l'embrasser un peu partout sur le corps. C'est plus lui qui me caresse et qui m'embrasse [...] Ce que j'aime le moins, c'est la fellation.

Ce qui est frappant et très révélateur en début de thérapie, c'est de constater à quel point Marie et Louise ne sont pas conscientes de s'être coupées de leurs sensations. L'instinct de conservation est très fort chez l'être humain. Si ce dernier sent poindre un danger, une menace pour sa propre survie, cet instinct aura tôt fait de le protéger en adoptant certains mécanismes de défense qui assureront sa survie.

En cours de thérapie, je constate que les exercices pratiqués par Marie et Louise en vue de s'approprier leur corps représentent pour elles une épreuve difficile. Prendre contact avec leur corps et avec les sensations qui en découlent signifie pour elles, et malgré elles, qu'elles prennent contact en même temps avec toutes les croyances erronées et les sentiments négatifs qu'elles savaient présents en elles mais dont elles n'avaient jamais pu mesurer toute l'intensité. Pas plus qu'elles n'avaient pu mesurer tout l'impact que ce conditionnement avait sur leur vie sexuelle.

> Quand j'ai commencé à me toucher pour découvrir mon corps et mes sensations... quand je touchais mon bras, par exemple, j'étais en contact avec rien ! Là, je commence à être capable de ressentir quelque chose et de penser que ça va ser-

vir à quelque chose. Quand on fait le Sensate[17], je suis moins gênée si c'est lui qui guide ma main [...] mais si c'est moi qui dois guider sa main, je suis encore trop mal à l'aise, comme si je pensais qu'il va me juger. Mais j'ai moins besoin de me forcer pour faire mes exercices, je commence à en profiter plus.

En début de suivi thérapeutique, Marie et Louise présentent des profils similaires par rapport à ce qui s'avère être le plus anxiogène pour elles, au cours de leurs exercices du bain, du miroir et de la découverte de leur corps : elles n'aiment pas « particulièrement » regarder leurs organes génitaux, détestent les toucher et n'arrivent pas à trouver un qualificatif qui pourrait bien traduire ce qu'elles ressentent. Je crois qu'en cela, elles refusent toutes les deux de renouer avec ce qu'elles ont tant stigmatisé au fil des ans : la sexualité.

S'étant en quelque sorte anesthésiées, Marie et Louise n'ont pas fait un bon apprentissage de leurs propres stimuli et des stimuli externes qui sont rattachés à la sexualité. Elles n'ont donc pas pu apprendre à percevoir leurs propres sensations physiques et, par conséquent, elles n'ont pas appris la manière dont elles pouvaient faciliter et encourager l'émergence de leur sexualité. Or, elles ont interprété peu de stimuli comme pouvant être érotiques, tout comme elles n'ont pas associé ces stimuli à l'excitation et à l'éveil du désir sexuel. Ce qui rejoint la pensée de LoPiccolo *et al.* qui se sont penchés sur les facteurs qui peuvent entraver l'épanouissement sexuel d'une femme.

En cours de thérapie, j'apprends que Marie et Louise ne se sont jamais masturbées. La seule évocation de ce mot en leur présence permet de prendre conscience des séquelles psychologiques

---

17. Sensate Focus : exercice d'apprentissage sensoriel qui permet graduellement aux partenaires de prendre conscience des stimulations les plus agréables pour eux. L'exercice leur permet également de se dire ce qui leur plaît ou leur déplaît. Cet exercice, qui ne met pas l'accent sur la pénétration et l'orgasme à atteindre, peut diminuer l'anxiété de performance et les angoisses reliées à la sexualité.

qu'ont laissées les différentes expériences traumatisantes qu'elles ont vécues enfants, lesquelles les ont amenées à s'interdire tout droit à un apprentissage adéquat. Je partage l'avis de Crépault et Desjardins et celui du Dr Leleu qui nous disent, d'une part, que la masturbation peut être un moyen pour la femme de se préparer à un épanouissement sexuel et, d'autre part, que la masturbation représente une étape naturelle qui permet à la femme d'accéder à l'éveil de sa sensualité sexuelle. Mais si, pour Marie et Louise, l'idée qu'elles se font de la masturbation est empreinte de bien des préjugés que véhicule notre société, il reste cependant qu'elle constitue l'ultime geste faisant partie des comportements que leurs croyances et sentiments leur ont interdit d'adopter.

Se détendre pour être en mesure de mieux se centrer sur elles-mêmes afin de bien percevoir leurs sensations physiques est une expérience que Marie et Louise n'ont pas vécue sans souffrance. En début de thérapie, je les avais amenées à réaliser qu'elles avaient une responsabilité : celle de prendre en charge leur propre désir. Mais s'approprier leur corps et leurs sensations signifiait qu'elles devaient se donner la permission de jeter un regard sur une personne qu'elles n'avaient encore jamais osé regarder réellement dans les yeux : elles-mêmes. Bien des peurs et des interdits sont au rendez-vous lorsque nous laissons l'autre regarder notre corps et que nous regardons le sien. La honte de la nudité est le reflet d'une culpabilité que nous ressentons à l'idée de montrer un corps qui puisse être un objet de plaisir et de désir. En cela, j'ai pu observer qu'il était pénible à Marie et à Louise de se poser comme des femmes qui puissent être sexuées.

Autocommunication sexuelle et désir sexuel

Lorsque je rencontre Marie et Louise au cours des premières séances de leur thérapie, je constate qu'elles sont lourdement handicapées sur le plan de la communication sexuelle qu'elles peuvent établir avec elles-mêmes et leur conjoint. En effet, bien qu'elles soient capables de nommer certaines croyances ou pensées qu'elles entretiennent par rapport à la sexualité, elles sont incapables de bien identifier les sentiments et émotions que suscitent ces dernières en elles. Il leur est donc impossible de se révéler à elles-mêmes et, par conséquent, de comprendre le monde intérieur dans lequel elles vivent. Elles ne peuvent donc pas se révéler sexuellement à leur partenaire et comprendre réellement les comportements, motivations, pensées, émotions et sentiments qui habitent ce dernier en regard de sa vie sexuelle.

L'environnement familial dysfonctionnel dans lequel ont vécu Marie et Louise ne les a pas conditionnées à développer les compétences que nous devons acquérir afin d'être en mesure d'établir une bonne qualité de communication avec nous-mêmes et les autres. En effet, comme nous l'avons vu précédemment, il aurait fallu, pour ce faire, que leurs parents leur reconnaissent, entre autres choses, cette aptitude à être des partenaires actives, compétentes et non l'objet de leurs désirs, de leurs peurs ou de leurs insatisfactions. Elles auraient été ainsi mieux armées pour affronter leurs propres limites et ressources. C'est donc là un apprentissage qui leur a fait défaut.

Il apparaît également, lors de notre dernière rencontre, que nous pouvons faire le constat suivant: en nommant et en identifiant les événements traumatiques qui l'ont marquée au cours de son enfance, Marie a pu corriger les distorsions cognitives que ces événements avaient engendrées. Ce faisant, il lui a été possible de passer d'une fermeture qu'elle s'était créée face à elle-même à une ouverture qui lui a permis d'établir une meilleure communication sexuelle avec elle-même et, par conséquent, avec son partenaire.

> J'essaie de faire le vide, c'est plus facile pour moi de le faire, de ne pas laisser toutes sortes d'idées me venir en tête. Je me concentre plus et je me rends compte que ma peau est douce, chaude ou plus fraîche. Je commence à avoir le sentiment que je vis dans mon corps, je suis plus proche de mon corps.

Avant, je me lavais pour me laver et en vitesse. J'apprécie plus le moment, je prends mon temps sans avoir l'impression de le perdre. Et quand je guide la main de Rémy sur mon corps, je me sens moins tendue, moins gênée quand on se regarde. Les deux dernières fois que j'ai fait l'amour, je n'ai pas entendu la voix de ma mère.

En regard de la sexualité, Marie a reçu des injonctions, des messages et des informations implicites qui ont eu une influence négative sur le type de communication sexuelle qu'elle avait avec elle-même. Néanmoins, en fin de thérapie, je peux constater qu'ils se sont corrigés de manière significative. Il lui est donc plus facile de prendre contact avec elle-même et de faire bénéficier son partenaire de cette expérience enrichissante.

La thérapie a aussi permis à Marie d'habiter davantage son corps sexuel et d'être ainsi plus consciente des différents sens qui peuvent lui procurer plaisir ou déplaisir. Comme elle est devenue plus réceptive et sensible à ce que ses sens lui transmettent comme information, sa réponse à certains stimuli s'en est trouvée renforcée. Malgré le fait que sa démarche en vue d'un mieux-être ne soit pas encore terminée, il n'en demeure pas moins qu'en fin de thérapie, elle a développé de plus grandes habiletés pour percevoir son discours intérieur et mieux se connaître sexuellement. C'était ce qui, en début de traitement, lui faisait défaut. De ce fait, elle a également développé de plus grandes habiletés pour se livrer à une meilleure communication sexuelle avec son conjoint.

Je me sens beaucoup mieux quand je me regarde et que je me touche, même les organes génitaux. J'ai moins de pensées qui me dérangent. Je peux me laisser aller maintenant pendant le Sensate... Je suis moins gênée de guider sa main et de lui dire ce que j'aime ou pas. Avant, je ne savais même pas quoi lui répondre quand il me demandait ce qui me faisait plaisir. Je me rends compte que je ne pouvais pas communiquer avec lui, lui dire ce que je préférais parce que je ne le savais même pas moi-même. Maintenant que je communique plus avec moi, je sais plus quoi lui dire. Il est content et moi aussi.

Je sais maintenant que je ne me connaissais pas. J'ai encore des blocages, mais beaucoup moins. Je me sens moins gênée, je me sens moins menacée et plus à l'aise de parler, de communiquer avec lui. Combien de temps on aurait pu continuer comme ça, sans que je le désire ? […] L'autre jour, j'ai eu envie de faire l'amour et c'est lui qui a refusé parce qu'il était très fatigué… J'ai été surprise, mais j'ai trouvé ça bon pour moi, parce que j'ai réalisé ce qu'il avait vécu depuis sept ans !

La dernière rencontre thérapeutique avec Louise me donne à penser que, dès notre première séance, son langage non verbal trahissait toute la nervosité qui était sienne et qu'elle tentait manifestement de tempérer. Ayant été suivie par un psychologue pour cause de dépression, elle s'exprimait ainsi sur les raisons qui l'incitaient à consulter en sexologie : « Il fallait que je sorte de ma dépression avant d'entreprendre une thérapie pour mon problème sexuel […] J'aimerais ça, aimer les relations sexuelles. »

Cependant, le discours que tient Louise tout au long de la thérapie révèle chez elle beaucoup d'anxiété, une pauvre estime d'elle-même, une difficulté à s'affirmer, une très forte tendance à anticiper les situations d'échec et à focaliser son énergie sur les événements négatifs. Acceptant l'idée que ces états d'être et d'esprit puissent avoir des répercussions négatives sur son désir sexuel, elle répond cependant mal au traitement. En effet, il ne semble pas y avoir suffisamment de place à l'intérieur d'elle-même pour de nouveaux apprentissages puisque son anxiété semble occuper tout l'espace. Une anxiété qui semble d'ailleurs ouvrir bien des portes à certaines résistances. Même si elle se dit très motivée à l'idée de comprendre le sens de son absence de désir, il n'en demeure pas moins que de manière concrète et pratique, Louise se fait quasi absente. Les prises de conscience qu'elle effectue en regard de son absence de désir demeurent aussi très rationnelles, quand elles ne sont pas évitées ou reniées.

> C'est sûr que mon enfance n'a pas dû aider, mais même si ma mère nous donnait des petites tapes, elle ne nous battait pas vraiment. Elle criait parce qu'elle n'était pas heureuse… Je n'ai pas eu beaucoup d'affection mais elle nous aimait. De toute façon, c'est le passé et le passé, ça ne donne rien de revenir là-dessus.

Malgré l'évocation de ces événements antérieurs qui ont marqué son enfance, Louise offre maintes résistances à l'idée de faire des liens entre ces modèles anxieux et pessimistes qu'elle a eus et le fait que ces caractéristiques soient si prononcées chez elle. Elle avoue cependant que la tendance qu'elle a à « voir le mauvais côté des choses » a sans doute des répercussions négatives sur sa vie sexuelle, puisqu'elle n'arrive pas à se centrer sur elle-même et à se laisser aller en faisant les exercices qui lui ont été proposés.

> Je ne sais pas si ça donne quelque chose. Je vis beaucoup de stress […] j'essaie de me connecter à moi-même et à mes sensations, mais ce n'est pas facile. J'ai toujours du mal à relaxer, à me vider la tête. Si je m'arrête, ça me donne l'opportunité de penser à toutes sortes de choses négatives. On dirait que je ne peux pas faire autrement, ça tourne toujours dans ma tête… alors je préfère ne rien faire.

Il apparaît donc, en cours de thérapie, que Louise ne manifeste aucun changement quant à la nature de son désir sexuel. L'analyse que je pratique avec elle rencontre maintes résistances et les exercices qu'elle pratique dans le but de s'approprier son corps provoquent un certain agacement chez elle : « Je ne réussis pas à me détendre beaucoup. Ce n'est pas à cause de mon corps ou de mes organes génitaux. C'est comme si ça allait contre le *speed* intérieur que je ressens. » C'est ainsi qu'au cours de la deuxième moitié de sa thérapie, Louise semble souffrir du fait que les répercussions de sa démarche thérapeutique ne soient pas plus positives. Cette constatation l'amène à se prêter aux exercices de relaxation, d'affirmation et d'estime de soi avec beaucoup plus d'ardeur et de constance. C'est ainsi qu'en fin de thérapie elle dira :

> Je sais que ça n'a pas été suffisant pour augmenter mon désir et m'amener à faire plus attention à mon corps et aux sensations que je peux avoir mais, sur le plan personnel, ça m'a beaucoup aidée. Je suis plus calme et je vois les choses de manière beaucoup plus positive. Je m'affirme plus par rapport à ma mère, maintenant, et elle aussi, elle fait plus attention à moi. Ça m'a libérée sur le plan de mes émotions. Peut-être que je devrais continuer comme ça pour essayer d'avoir du désir.

Les premières rencontres avec Louise me permettent de penser qu'elle a développé, au même titre que Marie, tout un ensemble de croyances et d'idées parasites qui l'empêchent, elle aussi, d'être réceptive à une sexualité saine et équilibrée. En effet, à aucun moment Louise ne mentionne un qualificatif ou un sentiment qui soient réellement positifs à l'endroit de la sexualité. Néanmoins, à l'inverse de Marie, Louise refuse de se tourner vers l'idée d'approfondir cette question et, par conséquent, de se pencher sur ce qui l'a conduite à construire cet ensemble de croyances, d'idées négatives et erronées qu'elle entretient au sujet de la sexualité. Le discours qu'elle tient par rapport à son père, en cours de thérapie, en est un bon exemple.

> Je ne veux pas écrire de journal parce que j'ai peur que quelqu'un le trouve et le lise. J'ai déjà voulu écrire sur mon père qui est mort. Mon psychologue me l'avait conseillé, mais je ne l'ai jamais fait […] De toute façon, je ne sais pas si j'aurais tant de choses à dire à mon père […] c'est du passé et le passé, c'est passé, il faut l'oublier.

Il se révèle donc, en cours de thérapie, que son propre corps ne peut pas être reconnu et perçu comme étant un lieu qui peut apporter des sensations agréables, comme un lieu de plaisir et de jouissance. Incapable d'habiter son corps, Louise demeure donc dans l'impossibilité de s'approprier les sensations plus ou moins subtiles de ce dernier. Lorsqu'elle est invitée à identifier les événements qu'elle a vécus et qui pourraient nous permettre de faire ressortir les croyances liées à son handicap, elle adopte des comportements d'évitement. Son anxiété occupant tout son espace intérieur, elle demeure vague et embrouillée quant à l'interprétation qu'elle pourrait avoir de la situation.

Une influence positive

Marie et Louise m'ont permis d'étudier l'influence que peut avoir une communication sexuelle sur la capacité d'éprouver du désir sexuel. Les données cliniques que j'ai utilisées lors de cette réflexion m'ont amenée à en faire un rapport et à tirer cette conclusion : plus une femme est capable d'être sexuellement en contact avec elle-même, et ce, tant en ce qui concerne la structure de ses pensées que ses affects et ses sensations, plus elle est en mesure d'éprouver un intérêt pour la sexualité, ce que je considère comme étant une étape essentielle pour ressentir du désir sexuel. En cela, Marie fut un excellent exemple. Cependant, en étant témoin de l'histoire sexuelle des femmes observées dans cette étude, j'ai pu prendre davantage conscience de la complexité d'un trouble tel que celui de l'absence de désir sexuel. J'ai donc pu constater que si, à ce trouble déjà fort complexe s'ajoutent d'autres problématiques telles que la dépression et l'anxiété, il devient plus difficile de traiter adéquatement cette difficulté. Il semblerait également qu'une meilleure autocommunication sexuelle ne puisse qu'avoir une influence bénéfique et favorable sur la capacité d'un individu à éprouver du désir sexuel. À cet effet, je peux ajouter que Louise, en étant incapable de communiquer sexuellement avec elle-même au cours de sa thérapie, n'a pas pu voir son désir sexuel augmenter.

Une vision réductionniste

Malheureusement, comme je l'ai déjà mentionné, la documentation que j'ai consultée en regard d'une meilleure communication sexuelle avec soi-même parle de l'importance de connaître son propre corps, de le découvrir ou de se l'approprier, mais c'est souvent par le biais de l'apprentissage de la masturbation ou de l'orgasme à atteindre que ce type de communication est traité. Je crois qu'en cela, certaines dimensions très importantes de l'autocommunication sexuelle ne sont qu'effleurées. Non pas que les auteurs n'abordent pas la question de ces autres dimensions, mais ils semblent mettre davantage l'accent sur une seule d'entre elles, c'est-à-dire la connaissance de son corps et de son fonctionnement. Peut-on ramener la communication sexuelle avec soi-même à ce seul aspect ou du moins, mettre à ce point l'accent sur lui ? Je ne le crois pas. Je soutiens que cette manière de présenter les choses peut donner à un individu une vision réductionniste et une compréhension limitée de ce que peut être ce concept d'autocommunication sexuelle.

Une perception humaine

La nécessité d'une prise de contact avec vous-même sur le plan sexuel ne devrait pas vous sembler utile uniquement à atteindre l'orgasme. Lorsque j'ai reçu Louise et Marie en consultation au départ, j'ai pu constater que, pour elles, mieux communiquer sexuellement avec elles-mêmes était synonyme d'avoir une meilleure réponse sexuelle physiologique. Or, je crois que ce qui a été très révélateur et très bénéfique pour elles est d'avoir pu prendre conscience qu'elles n'étaient pas de simples « machines » corporelles qui n'avaient qu'à se tourner vers certaines nouvelles techniques pour s'assurer un meilleur fonctionnement. Elles ont alors pu se percevoir comme des êtres humains qui, pour se rejoindre et être rejoints, ne peuvent pas faire fi des pensées, sentiments et émotions qui les habitent.

Bien sûr, cette étude exploratoire que j'ai faite se tournait vers les femmes. Toutefois, que vous soyez un homme ou une femme, il m'apparaît que si vous êtes amené(e) à bien communiquer sexuellement avec vous-même, vous verrez s'améliorer le type de communication que vous entretenez avec l'autre, ce qui pourra contribuer à vous faire vivre une relation amoureuse beaucoup plus saine.

Exercices

Certains exercices peuvent vous aider à mieux communiquer sexuellement avec vous-même. Ils vous ont été proposés à la fin du chapitre 3.

CHAPITRE 10

La communication sexuelle : un corps à cœur avec l'autre

> Il y a mille moyens de dire ce qu'on pense
> et un seul de dire ce qui est.
>
> JOSEPH JOUBERT

Depuis quelques années, nous parlons beaucoup de sexualité. Les articles et chroniques de la presse écrite se font un devoir de nous rappeler cette nouvelle réalité, de même que les nombreuses émissions de radio et de télé thématiques consacrées à ce sujet. Nous sommes devenus gourmands, insatiables et, souvent, intarissables sur la question. Ce qui fait qu'il n'est pas rare de voir une discussion entre amis se diriger tout droit au cœur de cette sexualité qui nous chatouille tant...

Quel vocabulaire !

Mais comment en parlons-nous ? Quel vocabulaire utilisons-nous pour nommer ce qui, de près ou de loin, concerne la sexualité ? En tant que sexologue, je vis dans un univers où le bon mot est employé pour désigner le bon objet. En dehors de cet univers, je suis donc souvent confrontée à un phénomène qui, selon mes humeurs, me fait sourire ou m'agace profondément : nous parlons de sexualité en utilisant un langage déguisé, tamisé, restrictif, réducteur, quand il n'est pas teinté d'humour ou carrément vulgaire et dévalorisant. C'est ainsi que des mots tels que minou, chatte, batte, queue, couilles, bâton nous mettent à l'abri de mots tels que vulve, clitoris, vagin, pénis et testicules. Je crois que nous nous cachons derrière ces mots qui masquent notre malaise, notre honte, notre gêne à nous exprimer sur un sujet qui depuis des siècles est imprégné de préjugés.

Un langage truqué

Lorsque j'étais petite, je ne comprenais pas ce langage que les adultes s'efforçaient de maquiller autour de moi — du moins me semblait-il — et qui abandonnait mon être à une foule d'interprétations toutes plus farfelues les unes que les autres. Que pouvaient bien signifier les « Elle a eu la grande opération ! » (Elle a subi une ablation de l'utérus ou des ovaires) ; « Elle est indisposée, pauvre petite ! » (Elle est menstruée) ; « Elle a un polichinelle dans le tiroir » (Elle est enceinte) ; « Pauvre femme… son mari passe son temps à sauter la clôture » (Son mari la trompe continuellement) ?

Des mots, des expressions qui étaient le reflet de sentiments mitigés que l'on éprouvait à l'idée de s'exprimer sur un sujet plus que tabou. Des mots et des expressions qui, malheureusement, perdurent : « Elle aime ça se faire sauter ! », « Je lui ai donné un bon coup de genoux dans les parties ! », « Il se passe un *five fingers solo* ! » (Il se masturbe) ; « Il aurait préféré se faire tailler une pipe ! » (Il aurait préféré se faire faire une fellation) ; « Il a mangé une tarte aux poils ! » (Il a fait l'amour oral à une femme).

Des émotions timides

Nous parlons donc de la sexualité en employant souvent un vocabulaire qui nous permet d'atténuer certaines émotions que nous avons peine à mettre en lumière, puisqu'elles ont trop longtemps été laissées dans l'ombre.

De plus, j'estime que si, au cours des dernières décennies, nous avons évolué sur le plan sexuel, je crois que nous avons davantage parlé de LA sexualité que de NOTRE sexualité: exprimons-nous réellement nos désirs à l'autre? Sommes-nous capables de nous abandonner, de nous confier? Nous sentons-nous mal à l'aise à l'idée d'exprimer nos besoins, nos insatisfactions? Combien d'hommes pèchent-ils encore par ignorance et par orgueil et combien de femmes simulent-elles encore? Certains peuples apprennent à faire l'amour comme nous apprenons à lire et à écrire. Non seulement nous n'avons pas appris, mais on nous a amenés à croire que la relation amoureuse et sexuelle devait aller de soi, comme si nous avions la science infuse, comme si en parler devait nécessairement briser le romantisme et la magie. Pourtant, nous nous sommes abstenus d'en parler pendant des siècles et la magie ne s'est-elle pas douloureusement envolée pour certains?

Des mots pour le dire

Bien sûr, au début d'une grande passion amoureuse au sein de laquelle Éros nous embrase, nous avons le sentiment que les mots sont inutiles puisque le désir s'alimente par lui-même. Et aussi parce que l'image idéalisée que nous avons de l'autre ne nous fait voir que ce que nous voulons bien voir. Les lunettes que nous portons ont même le pouvoir de transformer ses défauts en qualités ou, du moins, en péchés mignons…

Je vous l'accorde: communiquer, c'est facile à dire mais beaucoup moins facile à faire.

> C'est plus fort que moi… quand je veux lui dire quelque chose en rapport avec notre sexualité, on dirait que j'ai tendance à le faire en faisant des blagues ou… je ne sais pas, moi, ce n'est pas facile de dire à une fille que…

À seize ans, je n'aurais jamais pu dire à un gars que je n'aimais pas sa manière de me caresser les seins ou... surtout le clitoris parce que... peut-être que j'aurais eu peur de l'insulter, mais... je pense que c'est surtout parce que ça m'aurait trop intimidée de [...] Aujourd'hui, j'ai encore de la difficulté à entendre le son de ma voix quand je m'entends dire des choses comme « Va plus doucement » ou « C'est bon, ça » ou « J'aime ça ». Pourtant, ça devrait être tellement simple et naturel...

J'aime ça qu'une femme me parle quand on fait l'amour, ça m'excite encore plus, mais j'ai beaucoup de difficulté à faire la même chose, pourtant! Je ne crois pas que ce soit correct parce que je me dis que si moi, j'aime ça et que j'en veux, il faudrait peut-être que je me donne la peine de le faire aussi... Je n'ai pas eu de cours là-dessus quand j'étais petit...

J'ai tellement de difficulté à refuser quand mon mari veut faire l'amour. Ça devrait être simple pourtant de dire non! Au lieu de faire ça, je fais quand même l'amour et je suis fâchée contre lui... Je me dis même parfois qu'il aurait pu deviner que je n'avais pas le goût.

Une éducation judéo-chrétienne

Nous pourrions nous demander comment il se fait qu'entre deux personnes qui baignent dans tant d'intimité, il existe une si grande pudeur dans les mots. Ce n'est guère étonnant puisque l'éducation judéo-chrétienne que nous avons eue ne nous a pas donné une image positive de la sexualité. Nous avons reçu une foule de messages qui nous incitaient à croire qu'elle était laide et sale. Comme nous l'avons vu précédemment, cette éducation a, par exemple, imposé aux femmes la dualité vierge-putain : d'un côté, les femmes sans taches qu'on peut respecter et aimer, de l'autre, les femmes impures dont on se sert et qu'on rejette... Tous les jours, je peux observer les ravages que cette éducation a faits chez bien des femmes qui éprouvent des blocages à l'idée de se voir, de se sentir et de se conduire comme des êtres sexués qui éprouvent du plaisir en faisant l'amour et qui assument pleinement cette réalité.

Assurer ses arrières

Comme je viens tout juste de le mentionner, nous avons peur de briser le romantisme en osant aborder des détails plus techniques. Parler de soi, de ses préférences, de ses goûts et de ses dégoûts ou aversions, bref, oser dire à l'autre ce qui nous définit et nous rejoint le plus et le mieux sur le plan sexuel, c'est également, pour la femme, aller à l'encontre du mythe rattaché au Prince charmant qui, par amour, peut tout deviner d'elle. Et c'est aussi comprendre et accepter qu'il n'est pas l'être parfait qu'elle rêvait de rencontrer. Elle garde également le silence parce qu'elle a peur de décevoir l'autre, d'être jugée, étiquetée. Bref, elle a peur de ne pas être à la hauteur de ce qu'il espère. En fait, elle essaie de préserver son image et de ménager celle de son partenaire en taisant certaines remarques qui pourraient porter atteinte à son ego. Ainsi, elle s'assure qu'il fera de même avec elle.

Des messages lourds de conséquences

Nous vivons tous avec une certaine somme d'informations erronées que nous avons puisées dans la cour d'une école, dans une revue ou un film pornographique ou dans les bribes d'une conversation entre adultes que nous n'aurions pas dû entendre. Des informations inexactes qui sont à l'origine de blocages et de traumatismes que nous avons savamment appris à refouler et qui, bien souvent, se pointeront le bout du nez au cours d'une séance chez un thérapeute.

Les adultes ont parfois la fâcheuse habitude de transmettre aux enfants certains messages dont ils ne peuvent pas comprendre le sens et que, pire encore, ils interprètent de manière négative.

Lucie, trente-huit ans, a de la difficulté à maintenir son désir sexuel :

> Je pense qu'une chose m'a marquée, c'est que ma mère disait : « Tous les hommes trompent leur femme, mais les femmes sont patientes. Un jour, ils arrêtent de courir ailleurs, reviennent chez eux et restent ensemble. J'ai fait l'erreur de mettre ton père à la porte... » Pour moi, c'est épouvantable de dire ça... et je trouve que ma mère avait fait le bon choix, parce que ce n'est pas acceptable de supporter l'infidélité de cette façon-là, c'est une question de respect pour soi-même. Pour moi, c'est l'attitude de la femme martyre, victime, c'est se diminuer soi-même. Moi, j'aime mieux être trop orientée vers moi-même que pas assez, que me victimiser. Souvent, les paroles de ma mère me reviennent dans la tête quand elle me disait que tous les hommes sont des dégueulasses, qu'ils trompent tous leur femme. Je me dis que j'ai de la chance d'avoir un mari comme le mien. Mais ça reste tout le temps en arrière dans ma tête, par rapport aux hommes.

Élise, vingt-huit ans, n'a pas de désir sexuel :

> J'avais environ cinq ans et j'entendais ma mère et son ami faire l'amour. Je les entendais parce qu'on dormait dans un salon double, j'étais séparée d'eux seulement par un rideau. Ils faisaient ça et j'éprouvais du dégoût. Je savais qu'il ne la battait pas même si elle gémissait, mais... Un soir, je me souviens... elle lui a dit : « Elle dort pas encore, elle fait exprès. » Souvent, j'entendais ma mère parler de sexe au téléphone, avec ma grand-mère ou ses amies. Elle disait des choses comme : « On fait ça cinq, six fois par jour quand Élise n'est pas là. On attend qu'elle parte à l'école. Je suis

obligée de me mettre des compresses froides pour aller faire mes courses. »

Louis, trente-six ans, n'a pas de désir sexuel :

Ma mère m'a dit, quand j'avais à peu près douze ans : « Fais attention aux femmes. Choisis-en une qui ne fume pas, qui ne boit pas et qui ne t'entraînera pas dans les bars. » Je n'avais pas le droit d'emmener une femme pour passer la nuit chez nous, même quand j'avais vingt-trois ans. Elle ne voulait pas savoir ce qui se passait avec mes petites amies, à part quel genre de fille c'était et ce qu'elle faisait dans la vie. Elle ne m'a pas dit clairement de ne pas emmener de femmes dans ma chambre, mais je devinais et j'envisageais un beau gros non. Je n'ai pas voulu prendre la chance et je me serais peut-être senti mal, sachant qu'elle dormait deux portes à côté.

Nous portons donc tous en nous une certaine somme de messages qui se sont inscrits dans notre corps et notre esprit. Des messages qui ont fait naître en nous des sentiments que nous n'avons pas pu exprimer et qui, même si nous les savons néfastes pour nous une fois parvenus à l'âge adulte, ne nous laisseront vivre en paix avec nous-mêmes qu'après qu'un travail d'analyse sur nous-mêmes a été effectué.

Souvent, ce n'est pas tant ce qu'a vécu un enfant qui a pu laisser une blessure importante en lui que le fait qu'il ait dû garder cet événement sous silence. Exprimer ses émotions lui aurait permis de dédramatiser l'événement et de ne pas porter en lui honte et culpabilité.

L'amant de ma mère me collait, il essayait de me prendre les seins et frottait mon sexe à travers mes pantalons... J'avais

> dix ans. J'avais peur qu'il me viole. Ma mère m'encourageait à m'asseoir sur lui. Quand j'avais douze ans, ma mère a eu un autre petit ami qui se frottait sur moi quand il était en érection. Je me suis longtemps dit que ça n'avait pas dû être bien grave parce qu'il n'y avait pas eu de pénétration, que c'était juste du tripotage. Je n'ai même pas pu en parler. J'ai essayé, mais ma mère aurait préféré donner sa fille plutôt que de perdre un amant. Elle m'a même déjà dit: «Je me suis bien fait violer, moi, pour qu'ils aillent pas te voir, alors arrête de te plaindre!»

Cette femme a donc gardé ce «tripotage» offensif et humiliant tout au fond de sa gorge, tout au fond de son corps, tout au fond de son cœur et tout au fond de son sexe. Elle ne savait pas qu'environ 75% des petites filles — et sans doute beaucoup plus à son époque — ne peuvent pas confier à une oreille douce et attentive toute l'humiliation, la peur et la peine qu'elles ressentent au cours d'un abus sexuel. Et cette réalité causera des dommages terribles.

> Je dois me rendre à l'évidence, arrêter de me mentir: je n'aime pas faire l'amour puisque je passe le plus clair de mon temps à trouver des prétextes pour ne pas le faire. Ça me rend triste parce que j'aime mon mari et qu'il m'aime. Alors, pourquoi suis-je si tendue à l'idée de me laisser aller dans ses bras, d'éprouver du plaisir et d'en être heureuse? Ça m'angoisse et me rend coupable. Pourtant, ça devrait être si beau de partager ce genre d'intimité avec celui qu'on aime...

Pour cette femme, se rencontrer et rencontrer l'autre au cours d'une relation sexuelle deviendra impossible. Ce qui devrait être une merveilleuse rencontre des corps et des cœurs deviendra pour elle la rencontre de blocages, de souffrance et d'interdits.

> Je suis toujours gênée, surtout au cours des deux premières minutes… J'ai surtout peur de me laisser aller, je suis incapable de me laisser aller au début. Je finis par éprouver du plaisir et je suis contente que lui en éprouve, mais… j'aimerais être capable de me laisser aller […] Je ne sais pas ce qui m'excite parce que ça ne m'intéresse pas. Je ne me sens pas à l'aise de lui répondre quand il me questionne sur mes préférences, je ne me sens pas à l'aise de lui répondre franchement. J'aimerais être capable de le faire, être plus ouverte, lui montrer ce que j'aime ou n'aime pas. Plus j'éprouve du désir et plus je me retiens pour ne pas en avoir trop parce que ce serait trop sexuel, trop cochon… Je pense que j'aurais peur d'avoir honte.

Des peurs bien tapies en soi

Nous avons vu qu'enfants, nous avons commencé à prendre conscience de notre identité de genre vers l'âge de deux ans. Jusqu'à cinq ans, nous nous sommes intéressés de près aux différences qui pouvaient exister entre les garçons et les filles. C'est ainsi que la plupart d'entre nous ont joué au docteur… Nous voulions voir, examiner et toucher les organes génitaux de l'autre sexe afin de satisfaire notre curiosité. Intrigués, nous nous sommes livrés à un processus d'apprentissage qui, le plus souvent, passait par le jeu. Malheureusement, ces jeux ont été, dans la plupart des cas, défendus et même condamnés par les adultes, ce qui a eu comme conséquence de rendre la sexualité encore plus attirante et intrigante, mais également inquiétante.

> Je me souviens de quelque chose… ma mère est entrée dans ma chambre… j'avais à peu près six ans et… Mon Dieu, comment vous dire ça? Je pense que même aujourd'hui, j'ai encore honte de… bon… ma mère est entrée dans ma chambre au

moment où j'avais mis ma main sur le pénis d'un petit voisin et... ma main était sur son pénis mais par-dessus son pantalon... et là, ma mère m'a crié quelque chose comme : « T'as pas honte, espèce de petite malpropre ? Qu'est-ce que tu vas faire plus tard ? » Et puis, elle a dit au petit garçon de partir et elle m'a donné une bonne fessée ! Moi, dans le fond, j'étais juste curieuse de savoir... je ne sais pas exactement ce que je voulais savoir, mais je ne crois pas que ça ait été quelque chose de mal. Aujourd'hui, par contre, je sais que le mot malpropre est toujours là quelque part dans ma tête quand je pense au sexe et que j'ai peur de devenir... peur de quoi ? Je ne sais même pas, peut-être d'être malpropre.

En cours de thérapie, il est toujours important de se tourner vers les jeux sexuels d'un patient dans sa jeunesse afin d'être en mesure d'évaluer les messages reçus sur la sexualité et les peurs que ces derniers ont pu engendrer chez lui. Malheureusement, il est très rare que j'entende une patiente s'exprimer en termes de joie et de bien-être lorsque nous abordons la question des sentiments qu'a fait naître en elle ce genre d'expérience. Elle les expose davantage en termes de honte, de culpabilité et de gêne. C'est un phénomène que je rencontre aussi assez souvent chez les hommes.

Enfants, vous vouliez partir à la découverte de la différence entre les sexes, ce qui était tout à fait normal et légitime. Mais vous avez été retenu et brimé dans ces efforts pour poursuivre votre développement psychosexuel. Vous auriez dû pouvoir satisfaire cette saine curiosité pour vous préparer à avoir une vision et une perception beaucoup plus positive et équilibrée des organes génitaux et de la sexualité. Malheureusement, la loi qui prévalait en regard de la sexualité était celle du silence, de la honte et du péché, une loi qui engendrait bien des peurs.

Je remontais la rue chez moi et un homme m'a demandé si je pouvais aller lui chercher un paquet de cigarettes à la tabagie du coin. J'ai accepté et là, il m'a dit qu'il avait oublié son argent chez lui. Il m'a demandé de le suivre jusqu'au troisième étage de l'édifice qui était situé en face de nous. Comme j'avais sept ans, je ne me suis pas posé de questions parce que, à cette époque, on était moins averties que les jeunes d'aujourd'hui... Alors, quand nous sommes arrivés au troisième étage, il a sorti son pénis en érection et a commencé à se masturber devant moi... Je me souviens que j'étais clouée sur place parce que je n'avais jamais vu un pénis de ma vie et ça me semblait tellement gros et dangereux. Il faut dire aussi que c'était quelque chose de défendu, qu'on n'avait pas le droit de regarder. Finalement, je me suis sauvée en courant. Et puis, je me souviens que vers l'âge de neuf ans, un petit garçon m'a dit qu'un enfant, ça se faisait quand un homme mettait son pénis dans le vagin de la femme. La première image qui m'est alors venue en tête, c'est le pénis de cet homme qui s'était masturbé devant moi et le même sentiment de peur s'est emparé de moi. Pourtant, je croyais avoir oublié ça, je n'y avais plus repensé. C'est effrayant de voir que... Pendant des jours, je me suis dit: «Oh non! jamais un homme ne mettra cette chose-là dans mon vagin.»

Je n'ai jamais parlé de ce qui m'est arrivé ce jour-là... Je revenais de l'école et, comme j'étais le dernier élève à quitter l'autobus, j'étais seul avec le chauffeur. Il m'a vraiment pris par surprise quand il a descendu la fermeture éclair de son pantalon pour me montrer son pénis. Je n'ai pas osé le dire à ma mère, car j'étais convaincu qu'elle allait me punir, qu'elle m'accuserait d'avoir fait quelque chose de très mal. J'ai longtemps cru que cet incident ne m'avait pas marqué, jusqu'au jour où j'ai entendu parler de pédophilie au cours d'un bulletin de nouvelles. Chaque fois que j'entends parler de ça, j'ai ces images qui me reviennent en tête et je me sens mal.

Si ces jeunes enfants n'avaient pas vécu dans un environnement qui s'était évertué à leur cacher les organes génitaux, leur donnant en cela le sentiment qu'ils étaient un objet redoutable et menaçant, ils n'auraient sans doute pas eu cette réaction aussi empreinte de dégoût et de peur. Aussi, ils auraient été plus capables d'exprimer leur ressenti face à cette expérience, ce qui l'aurait rendue beaucoup moins traumatisante.

Une jouissance peu réjouissante

Quand et comment avez-vous découvert la jouissance sexuelle? En cours de thérapie, lorsque je me penche sur l'histoire sexuelle de mes patients et que je les amène à faire des liens entre cette découverte et les sentiments qu'elle a fait naître chez eux, je suis très souvent confrontée à cette réalité : ils éprouvent énormément de difficulté, voire de résistance à reconnaître et à comprendre qu'ils aient pu faire certaines associations négatives en rapport avec cette première jouissance éprouvée. Je retrouve chez eux une espèce de jumelage jouissance-honte, jouissance-culpabilité, jouissance-gêne, jouissance-peur, etc., lequel a entraîné certains blocages. Des blocages qui minent leur existence et contre lesquels ils ne peuvent pas se battre, puisqu'ils n'en connaissent pas la véritable nature. Ce phénomène est plus présent chez les femmes.

> [...] Il avait seize ans et moi, j'en avais seulement douze. Il m'avait emmenée dans le bois et m'avait caressée et embrassée. Il me disait qu'il m'aimait, qu'il faisait ça parce qu'il m'aimait, mais que les autres ne devaient pas le savoir. On a fait ça quelques fois et, à un moment donné, je crois que j'ai eu un orgasme pendant qu'il me chuchotait de ne pas le répéter aux autres, que sinon, on ne pourrait jamais plus se revoir. J'avais peur qu'on nous surprenne et... aujourd'hui, je sais que c'est toujours plus facile pour moi d'avoir un orgasme quand je suis en situation de danger, dans un endroit insolite, par

exemple, un endroit où les gens pourraient nous voir. J'aimerais ça, pouvoir éprouver la même excitation dans un endroit normal, un lit, par exemple.

[…] J'avais treize ans et j'étais dans mon bain. Je m'étais placée sous le jet d'eau du robinet pour voir ce que ça ferait sur mon clitoris et au moment où j'ai eu un orgasme, ma mère a cogné très fort en m'ordonnant d'ouvrir immédiatement la porte. Comme j'étais rouge comme une pivoine et que j'avais l'air coupable, elle m'a fait une scène épouvantable en me traitant de tous les noms et elle est revenue là-dessus pendant des jours, en criant autant. Je ne l'avais jamais vue comme ça. Aujourd'hui, on dirait toujours que je ressens plus quelque chose sur le plan sexuel quand je suis avec des hommes qui me font vivre toutes sortes d'histoires, qu'on se dispute et… pour moi, le sexe n'est jamais aussi bon que quand je viens de m'engueuler avec un gars. Il me semble que je ne peux pas continuer comme ça, que ce n'est pas une vie.

Peur ou désir?

Un nombre plus ou moins considérable de peurs nous habitent tous. Je me plais souvent à dire à mes patients que derrière chacune de leurs peurs se cache un désir et que derrière chacun de leurs désirs se cache souvent une peur. Mais nous avons beaucoup plus de talent à communiquer nos peurs que nous n'en avons à communiquer nos désirs. « Si tu me quittais, j'en mourrais ! » : voilà un bel exemple d'une peur que nous projetons souvent sur l'autre. Ce faisant, nous lui demandons de jouer un rôle fort dur à camper, un rôle qui risque de l'étouffer. Ne serait-il pas plus invitant, positif et profitable de l'aborder plutôt avec le désir qui se tapit sous cette peur ? : « Je suis si bien avec toi. J'espère que notre amour durera longtemps. »

Être capable de se livrer à une bonne communication sexuelle peut donner un grand privilège, celui d'avoir le doux sentiment de ne faire qu'un avec l'autre : croisement des corps, croisement des pensées, croisement des émotions. Une bonne communication sexuelle permet à deux cœurs qui s'aiment de dévoiler et d'unir la partie la plus sacrée d'eux-mêmes et de vivre ainsi la plus belle et la plus grande intimité qui soit.

TEST

Répondez par oui ou non à ces questions.

- Lorsque vous êtes seul(e), êtes-vous capable de prononcer des mots tels que pénis, masturbation, vagin, pénétration, orgasme, sans vous sentir mal à l'aise ?

- Pouvez-vous les prononcer lors d'une discussion avec d'autres personnes ?

- Faites-vous vos demandes à l'autre d'une manière claire et précise, en lui disant par exemple : « J'aimerais que tu caresses mes seins (ma poitrine) plus fermement » et non pas « J'aimerais que tu me fasses l'amour autrement » ?

- Êtes-vous patient(e) en ce qui concerne les changements que vous désirez apporter au sein d'une relation, sur le plan sexuel ?

- Acceptez-vous l'idée d'apporter graduellement certaines modifications au lieu d'attaquer le problème de front et dans son ensemble ?

- Lui parlez-vous ouvertement de ce qui vous plaît et vous rejoint ?

- Pensez-vous à lui manifester votre joie lorsque vous observez un changement dans son attitude ? Le ou la valorisez-vous dans ces moments-là ?

- Êtes-vous capable de remettre en question vos propres comportements ?

- Connaissez-vous ses besoins, ses préférences, ses angoisses ?

- Pouvez-vous discuter calmement et clairement des propositions que l'autre vous fait et avec lesquelles vous vous sentez mal à l'aise ?
- Êtes-vous capable d'exprimer à l'autre ce que vous ressentez à cette idée ?

Si vous avez répondu non à la majorité de ces interrogations, une remise en question s'impose si vous désirez réellement mieux communiquer sexuellement avec l'autre. Essayez de faire preuve de plus de souplesse et d'ouverture. Au lieu d'attaquer un problème dans son ensemble, acceptez l'idée d'apporter graduellement certaines modifications. La difficulté que vous avez à surmonter vous semblera beaucoup moins lourde à résoudre, dans ces conditions. Un « J'aimerais que tu saches mieux me faire l'amour » est beaucoup plus menaçant qu'un « J'aimerais que tu m'embrasses plus longuement sur la bouche lorsque nous commençons à faire l'amour », suivi, à quelques jours d'intervalle, d'un « J'aimerais que tu me caresses davantage avant de me faire l'amour oral ». De plus, prendre le temps et le plaisir de valoriser l'autre lorsqu'il(elle) fait des efforts pour vous rejoindre plus et mieux ne peut que l'encourager à poursuivre ses efforts. Je vous suggère de vous détendre avant de faire l'amour. Si vous ressentez de la colère envers l'autre à propos d'un geste qu'il(elle) a posé envers vous au cours de la journée, il serait essentiel que vous puissiez vider la question avec lui(elle). Si, pour une raison ou une autre, vous ne désirez pas faire l'amour, osez lui dire pourquoi vous ne le désirez pas. Apprenez également à accepter un refus sans vous sentir dévalorisé(e) et menacé(e).

Chapitre 11

Sommes-nous tous bisexuels ?

> Être bisexuel, c'est doubler ses chances
> de rencontrer quelqu'un le samedi soir.
>
> Woody Allen

De plus en plus de femmes hétérosexuelles de quarante ans et plus choisissent de vivre, à long terme, une relation amoureuse et sexuelle avec une autre femme. Aussi, nous ne pouvons pas ignorer ces hommes qui, après dix ou vingt ans d'union hétérosexuelle, décident de quitter femme et enfants pour une relation homosexuelle. Nous ne pouvons pas non plus ignorer ces femmes qui en souffrent. Et que dire de ces jeunes hommes et de ces jeunes femmes de plus en plus nombreux qui se disent ambivalents par rapport à leur sexualité? C'est là un phénomène très actuel que je ne pouvais pas passer sous silence dans cet ouvrage, car je le crois très révélateur du genre de rapports qu'entretiennent les hommes et les femmes du XXIe siècle.

Lorsque j'aborde ce sujet, certaines personnes ont tendance à me faire ce commentaire : « Si une femme hétérosexuelle va vers une autre femme, c'est probablement parce qu'elle a toujours été homosexuelle ou bisexuelle sans le savoir... à moins que ce soit par dépit envers les hommes ! » Ces deux réponses peuvent, dans certains cas, se révéler exactes, j'en conviens. Il n'en demeure pas moins que nous ne pouvons pas nous limiter à elles, en ce sens qu'elles peuvent restreindre la juste compréhension que nous pourrions avoir de ce phénomène. Or, est-il possible que nous, les femmes, puissions vivre une bisexualité plus « équilibrée » que ne le serait celle que peuvent vivre les hommes? Afin de répondre à cette question, je crois que nous aurions intérêt à jeter un regard plus objectif sur la bisexualité.

Une place inconfortable

Tout comme l'homosexualité, la bisexualité a toujours existé. Malgré le fait qu'on en parle davantage et que des figures publiques telles que Madonna, Drew Barrymore, Elton John ou Richard Chamberlain se soient prononcées à ce sujet, nous entretenons énormément de préjugés envers ceux et celles qui peuvent aimer soit un homme, soit une femme.

Le bisexuel occupe souvent une place très inconfortable au sein de notre société. D'une part, les homosexuels le considèrent souvent comme un être qui refuse de vivre pleinement son homosexualité, un être qui trahit en quelque sorte les autres homosexuels. Lorsqu'ils semblent l'accepter, ils ne font en fait que le tolérer en croyant qu'ils réussiront à le convertir. D'autre part, les hétérosexuels voient souvent en lui un individu qui cache sa véritable orientation homosexuelle, quand ils ne le traitent pas d'ambivalent, de déséquilibré ou de vicieux. Nous vivons dans une société bipolarisée où tout est blanc ou noir, où on est un homme ou une femme, où on est homosexuel ou hétérosexuel. Il semble donc que, pour le moment, la bisexualité ait énormément de difficulté à prendre sa place, à l'intérieur d'un système tel que le nôtre.

Des chiffres révélateurs

Pourtant, je crois que le désir homosexuel est encore plus présent chez l'être humain qu'on ne le pense. À titre d'exemple, je pourrais mentionner ici ces quelques chiffres rapportés par Kinsey et son équipe à la fin des années 1940 et au début des années 1950.

En ce qui a trait à l'homosexualité, près de 8 000 femmes ont été interrogées. De ce nombre, 1 600 avaient déjà eu au moins une relation homosexuelle qui les avait conduites à l'orgasme, et ce, entre l'âge de seize et cinquante-cinq ans; environ 700 de ces femmes avaient eu plusieurs activités homosexuelles et environ 300 étaient exclusivement homosexuelles.

Près de 50 % des hommes interrogés admettaient avoir déjà éprouvé un désir sexuel pour une personne du même sexe qu'eux. Par contre, 13 % d'entre eux n'étaient jamais passés à l'acte et 7 % l'avaient fait de manière occasionnelle.

Trente ans plus tard, le *Rapport Hite* révélait ces chiffres : 43 % des 7 000 hommes interrogés avaient eu, au cours de leur enfance ou de leur adolescence, des rapports sexuels avec un garçon. Dans la plupart des cas, ces activités allaient de l'automasturbation simultanée sans contact tactile avec l'autre à la fellation. Aussi, près de 20 % des hommes qui se sont prêtés à cette enquête et qui se considèrent hétérosexuels ont avoué avoir déjà eu une relation sexuelle avec un homme, alors que 20 % disaient y avoir pensé sans toutefois être passés à l'acte. Le *Rapport Hite* n'avançait aucun chiffre quant au pourcentage des femmes qui avaient souhaité avoir une relation sexuelle avec une autre femme. Elles étaient cependant « très nombreuses » à avoir manifesté ce désir. Notons que 270 des 3 000 femmes interrogées se considéraient comme bisexuelles.

Plus près de nous, une enquête de Samuel et Cynthia Janus effectuée auprès de 1 300 hommes et 1 400 femmes révèle ces faits : 22 % des hommes et 17 % des femmes interrogés ont eu des expériences homosexuelles. Cependant, seulement 2 % d'entre eux et 5 % d'entre elles s'identifient comme étant homosexuels ou bisexuels.

Qu'est-ce que la bisexualité ?

Mais qu'en est-il au juste de la bisexualité ? Que comprenons-nous exactement d'elle ? À partir de quel moment une personne est-elle « cataloguée » comme étant bisexuelle et pourquoi ? À partir de ces questions qui demeurent souvent sans réponses, j'ai cru bon de vous donner certaines informations qui pourront vous éclairer sur ce que plusieurs d'entre nous ont tendance à considérer de manière fort péjorative.

Trois orientations sexuelles sont définies dans la documentation scientifique. Parmi elles, nous retrouvons la bisexualité. J'ai répertorié quelques-unes de ses définitions afin que nous puissions mieux nous situer par rapport à elle.

Chez un même individu, pratiques sexuelles aussi bien avec des partenaires de même sexe que de sexe différent. Psychan. : hypothèse selon laquelle tout être humain disposerait en lui des tendances masculines et féminines, qui se retrouveraient dans sa façon d'assumer son propre sexe[18].

Elle se réfère à la différence des sexes et à la potentialité biologique et comportementale bisexuelle chez l'être humain qui posséderait des vestiges de l'autre sexe et pourrait se comporter de manière homosexuelle et hétérosexuelle[19].

La personne bisexuelle est celle qui est attirée et qui apprécie les contacts sexuels avec les hommes et les femmes. Et selon la période de la vie, ces contacts bisexuels peuvent passer de l'hétérosexualité à l'homosexualité[20].

Un potentiel humain

Weinberg, William et Pryor présentent, dans un livre intitulé *Dual attraction*, une étude réalisée auprès de personnes

---
18. *Petit Larousse illustré*, Paris, éditions Larousse, 1988, p. 119.
19. OPPENHEIMER, Agnès. Dans Alain Fine, Diane LE BEUF et Annick LE GUEN, *Bisexualité*, Paris, Les Presses Universitaires de France, 1997, p. 95.
20. FRANCŒUR, Robert Thomas. *A despriptive Dictionary and Atlas of sexology*, New York, Greenwood Press, 1991, p. 69.

bisexuelles. Selon eux, la bisexualité est un potentiel humain universel. En fait, personne n'est à l'abri de la bisexualité, à l'abri d'attractions qui soient à la fois homosexuelles et hétérosexuelles. Ils attirent notre attention sur un fait qui, à mon avis, est très important : lorsque nous devenons bisexuel, nous passons par tout un processus qui nous demande de désapprendre les règles que la société nous a imposées à propos du rôle que nous devons jouer et assumer en tant qu'homme ou en tant que femme. Puisque la bisexualité permet de dépasser certaines interdictions, ces auteurs la voient comme une espèce d'échec du processus par lequel un individu apprend des rôles sociaux sexuels très stricts.

Une enquête significative

En 1971, la psychiatre Charlotte Wolff a écrit un livre qui a beaucoup fait parler de lui et qui s'intitulait *Love between women*. Dix ans après la parution de ce dernier, elle a rédigé un ouvrage qui l'a conduite, entre autres choses, à faire une enquête auprès de 75 hommes et 75 femmes vivant en Grande-Bretagne. Ils se considéraient bisexuels et ne présentaient pas de cas pathologiques. Je me suis intéressée de près à cet ouvrage, puisque peu d'études de ce genre ont été publiées sur ce sujet. J'ajouterais que Wolff a eu l'excellente idée d'étudier de quelle manière Freud et ses successeurs avaient envisagé la question de la bisexualité, pour se tourner ensuite vers les dimensions biologiques et culturelles pouvant être à l'origine de cette dernière. Il m'a semblé pertinent et intéressant de vous faire part d'une partie de sa recherche.

Une disposition innée

Lorsque nous donnons l'étiquette de bisexuel à un individu, nous faisons référence à son orientation sexuelle, mais également à son identité de genre. En effet, la bisexualité nous dispose psychiquement à une double identité de genre. Comme cette dernière est innée en chacun de nous, elle peut donc nous amener à développer une double orientation sexuelle. Une double identité de genre qui nous conduirait donc à éprouver une double attirance, un double désir. Si les relations homosexuelles et hétérosexuelles coexistent chez une personne, elles ont donc des natures différentes. Par conséquent, elles répondent à des besoins différents. Autrement dit, si vous êtes bien disposé à intégrer les composantes « mâles » et « femelles » qui sont en vous et qu'il vous est possible de bien composer avec elles, vous pouvez être sexuellement attiré par les deux sexes. Le témoignage de l'une de mes patientes va en ce sens :

> J'ai toujours vécu avec des hommes que j'ai appréciés et aimés. Aujourd'hui, je me définis comme… en fait, pourquoi devrais-je me définir ou me donner l'étiquette d'hétérosexuelle, d'homosexuelle ou de bisexuelle ? Pour faire plaisir aux gens ? Pour les rassurer sur leur propre orientation sexuelle ? Quoi qu'il en soit, j'ai rencontré une femme et je l'ai aimée, tout simplement. Peu importe que ça ait été une femme. D'ailleurs, ça aurait tout aussi bien pu être un homme. C'est d'abord l'être humain qui était devant moi qui m'a touchée. La sexualité est venue se greffer plus tard, un peu comme un complément à ce qui me rejoignait déjà… Au début, je ne comprenais pas cette attirance que je ressentais pour elle et je me sentais très coupable. Avec le temps, j'ai fini par comprendre que mes craintes étaient surtout reliées à tous les préjugés que nous entretenons par rapport à l'homosexualité. J'ai donc décidé de m'informer sur ce sujet et je suis parvenue à la conclusion que l'être humain n'est pas toujours si hétérosexuel qu'on veut bien nous le faire croire. Pourrais-je aimer à nouveau un homme ? Mais certainement !

Et si c'était leurs gènes...

On a longtemps cru, selon Wolff, que la bisexualité pouvait être innée. Lorsque la psychanalyse est apparue, cette idée est devenue désuète, et ce, même si maints chercheurs n'ont jamais renié le fait qu'une dimension biologique puisse en être à l'origine. Cependant, on a dû attendre que des recherches plus poussées se fassent dans le domaine de la génétique, de l'endocrinologie et des fonctions cérébrales, pour pouvoir mieux identifier et comprendre le caractère de cette dimension. La biologie, de par sa découverte des chromosomes, a permis à la génétique et à la sexologie d'évoluer énormément.

Une chose est certaine : que nous soyons un homme ou une femme, nos glandes sécrètent à la fois des œstrogènes (hormones femelles) et des androgènes (hormones mâles, dont la testostérone). Cette réalité prouve, sur le plan biologique, que la bisexualité est fondamentale chez chacun d'entre nous. L'influence des glandes endocriniennes peut jouer un rôle important sur ce plan, mais je ne suis pas d'accord avec certains chercheurs contemporains qui considèrent que le comportement psychosexuel dépend uniquement de nos hormones. Au même titre que Wolff, je crois que notre constitution endocrinienne peut nous permettre d'ignorer certaines normes établies et d'adopter une conduite qui nous est propre, mais je crois également ceci : seuls les individus qui ont de fortes personnalités sont capables d'assumer une manière de vivre contraire aux idées et messages reçus. Ceux qui ne présentent pas ce profil répriment leurs besoins et se soumettent aux conventions.

La bisexualité à travers le temps

Freud «... comprit que la bisexualité était le moteur de la psyché, gouvernant l'esprit et les émotions, et responsable de leur équilibre. Il ne parvint toutefois pas à donner une définition satisfaisante de ce concept. Vers la fin de sa vie, il fut le premier à admettre qu'il n'était jamais arrivé à comprendre cette question jusqu'au bout[21] ». Ses écrits révèlent qu'il occupe une position inconfortable par rapport à la bisexualité féminine, en ce sens qu'il n'arrive pas à l'expliquer de manière satisfaisante. Son concept de protomasculinité l'amène à porter un regard subjectif sur la femme : elle vit son absence de pénis dans l'envie, le manque et la frustration. Par ailleurs, il s'abstient d'affirmer que les hommes, au cours de leur petite enfance, souhaitent souvent être des filles. Un comportement que son *Analyse d'une phobie chez un petit garçon de cinq ans* lui a pourtant permis de reconnaître et d'étudier, puisque ce bambin qui joue avec une poupée avoue spontanément son désir de mettre un jour au monde une petite fille. Son ouvrage intitulé *De la sexualité féminine* lui donne l'opportunité d'avouer, à l'âge de soixante-quinze ans, qu'il a fait abstraction des liens qui existent entre une petite fille et sa mère, sur le plan affectif. Et ce sont justement ces liens qui permettent entre autres choses, d'expliquer une partie de la bisexualité féminine. En effet, comme nous l'avons vu précédemment, ce sont les mères qui portent les enfants, qui les allaitent et qui en prennent soin. *Les femmes que nous sommes devenues ont donc eu comme premier objet d'amour une autre femme.* Et comme c'est un lien, un état fusionnel qui nous a marquées fortement, nous aurons tendance à vouloir le recréer. Dans ce même ouvrage, Freud nous dit néanmoins que la petite fille éprouve pour sa mère un attachement « pré-œdipien » beaucoup plus fort que celui du petit garçon. Il écrit : « la bisexualité que nous affirmons être inhérente à l'être humain se manifeste de manière plus évidente chez la femme que chez l'homme[22]. »

D'après Hélène Deutsch qui a écrit *La psychologie des femmes*, la fille a des doutes par rapport à son identité de genre lorsqu'elle traverse la prépuberté et l'adolescence. Elle s'interroge quant à l'amour qu'elle peut ressentir : se porte-t-il sur les femmes ou les hommes ? Elle est ambivalente. Cette bisexualité l'amène à con-

---

21. WOLFF, Charlotte. *Bisexualité*, Paris, Éditions Stock, 1981, p. 43.
22. FREUD, Sigmund, dans Wolff Charlotte, *op. cit.*, p. 49.

naître certains conflits, et parfois même une certaine forme d'instabilité sur le plan affectif. Comme elle a de la difficulté à bien intégrer ses composantes féminines et masculines, l'amour et la haine qu'elle éprouve pour la personne de son choix alternent continuellement. Cette auteur remarque combien l'environnement détermine la manière dont la bisexualité se manifeste chez chacune d'entre elles. Son analyse se tourne davantage vers l'importance de la relation qui existe entre une mère et sa fille, puisque c'est cette relation qui est à la base même du besoin qu'a la fille d'un amour féminin. Deutsch souligne que ce lien a une très grande valeur et admet que l'homosexualité féminine est naturelle.

Selon Wolff, le psychanalyste Georg Groddeck se fit très marginal en affirmant que l'hétérosexualité n'est pas une preuve de maturité sexuelle. Ses confrères soutenaient que la bisexualité devait être limitée à l'enfance et à la puberté. Groddeck n'était pas de cet avis. En 1921, il écrit dans *Le livre du ça*:

> L'homme est bissexuel et le demeure sa vie durant. Tout au plus, pendant telle ou telle période de son existence, se résout-il — simple concession au code moral de l'époque — à réprimer une partie (très faible, d'ailleurs) de son homosexualité. Ce faisant, il ne la supprime nullement, mais se contente de la mettre quelque peu en sourdine. De même que personne n'est exclusivement hétérosexuel, l'homosexuel pur n'existe pas. [...] Je me demande, pour ma part, si l'érotisme de la femme vis-à-vis des deux sexes n'est pas beaucoup plus libre que celui de l'homme. Elle possède, me semble-t-il, une capacité d'amour sensiblement égale à l'égard des hommes et des femmes[23].

---

23. GRODDECK, Georg, dans Charlotte Wolff, *op. cit.*, p. 59.

La lecture de ce qu'ont écrit maints chercheurs sur l'homosexualité et la bisexualité m'a conduite à me poser la question suivante : pourquoi seule l'hétérosexualité serait-elle un signe de maturité sexuelle ? Je crois que nous pouvons voir là — du moins en ce qui concerne la société dans laquelle nous vivons — toute l'influence d'une éducation judéo-chrétienne qui a banni toute notion de plaisir sexuel puisque la sexualité était d'abord et avant tout une question de procréation.

À mon avis, être mature signifie qu'on est en mesure de faire preuve de souplesse et de flexibilité, c'est-à-dire qu'on est capable de réviser ses positions, de se remettre en question, et ce, dans le but de mieux évoluer. Donc, si un individu prend conscience des composantes mâles et femelles qui l'habitent (ses côtés masculins et féminins, comme on le dit communément), qu'il a une personnalité assez forte pour s'individualiser et assumer ainsi ces composantes en faisant fi de certaines normes établies par une société, pourquoi devrait-il éviter ou même faire taire un possible besoin de faire l'amour avec un partenaire du même sexe que lui ? Cela dit, je retiens cependant que la bisexualité se « manifeste avant tout par une identité de genre mâle/femelle, *ce qui peut ou non* conduire un individu à une orientation bisexuelle[24]. » De plus, à mon sens, le ou la bisexuel(le) egosyntone[25] est plus mature que l'homosexuel hétérophobe ou que l'hétérosexuel homophobe.

Un article écrit par Heilbrun et Fromme nous permet de prendre conscience de cette réalité : la fille qui intègre bien ses composantes masculines a plus de chances de se réaliser pleinement que celle qui a mis cette composante en veilleuse. À l'inverse, le garçon qui a davantage développé ses composantes féminines est plus handicapé que les autres. Cela m'amène forcément à établir un lien entre cette réalité et le fait que nous vivons dans une société qui valorise et encourage la « masculinité ». En effet, une

---
24. WOLFF, Charlotte. *op. cit.*, p. 14.
25. Qui est bien vécu par un individu, qui est en accord avec son moi profond.

fillette qui, par exemple, manifeste du « caractère » à l'école sera jugée moins sévèrement par ses amis et ses supérieurs que ne le sera un garçon qui démontre une grande sensibilité et une attitude que l'on juge efféminée. J'établis également un parallèle entre cette réalité et le fait que plusieurs chercheurs croient en la possibilité d'une « vraie bisexualité », mais ce, surtout pour la fille. J'élaborerai davantage ce sujet au cours des pages qui suivront en établissant un lien entre bisexualité et processus d'individuation.

Je crois pour ma part que dans une société telle que la nôtre, celui ou celle qui a aussi bien intégré ses composantes « masculines » que « féminines » aura plus de chances de réussir dans la vie. On assiste tous les jours à ce phénomène très actuel: d'un côté, les femmes sont de plus en plus enclines à développer leur agressivité d'affirmation, puisqu'elles sont de plus en plus poussées à s'individualiser, et de l'autre, les hommes sont de plus en plus enclins à développer leur « féminité » puisqu'ils sont de plus en plus poussés à ne plus faire uniquement figure de héros. D'ailleurs, certaines études, et entre autres celle de Wolff, ont démontré que l'homme trop « masculin » souffre d'angoisse et de névrose alors qu'une femme androgyne fait preuve de plus d'initiative et de confiance en elle que celle qui correspond au stéréotype féminin.

Je crois également que certains bisexuels « heureux » ont ceci en commun: ils ont réussi, de par leur tendance à l'individuation, à bien intégrer leurs composantes masculines et féminines, à se défaire des stéréotypes sociaux et à emprunter un comportement qui ressemble à leur nouvel état d'être et avec lequel ils sont en mesure de bien composer.

Une identité de genre façonnée

Comme notre société a été prise d'un besoin d'expansion pour mieux survivre, elle a établi une division très nette entre les hommes et les femmes, ce qui a eu comme conséquences de diviser les tâches selon les sexes tout en rendant la bisexualité et l'homosexualité indésirables : « La famille et la société ont continué à façonner l'identité de genre, selon les stéréotypes du passé[26]. » Ces paroles me ramènent loin en arrière, à une époque où, étant enfant, je ne comprenais pas très bien le pourquoi de cette distinction entre hommes et femmes que nous devions faire. Et surtout, je ne comprenais en rien certaines interdictions touchant la tendresse ou l'affection que nous pouvions manifester, selon qu'on soit un petit garçon ou une petite fille. Une image me revient soudain en tête : la cloche de l'école vient de sonner et je me retrouve dans la rangée d'élèves qui doivent entrer en classe. À côté de moi, une amie que j'aime et qui m'inspire une profonde tendresse et une pure affection. Je me penche et l'embrasse tout simplement sur la joue, et ce, du haut de mes sept ans et avec toute l'innocence dont mon regard était sûrement empreint. Au même moment, une religieuse passe et tire ma queue de cheval avec tant de force que j'ai l'impression que ma tête va éclater… Je l'entends à peine lorsqu'elle me crie : « On ne fait pas ça, tu devrais avoir honte ! » Je retiens alors mes pleurs et surtout, je suis envahie par cette angoisse qui amène sans cesse dans ma tête ce « pourquoi ? » auquel je ne serai jamais en mesure de répondre. Wolff a écrit : « Sans ces influences, l'identité psychique bissexuelle deviendrait la norme et la bisexualité irait de soi. C'est d'ailleurs ce qui se produit dans ce « paradis » qu'est l'enfance, avant que ne deviennent conscients les tabous qui faussent l'identité de genre[27]. » Je ne peux donc m'empêcher de croire qu'un être humain est en quelque sorte anesthésié et qu'il peut effectivement conserver en lui un vague sentiment d'avoir en son être des éléments du sexe opposé, et ce, même s'il se dit exclusivement hétérosexuel.

Finalement, je crois qu'il est indispensable de poser ici cette question : l'identité de genre et l'orientation de genre vivent-elles

---

26. WOLFF, Charlotte. *op. cit.*, p. 116.
27. WOLFF, Charlotte, *op. cit.*, p. 117.

toujours en harmonie ? Même s'ils ne sont pas nombreux, certains individus ont conscience que leur identité de genre est masculine/féminine. Cela en fait-il pour autant des bisexuels affirmés ? Pas nécessairement et pour différentes raisons, que voici.

La société dans laquelle un individu évolue a établi des règles, des normes qu'on lui a appris à respecter. C'est là une pression dont il doit tenir compte tous les jours. En devenant le « mouton noir », il risque d'être blâmé et mis à l'écart par son environnement, ce qui dans bien des cas peut avoir des répercussions négatives sur sa vie professionnelle. Le plus souvent, la famille joue un rôle très important dans la vie d'un individu. C'est à travers elle qu'il retrouve ses racines fondamentales. Si un individu déroge à certains principes de la majorité des membres qui constituent sa famille, il aura peur d'être rejeté par elle tout comme il pourra se sentir coupable de ne pas partager les mêmes valeurs. De plus, tout individu a besoin de sentir qu'il appartient au milieu dans lequel il vit. L'être humain a un instinct grégaire, ce qui le pousse à rechercher la compagnie de ses semblables afin de fuir la solitude et l'isolement qui lui font peur. Il craint donc de se montrer différent, car cela pourrait signifier pour lui rejet et abandon.

Or, bien des hommes et des femmes, conscients de leur identité de genre masculine/féminine, n'adoptent jamais de conduites bisexuelles évidentes. Ils compensent leur état d'être par l'utilisation de rêves et de fantasmes. Les femmes, surtout, se permettent des gestes plus tendres et plus affectueux avec quelques intimes du même sexe qu'elles.

Il est important de noter ici qu'il ne faut pas confondre ambisexualité et bisexualité, la première étant caractérisée par une instabilité qui fait facilement passer un individu d'un rapport hétérosexuel à un rapport homosexuel.

La nature des amours bisexuelles

Il ressort des réponses obtenues par les participantes à l'étude de Wolff qu'elles peuvent être amoureuses d'hommes tant sur le plan affectif que sexuel. Il n'en demeure pas moins que c'est l'importance qu'elles attachent à leurs émotions homosexuelles qui l'emporte, et de loin, sur ce qu'elles éprouvent par rapport aux hommes. Donc, « *sur le plan affectif, la femme bisexuelle préfère une autre femme à un homme*[28] ». En cela, nous pouvons sans doute établir un lien avec ce que j'ai souligné précédemment, le fait que dans notre société machiste, c'est le féminin qui nous fait défaut.

> Avec elle, je peux me laisser aller à rire, à faire des choses fofolles. En fait, j'ose faire ce que je faisais spontanément lorsque j'étais petite, un peu comme si l'adulte en moi pouvait se permettre de se taire pour un moment, pouvait se permettre de laisser parler l'enfant en moi et tout son émerveillement… Mon ex-mari se prêtait difficilement à ça, comme si se livrer à ce genre d'attitude lui faisait perdre le contrôle de quelque chose qu'il ne voulait pas perdre… je ne sais pas comment l'expliquer. Tout ce que je sais, c'est que je le sentais absent sur ce plan, qu'il lui était pénible de ne pas se conduire constamment comme un adulte. Avec elle, je peux être la partie la plus tendre, la plus douce, la plus naïve, la plus vulnérable de moi, sans me sentir stupide. Mais je peux également être la partie la plus forte.

Cette même enquête rapporte un fait plutôt inattendu : plus de la moitié des sujets rencontrés étaient mariés. Et qui plus est, chez la majorité des hommes, il s'agissait de mariages heureux. Par contre, dans le groupe des femmes, le taux de séparations et de divorces était plus élevé que chez les hommes. Ces derniers avaient besoin d'une vie « stable », dans laquelle pouvait se profiler l'image maternelle. Plusieurs d'entre eux aspiraient à une certaine « respec-

---

28. WOLFF, Charlotte. *op. cit.*, p. 175.

tabilité bourgeoise » qui pouvait pallier leur sentiment d'insécurité sociale. Quant à elles, les femmes interviewées ne voulaient pas être dépendantes de quelqu'un d'autre parce qu'elles ressentaient le besoin de se suffire à elles-mêmes. Elles avaient donc mieux apprivoisé la solitude. Cette étude montre également que les femmes sont moins touchées que les hommes par l'opinion publique. Elles savent donc mieux faire preuve d'affirmation en ce qui concerne leurs convictions sur la sexualité. Par conséquent, leur vie est moins compliquée que ne l'est celle des hommes bisexuels.

Quelques représentations de la bisexualité

J'ai souvent entendu des spécialistes se prononcer sur la question de la bisexualité. Pour certains, les bisexuels souffrent d'ambivalence par rapport à leur orientation sexuelle, ce qui les conduit à adopter une attitude qui leur garantit d'obtenir le meilleur des deux mondes. Je ne partage pas l'avis de ceux qui disent que TOUS les bisexuels sont des instables, des ambivalents qui ne sont attirés que par ce qui va à l'encontre des normes établies. Je crois — et je l'ai même vérifié lors de certaines entrevues — que certain(e)s bisexuel(le)s vivent en accord avec leur double érotisme. Je vois en eux non pas d'éternels adolescents à l'enfance traumatisée mais des individus qui, possédant une véritable force de caractère, ont su faire fi de certaines règles et lois établies par la société dans laquelle ils vivent, ce qui demande beaucoup de maturité. Bien sûr, il se peut par exemple qu'une femme n'ait pas résolu certains conflits intérieurs, qu'il y ait chez elle un clivage entre la dimension sexuelle et la dimension affective de la sexualité. En pareil cas, elle recherchera la compagnie d'une femme pour avoir le sentiment d'être aimée et pour assouvir ses besoins de tendresse et d'affection, alors qu'elle se tournera vers un homme pour combler des besoins qui relèvent davantage de la dimension génitale de sa sexualité. Il se peut que ce soit le cas, mais je me garde bien d'étendre la possibilité d'un tel clivage à toutes les femmes qui se disent bisexuelles.

Ce qui, à mon avis, est quelque peu étonnant dans l'étude que Wolff a menée, c'est qu'à certains égards elle ne se penche pas suffisamment sur la distinction entre la bisexualité féminine et la bisexualité masculine. Or, pour ma part, je demeure convaincue qu'un homme élevé dans un environnement tel que le nôtre peut difficilement se diriger vers une bisexualité qui soit aussi « équilibrée » que celle de la femme. En tant que sexologue clinicienne, il m'a été donné de constater que l'homme qui se dit bisexuel est souvent incapable d'assumer son homosexualité. Je me réfère aux concepts déjà exposés dans ce livre : à partir du moment où elle est conçue, la fille vit une fusion avec sa mère, une personne qui est son *premier objet d'amour et qui est du même sexe qu'elle*. Elle grandit et on jette un regard plutôt souple sur les attitudes et comportements qu'elle adopte vis-à-vis des autres femmes. En effet, si par exemple elle se promène bras dessus bras dessous avec une amie dans la rue, on ne la traitera pas de lesbienne comme on traiterait « d'homos » deux garçons qui oseraient adopter ce genre de comportement. Si elle pleure, on ne la qualifiera pas de « gouine » et si elle danse avec une copine, on ne lui criera pas qu'elle n'est qu'une « tapette » !

Contrairement à la fille, le garçon est porté et élevé par une personne *qui n'est pas du même sexe que lui*. Pour s'individualiser, il doit donc cesser de s'identifier à sa mère et se tourner vers la masculinité. Comme nous l'avons vu, il est plus vulnérable par rapport à son identité de genre que ne l'est la fille. Il ressent le besoin de se prouver qu'il est capable de devenir un homme, ce qui l'amène à investir son pénis, symbole par excellence de ce qui le différencie le plus de sa mère et donc, de la femme. Il deviendra ainsi très castrant pour un homme de se faire féminiser. Et quoi de plus féminisant pour lui que de porter l'étiquette d'homosexuel ?

Investir son pénis est une attitude que plusieurs hommes traînent longtemps... Je crois que la société phallique dans laquelle nous vivons en est un bel exemple, en ce sens que l'identité personnelle et l'identité de genre sont très liées au sein de la gent masculine. En effet, si un homme se sent menacé dans son identité de genre, c'est-à-dire que si quelque chose lui donne le sentiment de ne pas être tout à fait un « vrai homme », c'est toute sa personne qui en prend un coup! Dans un tel contexte, je crois qu'un homme doit avoir une personnalité très forte pour arriver à défier certaines règles établies par la société et pour arriver à adopter certains comportements qualifiés de marginaux, voire d'anormaux et qui, surtout, le ramèneraient à une féminité dont il a dû se départir pour mieux se masculiniser. Ce qui me porte à croire que souvent, certains hommes préféreront l'étiquette de bisexualité pour camoufler une homosexualité qu'ils ne sont pas prêts à assumer. Ici encore, je n'affirme pas que tous les hommes qui se disent bisexuels présentent ce profil. Je prétends uniquement qu'avec le genre d'éducation que les baby-boomers ont reçue, il y a plus de risques que ce soit le cas.

Par ailleurs, ce phénomène de bisexualité féminine qu'on dit très actuel me donne à penser qu'il n'est peut-être qu'à l'aube d'une longue vie... Si nous partons du principe que nous portons tous en nous une double identité de genre qui peut nous conduire à une double orientation sexuelle si nous ne sommes pas inhibés, ce que je viens d'écrire, qui peut vous sembler exagéré, ne l'est peut-être pas. N'oublions pas qu'en ce qui concerne leur identité de genre, les femmes sont moins fragiles que les hommes, ce qui rend une possible bisexualité moins menaçante pour elles. Par exemple, si une femme a un fantasme homosexuel, se sent-elle moins femme pour cela? Dira-t-elle: « J'ai le sentiment de ne plus être une femme parce que j'ai rêvé que je faisais l'amour avec une autre femme »? Par contre, un homme avouera très difficilement qu'il peut fantasmer à l'idée d'avoir un rapport sexuel avec un autre homme. Il aurait ainsi l'impression de perdre en virilité et se sentirait très menacé.

Depuis quelques années, les femmes sont de plus en plus encouragées à s'individualiser. Elles sont donc de plus en plus portées à s'affirmer, ce qui peut les amener à faire plus facilement fi de certaines interdictions et à aller vers ce qui les rejoint davantage. Je crois donc que devant ce nouveau phénomène, les hommes auront à réviser leurs positions, comme nous le montre cette femme de quarante-cinq ans:

J'aimais faire l'amour avec un homme, mais j'en ai eu marre de leur foutu contrôle [...] ce qui maintient mon désir, c'est le sentiment que je peux avoir un échange égalitaire avec quelqu'un... Ce que je retiens, c'est que plus je me suis affirmée, plus j'ai senti que je devenais une menace pour les hommes de quarante ou cinquante ans. J'ai vécu toute seule pendant un bon bout de temps, jusqu'à ce que je rencontre Louise. Je suis tellement heureuse avec elle maintenant, même si les débuts ont été pénibles parce que je ne savais pas du tout où je m'en allais... Il a fallu que je me défasse de bien des idées qu'on m'avait inculquées [...] Je ne dis pas que tous les hommes sont comme ça, mais lorsque je regarde les réactions masculines autour de moi, je suis obligée de me dire que leur évolution tarde à se faire...

Les causes

L'homosexualité n'est pas considérée comme une maladie mentale ou physique. Du moins, officiellement, puisque, en 1973, l'Association des psychiatres américains l'a retirée du DSM *(Manuel diagnostique et statistique des troubles mentaux).* Par contre, l'homosexualité egodystone[29] y figure encore. On pourrait ici se poser cette question : pourquoi l'hétérosexualité egodystone n'y figure-t-elle pas ?

Je partage l'avis du sociologue Michel Dorais lorsqu'il souligne que la vision essentialiste et médicale de l'homosexualité a concentré toute son énergie sur cette « déviation de la norme hétérosexuelle », en partant du principe qu'une origine biologique était sans doute à la base des préférences sexuelles. Cette vision a vu le jour au milieu du XIXe siècle pour perdurer pendant un siècle. Il n'est donc pas étonnant qu'elle ait tant marqué thérapeutes et chercheurs scientifiques. Les psychanalystes se sont donc retournés vers le scénario familial type qui était susceptible

---
29. Qui n'est pas bien vécue par un individu, qui n'est pas en accord avec son moi profond.

d'ouvrir la voie à cette « inversion ». C'est ainsi qu'il sera question de père absent et de mère castratrice, en rapport avec le fils docile et efféminé. Certains chercheurs se sont posé maintes questions sur les parties du corps qui seraient susceptibles d'être à l'origine de ce dérèglement: gènes, cerveau, hormones, chromosomes, etc. Tout semble avoir été examiné à la loupe. Plus près de nous, certains sociologues se sont même prononcés à l'effet que certains gènes récessifs pourraient bien être les grands fautifs.

Comme l'affirme si bien Dorais, « cet acharnement à vouloir trouver et corriger une différence constitutionnelle chez les personnes homosexuelles, outre qu'il a toujours mené à une impasse et qu'il nie le phénomène bisexuel, renforce souvent la stigmatisation sociale de l'homosexualité[30] ». Je crois également qu'il serait grand temps que l'être humain se libère des conceptions dépassées qu'il entretient à l'endroit de l'homosexualité et de la bisexualité, et qu'il reconnaisse enfin qu'il existe mille et une façons de vivre son hétérosexualité, tout comme il existe mille et une façons de vivre son homosexualité et sa bisexualité. Nous avons peur de la différence, car elle nous pousse vers l'inconnu, nous appelle à sortir de nous-mêmes et à faire des efforts pour nous remettre en question. C'est pourtant là un défi que nous devrions accepter, à plus forte raison si nous nous disons en quête d'évolution personnelle. Après tout, être différent ne signifie pas que l'on soit supérieur ou inférieur à l'autre. Cela signifie tout simplement que nous sommes différents.

Mais je pourrais ajouter à cela que tout le monde est différent. J'observe énormément le genre de rapports amoureux que les gens entretiennent entre eux. Et lorsque je dis les « gens », je parle aussi bien ici des rapports amoureux qui existent entre les hommes et les femmes qu'entre les personnes du même sexe. Nous pourrions donc nous poser la question suivante: nous comprenons-nous mieux et nous entendons-nous mieux pour la simple

---

30. DORAIS, Michel. « L'homosexualité revue et non corrigée », *Le médecin du Québec*, vol. XXVIII, n° 9, septembre 1993, p. 32.

raison que nous sommes du même sexe que l'autre ? Je ne crois pas, car les différences individuelles sont toujours présentes. Par exemple, lorsque nous nous retrouvons en tant que femme dans l'univers amoureux et sexuel d'une autre femme, nous nous trouvons en terrain plus connu, ce qui a pour effet d'être plus sécurisant. Mais je dis bien « en terrain plus connu » et non « en terrain totalement connu », car si cette femme est du même sexe que nous, il n'en demeure pas moins qu'elle est différente de nous. Et c'est cette différence que nous devons pouvoir accepter, avec laquelle il nous faut savoir composer. De plus, j'ajouterais qu'il est bien utopique de croire que nous croiserons nécessairement le bonheur en empruntant un chemin qui nous conduirait vers une femme par dépit envers les hommes. À mon sens, ce dépit serait le miroir de ce que nous n'avons pas pu régler avec nous-mêmes et que nous projetterons tôt ou tard sur ce qui peut nous sembler moins menaçant, c'est-à-dire le même sexe que nous.

Test

Répondez par vrai ou faux à ces questions.

- J'ai déjà eu une relation sexuelle avec une personne du même sexe que moi.
- Je n'ai jamais eu de relation sexuelle avec une personne du même sexe que moi.
- Lorsque j'ai une relation sexuelle avec une personne de l'autre sexe, il m'arrive souvent de fantasmer sur une personne du même sexe que moi.
- Lorsque je fais l'amour avec une personne de l'autre sexe, le plus souvent je dois fantasmer sur une personne du même sexe que moi pour maintenir mon excitation sexuelle.
- Avec une personne de l'autre sexe, je préfère les enlacements et la tendresse alors qu'avec une personne du même sexe que moi, mon excitation devient plus génitale.

> - J'ai souvent eu le sentiment d'être amoureux de personnes du même sexe que moi même si je n'ai pas eu de rapport sexuel avec elles.
> - Je crains de prendre ouvertement position sur des sujets qui concernent l'homosexualité.

Si vous avez répondu vrai à la majorité des questions posées, vous êtes davantage habité par l'homosexualité que par l'hétérosexualité ou la bisexualité.

Kinsey a présenté une échelle qui est graduée de 0 à 6, 0 représentant l'hétérosexualité et 6, l'homosexualité :

0	1	2	3	4	5	6
Hétéro			Bi			Homo

Pour ce chercheur, la sexualité n'est pas figée, c'est-à-dire qu'elle représente un continuum dans nos vies. Au cours d'une recherche effectuée auprès d'hommes et de femmes, il posait les questions suivantes : Avec combien de partenaire avez-vous fait l'amour dans votre vie ? De ce nombre, combien étaient du même sexe que vous ? De sexe différent de vous ? Si, par exemple, un homme répondait : « Avec 10 personnes et c'était tous des hommes », il plaçait cet homme à 6 sur son échelle. Si par contre, la réponse était : « Avec 10 personnes dont cinq hommes et cinq femmes, Kinsey plaçait cet homme à 3 sur son échelle, ce qui représentait la bisexualité absolue. Mais ce chercheur a observé qu'il s'agissait là de réponses plutôt rares au sein de son échantillon d'hommes et de femmes. D'autre part, si une femme répondait : « Avec 10 personnes dont une était une femme », il la plaçait à 1 sur son échelle, c'est-à-dire que cette femme était considérée comme étant hétérosexuelle avec une très faible tendance à l'homosexualité. Cependant, bien situer une personne en regard de son orientation sexuelle ne peut pas, à mon avis et selon plusieurs thérapeutes, reposer uniquement et exclusivement sur les comportements sexuels manifestes que cette personne adopte. Il est donc très important de vérifier l'émotion et la pensée jumelées au comportement adopté. Les fantasmes peuvent donc être très révélateurs, car si, dans la réalité, vous adoptez des comportements hétérosexuels mais que votre imaginaire vous met continuellement en scène avec des personnes du même sexe que vous, vous êtes plus habité par l'homosexualité que par l'hétérosexualité. Aussi, vous pouvez n'avoir eu qu'une seule expérience sexuelle avec une personne du même sexe que vous et être homosexuel. Mais vous pouvez tout aussi bien être hétérosexuel.

Bien des gens se demandent si le fait qu'ils ont eu une expérience sexuelle avec une personne du même sexe qu'eux en fait des bisexuels. Or, je le répète : nous sommes tous bisexuels, dans le sens où nous avons tous une double identité de genre (mâle/femelle) qui *peut ou non* nous conduire à éprouver une attirance suscitée tant par une personne du même sexe que nous que de sexe différent de nous. Cependant, être «bisexuel» — du moins, dans le sens où le commun des mortels l'entend — signifierait qu'un individu se situe à 3 sur l'échelle Kinsey, ce qui, rappelons-le, est extrêmement rare. Peu d'entre nous adoptent des comportements bisexuels manifestes qui les font se tourner à part égale vers les hommes et les femmes. Habituellement, les gens ont toujours une préférence pour l'un ou l'autre sexe. Je crois d'ailleurs que, très souvent, le mot «bisexuel» n'est pas utilisé à bon escient à ce niveau.

Chapitre 12

La force de la solitude

> La solitude est utile. Il faut parfois ne parler qu'avec soi-même. On entend alors de dures vérités ou d'agréables mensonges selon qu'on s'analyse ou qu'on s'imagine.
>
> Henri de Régnier

Nous avons vu que l'amour n'est souvent qu'une pure illusion pour la plupart d'entre nous. Nous disons aimer alors que ce que nous aimons, en fait, c'est que l'autre nous aime ; nous espérons qu'il satisfera des besoins que nous ne pouvons pas combler nous-mêmes. Pourtant, nous sommes des êtres si fondamentalement seuls que rien, pas même l'amour ou ce que nous croyons être de l'amour, ne peut combler cette solitude existentielle. Malgré cela, nous avons tellement d'attentes et donnons un si grand pouvoir aux autres ! Ils ont en fait celui que nous leur donnons, mais par-dessus tout, celui que nous ne nous donnons pas. Il est donc essentiel d'acquérir une autonomie personnelle.

Il se pourrait bien que vous souffriez énormément à l'idée de vous imaginer tout seuls. Mais pour être capable d'aimer et d'être aimé véritablement, il faut d'abord commencer par apprendre à s'aimer soi-même. Et c'est là un processus que vous ne pouvez traverser qu'en solitaire.

Une étiquette de marginaux

La société dans laquelle nous vivons a fortement tendance à nous faire porter une étiquette de marginaux lorsque nous ne vivons pas en couple. Nous devenons suspects à ses yeux, coupables de porter en nous quelque chose d'anormal, d'inquiétant, de menaçant. Sans doute est-ce parce que nous devenons alors les miroirs de ce que, inconsciemment, l'être humain craint le plus au monde : sa solitude intérieure qu'il ne parvient pas à assumer.

> Je me suis retrouvée seule et j'ai paniqué [...] Depuis que je suis en thérapie, je vis mieux avec moi-même, mais c'est incroyable de voir toutes les intentions qu'on me prête lorsque j'avoue être célibataire depuis quatre ans : « Tu dois être difficile toi, exigeante ! » ou « Est-ce qu'il y a quelque chose qu'on devrait savoir et qu'on ne sait pas ? » ou « Toi, tu es sûrement encore en amour avec ton ex ! » ou « Comment se fait-il qu'une belle fille comme toi soit toute seule ? » L'autre jour, j'ai répondu : « La belle fille comme moi apprend à se connaître, à s'aimer pour ne pas répéter les mêmes erreurs ! » On m'a lancé un regard bizarre, inquisiteur... Non, mais c'est le monde à l'envers ! La plupart des gens que je rencontre vivent des histoires d'amour de fous, et non seulement ils n'ont pas l'air de se rendre compte qu'ils ont des problèmes à régler, mais c'est toi qui deviens la brebis galeuse...

Affronter son passé

Je comprends la contrariété que peut ressentir cette femme puisque ce qu'elle vit m'est souvent dépeint par ceux et celles qui choisissent d'embrasser le célibat afin d'entreprendre un retour sur eux-mêmes dans le but de se guérir d'un passé devenu trop lourd à porter.

Je refusais de croire que mon passé, mon enfance surtout, avait quelque chose à voir avec ce que je vivais dans mes relations avec les femmes [...] Je recherchais ma mère ou plutôt la mère que j'aurais aimé qu'elle soit lorsque j'étais petit, celle qui m'aurait bercé, compris, encouragé, et je choisissais des femmes qui se comportaient exactement comme elle l'avait fait... Je pouvais bien être frustré... et dire que je ne comprenais pas pourquoi nous n'arrivions pas à nous parler, à nous rejoindre ! Il fallait que je sorte de ce pattern.

Se détacher de l'autre, se rapprocher de soi

Comme nous l'avons vu, communiquer, c'est faire preuve d'ouverture, d'affirmation de soi et d'écoute attentive. Cependant, exprimer vos émotions, vos désirs ou vos refus exige que vous vous connaissiez vous-même. En effet, comment pouvez-vous demander à l'autre de vous comprendre si vous ne parvenez pas à le faire vous-même ? Une communication saine permet à deux êtres libres de se rencontrer, ce qui permet de contrer tout jeu de contrôle, de manipulation et de pouvoir, pour le remplacer par des jeux de complicité, de confiance et de découverte mutuelles. Et c'est à vous que revient la responsabilité de prendre en charge votre existence, de vous débarrasser des chaînes qui vous lient à ce qui peut entraver votre liberté d'être pleinement et réellement. Il n'existe aucune fée qui, d'un coup de baguette magique, puisse réaliser ce rêve que nous faisons tous : vivre une histoire d'amour heureuse. Partir à la découverte de soi-même pour s'aimer soi-même est un voyage inévitable pour aimer l'autre pour ce qu'il est, et non pas pour ce qu'il peut nous apporter. Et c'est là un voyage que nous ne pouvons faire que seuls, car il faut se détacher de l'autre pour pouvoir nouer des liens intimes, profonds et vrais avec soi-même.

[...] ma vie est de plus en plus agréable, à vrai dire. Maintenant, c'est en moi que je retrouve ce que je voulais si désespérément trouver chez mon mari. Oui, en moi... et le plus formidable, c'est que mon attitude l'a encouragé à faire de même avec lui. Nous nous fréquentons à nouveau et commençons vraiment à vivre quelque chose de différent...

Un tête-à-tête angoissant

La solitude fait souvent peur, car ce qu'elle a de plus intéressant à offrir est un tête-à-tête avec soi. Ce moment d'intimité est souvent redouté, voire abhorré par certains, puisqu'il les met en présence d'un être qu'ils connaissent mal, pour lequel ils n'éprouvent pas suffisamment d'amour et chez lequel ils risquent de voir resurgir des démons qu'ils se sont évertués à faire taire: leurs angoisses refoulées au plus profond de leur être.

> Ça me fait penser à la chanson... je ne me souviens plus, mais cette chanteuse disait: «Je vais, je viens, je vire, je tourne et...» C'est ça, je me sens comme ça, comme quelqu'un qui voudrait que ça ne s'arrête jamais, que ça continue tout le temps parce que... peut-être parce que le silence et le calme me font peur, mais peur de quoi? De me regarder et de ne pas aimer ce que je vais voir, sans doute...

Oser arrêter, regarder et écouter ces émotions que vous avez contraintes au silence depuis toujours ne peut pas se faire sans créer quelques remous en vous. Ce qui peut vous donner des ailes, c'est de considérer la solitude non pas comme une ennemie jurée, mais comme une alliée et une confidente qui vous offre l'opportunité de mettre le pied sur un tremplin qui, inévitablement, vous permettra de vous envoler vers un univers fabuleux: votre monde intérieur.

Un deuil réparateur

La traversée d'un désert peut être longue, j'en conviens. Alors, inutile de vous mentir : choisir de faire un réel retour sur vous-même et vous en tenir à cette décision première vous fera vivre un deuil. Mais en partant du principe que la meilleure improvisation demeure celle que l'on a préparée, je me permettrai ici d'établir un parallèle entre ce deuil que vous vivrez et certaines recherches qui ont tenté de montrer quelles étaient les étapes que traversaient les personnes confrontées à l'idée que leurs jours étaient comptés. Bien sûr, vous n'êtes pas des condamnés à mort, loin de là ! Cependant, vous vivrez vous aussi un deuil : mourir à une partie de vous-même pour renaître à un moi plus entier, plus profond. Certains d'entre vous vivront même un double deuil puisque souvent, c'est après avoir connu les affres d'une autre peine d'amour que bien des gens choisissent de prendre du recul et d'aller trouver en eux cette aide qu'ils espéraient si ardemment trouver à l'extérieur d'eux-mêmes.

Je poursuis donc en vous rappelant qu'au cours de notre vie, nous vivons tous des pertes plus ou moins significatives : la perte d'un emploi qui nous tenait à cœur, la perte d'un conjoint auquel nous étions attachés, la perte de nos illusions, de nos rêves, de nos désirs, etc. Des pertes qui sont suivies d'un deuil plus ou moins grave, selon l'importance de la personne, de l'objet ou du rêve perdu. Notre vie est donc marquée par une multitude de ruptures qui nous offrent l'opportunité de passer à autre chose. Des ruptures qui sont de petites morts. Mais pour bien vivre ces multiples petites morts, encore faut-il avoir en main les outils qui nous permettront de bien comprendre comment et pourquoi nous devons laisser certaines choses derrière nous pour mieux aller de l'avant.

Élisabeth Kübler-Ross a réalisé une étude auprès de quelque 200 malades dont les jours étaient comptés. Elle voulait analyser et comprendre le processus de deuil que traversent ces individus, un processus que nous traversons à plus petite échelle lorsque nous vivons un grand chagrin d'amour. N'a-t-on pas souvent écrit sur la « maladie d'amour » ? Ce processus comporte cinq étapes que je résumerai ici : le refus et l'isolement, l'irritation, le marchandage, la dépression et l'acceptation.

Le refus et l'isolement

En apprenant que le mal dont ils souffrent est incurable, la plupart des individus ont comme première réaction de nier la chose : « Ça ne peut pas m'arriver… pas à moi ! » Une dénégation qui les conduit, par exemple, à se promener de médecin en médecin pour rechercher un diagnostic différent. Ce refus est une technique qu'utilisent presque tous les malades au cours des premières étapes de leur maladie et à laquelle ils auront également recours de manière épisodique. Ce qui prouve qu'ils ne peuvent pas continuellement envisager l'éventualité de leur propre mort, s'ils veulent continuer à vivre ce qui leur reste à vivre. Pour la plupart, ce refus est un mécanisme de défense temporaire qui finit habituellement par déboucher sur une acceptation partielle. C'est alors qu'ils adoptent des mécanismes de défense moins absolus.

L'irritation

La deuxième étape est caractérisée par des sentiments d'irritation, d'envie, de colère et de ressentiment. L'affirmation lancée lors de la première étape : « Non, ça ne peut pas m'arriver à moi ! » sera suivie de cette question tout à fait logique : « Pourquoi moi ? » Ce qui poussera le malade à se demander pourquoi une si terrible chose n'est pas arrivée à quelqu'un d'autre : « Pourquoi pas à ma voisine qui est si vieille, pourquoi pas à cet être exécrable avec lequel je travaille au bureau ? » Cette étape empreinte d'irritation est très difficile à traverser tant pour le malade que pour son entourage immédiat, car cette irritation est souvent jetée impulsivement au visage de quiconque se trouve en sa présence. Il se plaint, condamne, accuse, critique, etc. C'est une période au cours de laquelle le malade en veut à tout un chacun, un peu comme si l'objet de son irritation pouvait être n'importe qui ou n'importe quoi. Ce qui, bien sûr, crée des climats de très grandes tensions avec lesquelles il est parfois difficile de composer. Mais ne se sent-on pas toujours pris par une immense colère lorsqu'on a le sentiment d'être victime d'une grande injustice ? Et à mon avis, on doit toujours pouvoir exorciser sa colère. Malheureusement, il est des situations où on ne peut pas l'exorciser au bon endroit, avec les bonnes personnes et de la bonne manière. Au cours de cette étape, une écoute empreinte d'empathie calme le malade puisqu'elle n'alimente pas l'hostilité intérieure qu'il vit.

Le marchandage

Le marchandage est la troisième étape que le malade traverse pendant de courtes périodes. Incapable d'affronter la réalité au cours de la première étape et gagné par la colère au cours de la seconde, l'individu essaie ici d'aborder le problème en utilisant une autre approche. Il devient alors pareil à un enfant qui, s'évertuant à être sage, espère que ses parents accéderont à telle ou telle demande qu'il osera faire. En utilisant le marchandage, le malade essaie de retarder les événements, de gagner du temps. La plupart de ces marchandages font appel à Dieu et plusieurs malades Lui promettront même de Lui consacrer leur vie en échange d'une rémission ou de quelques mois de vie supplémentaires.

La dépression

Lorsque le malade est réellement confronté à sa maladie à travers les multiples symptômes qui l'accablent, il traverse une étape de dépression. Sa torpeur et sa colère cèdent leur place à une entière désorientation. Il réalise qu'il est en train de perdre quelque chose d'essentiel et cette perte, il peut la vivre de plusieurs façons. La plus grande cause de cette dépression est due au fait que le malade éprouve du chagrin, une espèce de chagrin qui le prépare à l'idée qu'il devra se séparer de tout ce qu'il aime. Une période dont on devrait profiter pour lui permettre d'exprimer toute la tristesse qu'il ressent, au lieu de le pousser à ne voir que le bon et le beau côté des choses, comme nous avons souvent tendance à le faire en de pareilles circonstances. Lui permettre d'exprimer cette peine est le meilleur outil qu'on puisse lui donner pour qu'il soit capable d'accepter sa mort prochaine et d'arrêter de la considérer comme si elle était sa pire ennemie. Cette dépression est d'ailleurs bénéfique et nécessaire pour que le malade puisse mourir dans un état d'acceptation et de sérénité.

L'acceptation

L'acceptation est la dernière étape que la plupart des individus traversent. À ce stade, le malade ne ressent pas d'irritation ou de dépression. Ayant pu s'affliger de la peine qu'il éprouve à perdre ceux qu'il aime, il peut désormais envisager sa mort de manière plus sereine. Cependant, cette acceptation ne signifie pas que le malade traverse une période heureuse. Elle est plutôt vide de sentiments. C'est comme si la douleur s'en était allée, que la lutte était derrière lui et qu'un temps nouveau commençait, celui du « repos final avant le long voyage ». N'étant pas désireux de communiquer avec le monde extérieur, le malade préfère demeurer seul ou silencieux en compagnie d'une autre personne, et s'imprégner de cette paix intérieure qu'il a su trouver.

Une solitude trompeuse

Je tiens à préciser que si la recherche de solitude peut être souhaitée dans le but de faire un retour positif sur soi-même, elle peut également devenir le prétexte idéal à une situation redoutée. Elle devient alors un mécanisme de défense pour se protéger contre certaines angoisses : peur d'être blessé à nouveau, de connaître un nouvel échec amoureux, d'être exploité, rejeté, etc. De plus, cette recherche d'amour de soi comporte un danger, celui de nous faire basculer dans un égoïsme forcené. Il n'y a pas si longtemps, on vivait beaucoup en fonction de l'autre et des autres. Le *nous* l'emportait ardemment sur le *tu* ou le *je*, ce qui fut source de bien des frustrations pour plusieurs. Et voilà que sans crier gare, le *je* a livré bataille à ce *nous* qui l'étouffait dans sa recherche d'air pur. Mais ce faisant, je crois que le *je* a délaissé le *tu* qui aujourd'hui, se meurt. Il n'est guère étonnant que nous en soyons arrivés là, puisque nous sommes passés trop rapidement de l'amour du couple et de la famille à l'amour de soi. Mais ce phénomène n'est pas nouveau puisque l'être humain a souvent tendance à passer d'un extrême à l'autre avant de trouver un juste équilibre. Or, cette quête d'amour de soi ne pourra pas, à long terme, faire fi de cette réalité omniprésente: une relation amoureuse ne peut pas constamment nager en pleine béatitude. La psychologie de l'être humain est fort complexe. De ce fait, une relation de couple peut engendrer certaines difficultés que nous ne pouvons pas ignorer. Nous devons être conscients d'avoir certains efforts à fournir pour la préserver.

> Je sais que quelque chose ne tourne pas rond chez moi. Je commence à croire que l'idée que je me fais de la vie à deux est erronée. J'aimerais vivre en état d'euphorie permanente, que mes amours ressemblent aux romans d'amour que je lis. Aussitôt que quelque chose accroche dans le décor, je prends mes jambes à mon cou et je fous le camp.

Une fausse vision de l'amour

Malheureusement, cette quête d'amour de soi a été mal interprétée par plusieurs hommes et femmes qui, à la moindre contrariété, quittent leur conjoint(e) pour aller puiser leur eau à un autre puits. Je crois qu'en cela, la vision qu'ils ont de l'amour et de l'autre est faussée. Le couple est actuellement malade, car ses valeurs le sont tout autant. Un couple ne peut pas être constitué de deux êtres humains qui vivent un constant face à face pour essayer de repérer chez l'autre le défaut le plus vil. Chaque jour, je suis confrontée à ces couples qui s'épient, se toisent et se mesurent pour savoir lequel d'entre eux l'emportera sur l'autre. Lorsqu'ils comprennent qu'ils ont tout intérêt à délaisser ce terrible et inutile face à face au profit d'un côte à côte au sein duquel ils élaboreront un projet de vie commun, les négociations deviennent possibles. Et puis, il n'est pas toujours nécessaire ni même souhaitable de se séparer d'un partenaire pour trouver une certaine forme d'autonomie personnelle. Il s'agit de s'éloigner parfois pendant quelques heures, de se réserver des moments en tête à tête avec soi-même, de ne pas essayer de combler tous ses instants de manque par la présence de l'autre.

Une sexualité esseulée

La sexualité peut donner un sens à notre vie. À plus forte raison si l'on comprend que faire l'amour a cette merveilleuse possibilité de nous faire sentir plus vivants. Mais je crois que la majorité des gens ne réalisent pas, et ce, même s'ils le savent sans doute inconsciemment, que la sexualité a le pouvoir de les faire renaître. Pourquoi avez-vous des relations sexuelles ? Lorsque je pose cette question aux gens qui me consultent, j'observe souvent qu'ils ont de la difficulté à identifier et à nommer les raisons qui les motivent. Parmi celles qui sont données, je retrouve souvent celles-ci : par habitude, obligation ou devoir, par désir d'avoir un enfant ou de faire plaisir à l'autre. Une autre raison est toutefois mentionnée, celle d'avoir une relation sexuelle par amour, ce qui serait, selon plusieurs, le plus grand bénéfice qu'ils puissent retirer de l'acte sexuel.

Nous pouvons donc constater que comprendre et accepter la solitude comme étant une étape transitoire de sa vie est une chose. Accepter l'absence de rapports sexuels au cours de cette période en est une autre.

> Je m'étais juré de ne pas me jeter dans les bras du premier venu, car je devais essayer de comprendre qui j'étais, ce que je voulais faire de ma vie […] Ce qui a été pénible n'est pas tant de ne pas avoir de relations sexuelles que… finalement, je me suis rendue compte que c'était la tendresse que je recherchais lorsque je partais avec un type après une soirée… le besoin d'être touchée physiquement pour avoir de l'affection, pour avoir l'impression d'être aimée…

Et c'est souvent ce désir d'être touchés qui manque le plus à ceux et celles que je reçois en consultation et qui vivent à la fois un retour sur eux-mêmes et un célibat. Notre éducation judéo-chrétienne nous a tellement inculqué la peur de toucher et de nous laisser toucher en associant ce geste à l'éventualité d'un rapport sexuel! Et la chose est encore plus vraie pour les hommes. L'obsession de passer pour des « tapettes » si jamais ils osent prendre un autre homme dans leur bras est fort répandue. Et je crois que cette peur de toucher, et surtout cette connotation sexuelle qu'on a donnée au toucher, a faussé énormément les rapports, aussi bien entre gens de même sexe qu'entre gens de sexe opposé. Il n'est pas étonnant qu'ayant accumulé tensions et frustrations en l'absence de touchers physiques, plusieurs hommes et femmes se jettent littéralement dans les bras du ou de la première venue pour satisfaire ce besoin tout à fait humain et légitime.

Les aventures d'un soir laissent souvent bien des gens encore plus tristes et esseulés qu'ils ne l'étaient auparavant. Ce qui peut s'avérer beaucoup plus bénéfique si vous vivez ce manque de contact physique est de vous tourner vers les bienfaits du massage.

Toucher : un grand privilège

Lorsque vous permettez à une personne de vous toucher physiquement, vous lui permettez par le fait même de pénétrer dans votre univers, un univers souvent secret qui est le miroir de ce que vous êtes, de ce que vous ressentez et de ce que vous vivez au plus profond de vous-même. Je crois donc qu'on devrait toujours considérer le droit que les autres nous donnent de les toucher comme un grand privilège, comme un immense cadeau dont on devrait prendre le plus grand soin. C'est du moins une partie des sentiments qui m'ont habitée au cours de séances de massage que je me suis offertes avec une amie qui était dans la même situation que moi, qui vivait une période de solitude et qui ressentait un urgent besoin d'être touchée. J'ai apprécié toute la sensualité qui se dégageait du rapport que j'avais avec elle. Je me suis rappelée à quel point, lorsque j'étais petite et adolescente, j'étais contrariée par l'impression de ne pas avoir le droit de toucher les autres sans qu'il y ait automatiquement une connotation sexuelle. J'ai souffert de ne pas pouvoir m'endormir dans les bras d'une petite copine d'école lorsqu'elle couchait chez moi dans mon lit, et pourtant, il n'y avait rien là qui soit sexuel... du moins, pas dans sa dimension génitale.

L'expérience que j'ai vécue avec cette amie m'a permis de me dégager de certaines tensions que nous accumulons lorsque nous ne sommes pas touchés physiquement. J'ai profité pleinement de ces séances, que ce soit en tant que donneur ou receveur. Nous avons massé l'autre et avons été massées avec beaucoup de sensualité, d'amour et d'affection, comme on le fait lorsque l'on a un bébé nu à la peau si douce dans nos bras, et que l'on a envie de l'envelopper, de le caresser pour lui manifester tout notre amour. Je me suis sentie très à l'aise car, depuis longtemps, je n'associe plus le toucher à quelque chose qui soit nécessairement sexuel. Ces massages que nous nous sommes offerts mutuellement ont donc été très libérateurs et réparateurs.

Une expérience à vivre

Se permettre de vivre cette expérience avec un(e) ami(e) ou avoir recours au service de masseurs professionnels peut s'avérer fort salutaire. Cependant, il est essentiel de choisir la personne en fonction de vous. Comme vous êtes un être humain à part entière, un être qui possède sa psychologie propre, sa spiritualité, sa mentalité et son âme, il est important que toutes ces différentes dimensions soient prises en considération, si le but d'un massage est de bien vous rejoindre et vous nourrir. Et pour ce faire, je crois qu'il est essentiel qu'un(e) masseur(se) sache bien se centrer lui(elle)-même, pour qu'il(elle) puisse mieux saisir tout ce qui vous habite, tout ce qui vous fait vibrer ou non. Être à l'écoute, voilà qui me semble extrêmement important dans un contexte comme celui-là. Bien sentir le corps d'un autre, c'est l'écouter lui-même nous parler : de sa capacité d'abandon, de ses résistances, de ses blocages, de ses peines et de ses joies. Recevoir un massage, c'est se laisser aimer, et je crois que certains êtres éprouvent énormément de difficulté à se laisser aimer, à s'abandonner à cette douce sensation.

Je me souviens d'avoir eu une discussion avec une massothérapeute qui, pour le grand bien de ses clients, avait une très belle philosophie du métier qu'elle avait choisi de pratiquer :

> Souvent, les hommes réagissent très rapidement à certains stimuli, peut-être plus que nous, en fait. Ils aperçoivent une femme qui est en train de se mettre du rouge à lèvres et ça y est, ils fantasment! Plusieurs d'entre eux ont tendance à interpréter les gestes gentils d'une femme à leur endroit comme si ces gestes cachaient certaines intentions. Donc, lorsque je masse un homme pour la première fois, je veille à ce que mes gestes ne soient pas mal interprétés. J'ai souvent, dans un premier temps, le sentiment que je dois me restreindre dans certains mouvements. Tu as raison de dire que l'intention joue un rôle important, mais elle n'est pas toujours saisie pour ce qu'elle est réellement. Je me souviens d'un homme qui était arrivé ici en me disant que ses rapports avec les femmes étaient avant tout sexuels et qu'il en avait marre. Il m'avait alors donné l'impression que si c'était ce qu'il vivait, c'est que c'était ce qu'il avait toujours recherché. Il en

avait marre, mais en même temps, il n'arrivait pas à créer de liens d'un autre ordre avec les femmes. Le seul échange qu'il pouvait avoir avec elles se résumait à l'acte sexuel. Pourtant, à travers mes massages, j'ai eu l'impression qu'il pouvait apprécier énormément la douceur, ce qu'il ne retrouvait pas vraiment dans ses activités sexuelles qui étaient plutôt agressives. C'est quelque chose, au fond, qu'il recherchait mais qu'il ne savait pas comment retrouver en lui et donc, chez les autres. Il disait qu'il aurait aimé rencontrer une femme douce, mais qu'il tombait toujours sur des femmes qui ne l'étaient pas…
À travers sa sexualité, je crois qu'il exprimait beaucoup de colère et, à la longue, les massages l'ont aidé à se découvrir davantage sous un autre angle.

Et si mon désir sexuel s'éteignait

Par ailleurs, plusieurs personnes qui me consultent semblent s'inquiéter de ce que leur solitude pourrait avoir comme effets négatifs sur leur désir sexuel.

> Il y a deux ans que je n'ai pas eu de rapports sexuels. Se pourrait-il que je n'aie plus envie de faire l'amour lorsque je rencontrerai quelqu'un ? Parfois, je me sens tendue, comme si je vivais un terrible manque… à d'autres moments, je me sens indifférente, comme si mon corps était endormi, anesthésié même…

Fort heureusement, nous ne perdons pas à tout jamais notre désir sexuel parce que nous ne faisons plus l'amour. Si vous savez, au cours d'une période de solitude, rester en contact avec votre propre sensualité et votre propre sexualité, il n'y a pas de risque que votre corps subisse une anesthésie permanente. Faire appel à la masturbation et à des fantasmes créatifs peut permettre, au même titre que le massage, de compenser un trop-plein de tensions et de frustrations qui nous gagne habituellement lorsque nous vivons une situation qui ne nous permet pas de faire l'amour.

Vaincre sa dépendance à l'autre

La solitude fait peur, car elle nous oblige à renoncer à ce qui nous donne l'illusion de nous tenir debout : notre dépendance envers l'autre. Nous craignons donc, en l'épousant, de tomber dans un puits sans fond et d'en mourir. Et je vous avoue que, très souvent, j'ai ressenti ce douloureux sentiment lorsque je me suis donné comme mission de me familiariser avec ma solitude intérieure. En cours de route, il m'est parfois arrivé de sentir plus fortement le poids de cette solitude, puisque ceux qui auraient pu être de potentiels amoureux étaient déstabilisés par mon attitude, comme si ce choix d'« être présent à soi-même » prenait pour eux une connotation d'égocentrisme et de fermeture à l'autre, comme si l'autonomie qui m'habitait devenait une menace pour eux, qui en étaient encore au stade de la dépendance affective. Ce qui, avec le temps, a fini par me conduire à cette réflexion : « Tu vois toute l'importance de vivre en paix avec toi-même, de te suffire à toi-même… comme ça tu auras plus de chances de rencontrer la personne qui veut partager sa vie avec toi et non pas combler quelque manque que ce soit… et si ça n'arrive pas, eh bien, tu n'en mourras pas puisque tu te sentiras bien avec toi-même et heureuse en ta compagnie… »

La solitude détient un grand pouvoir, celui de nous mettre en contact avec nous-mêmes dans le but d'obliger nos démons intérieurs à remonter à la surface. Ce faisant, elle nous permet d'affronter nos angoisses les plus secrètes et de prendre conscience du tort immense qu'elles peuvent causer en nous.

Exercices

1) Mettre l'accent sur les avantages de la solitude

La vie est faite de petits riens, de petites choses qui nous semblent parfois insignifiantes. Mais ce sont tous ces petits riens réunis et vers lesquels nous nous tournons avec émerveillement qui font qu'une heure, une journée, une vie sont riches et belles. Focaliser votre énergie sur les avantages que procure la solitude vous aidera à l'apprivoiser :

A) Faites une liste des petites choses qui vous font plaisir et consultez-la régulièrement afin de vous rafraîchir la mémoire. Je vous donne quelques idées :

- Me détendre dans un bain chaud et parfumé et ce, sans limite de temps.
- Décider de l'heure à laquelle je me lèverai le dimanche matin.
- Planifier mon week-end comme et avec qui je l'entends.
- Rencontrer mon (ma) meilleur(e) ami(e) au moment où je le souhaite.
- Pratiquer mon sport favori au rythme où ça me convient.
- Faire le ménage lorsque j'en ai envie, etc.

B) Faites la liste de ce que vous pourriez faire pour avoir une vie colorée :

- Choisir les personnes que je fréquente en fonction de l'énergie positive qu'elles dégagent, du bien que nous pourrons nous faire mutuellement.
- Me joindre à des associations diverses.
- Participer à des ateliers, des séminaires, des groupes de discussion.
- Assister à des conférences sur des sujets qui me stimuleront.
- Prendre des cours de peinture, de danse, de yoga ou autres.
- Faire du bénévolat.
- Consacrer du temps à l'écriture d'un journal et/ou à de la méditation pour me donner l'opportunité de me connaître

mieux, de me poser les questions qui m'aideront à savoir qui je suis, quels sont mes intérêts, mes goûts, mes priorités, ce que je désire faire de ma vie, etc.

2) Mieux vivre une peine d'amour

Les peines d'amour font mal, car ce que nous appelons «peine d'amour» est également une peine d'ego : nous vivons du rejet et sommes confrontés à des peines que nous avons déjà vécues lors de notre enfance :

A) Parlez de votre peine. N'ayez pas peur d'exprimer les émotions que vous ressentez. Lorsque vous êtes seul(e) et que vous vous sentez tendu(e), parlez-vous à voix haute, déchargez-vous du trop-plein de douleur que vous ressentez et vivez votre peine. Veillez cependant à ne pas vous victimiser à long terme.

- N'essayez pas de nier vos émotions. Regardez-les, prenez-les pour ce qu'elles sont et n'acceptez pas que quelqu'un vous détourne d'elles en ne les reconnaissant pas.
- Forcez-vous à faire des activités amusantes et distrayantes.
- Ne perdez pas de vue qu'il vous faut donner du temps au temps, que chaque jour qui passe vous rapproche d'un mieux-être.

B) Lorsque nous vivons une peine d'amour, nous avons souvent tendance à idéaliser celui ou celle que nous pleurons. Je vous invite donc à faire la liste des défauts de votre ex-partenaire. Faites-en des copies et laissez-les traîner çà et là pour vous donner l'opportunité de vous rafraîchir la mémoire sur certains détails qui vous empoisonnaient la vie…

Conclusion

Nous souhaitons vivre une grande histoire d'amour heureuse. Pourtant, en Amérique du Nord, plus d'un mariage sur deux se termine actuellement par un divorce. En France, le nombre de divorces a augmenté sans cesse depuis 1964, passant de 30 000 à près de 117 000 par année en 1999. Dans le seul État de New York, 61 603 divorces étaient accordés en 1999. Le nombre de personnes vivant seules ne cesse de croître. Ceux qui ont entre quarante et cinquante ans vivent souvent cette solitude amoureuse de manière pénible, ayant développé une attitude que je pourrais qualifier de « cynisme amoureux ». Environ 75 % des gens qui consultent en psychologie entreprennent cette démarche à la suite d'une rupture amoureuse ou parce qu'ils craignent d'avoir à en vivre une. En Occident, nous traversons une crise sociale et spirituelle, car les hommes et les femmes ne parviennent pas à bien se situer vis-à-vis d'eux-mêmes et des autres, dépourvus comme ils le sont des valeurs qui les ont guidés jusqu'à maintenant.

Nous consommons nos sentiments, nos émotions et nos pensées comme nous consommons nos puissantes voitures, nos aliments malsains et nos téléviseurs handicapants. Nous consommons et nous y trouvons notre compte puisque nous persévérons dans cette voie. L'être humain — et par conséquent, le couple — ne peut plus se mesurer à certaines institutions que bien sûr, il renie. Je me permets de mentionner les religions qui, depuis quelques décennies, battent de l'aile en Occident. Elles sont critiquées, remises en question, bafouées par certains. Il n'est guère étonnant, pourriez-vous me dire, que nous en soyons arrivés à cet extrême, puisque ces institutions proposent une façon de voir et de comprendre le monde qui ne correspond plus à la réalité que nous vivons. Je ne peux passer sous silence le fait qu'elles aient aliéné tant de leurs adeptes, en leur imposant des règles très strictes et frustrantes à respecter. Je n'ai qu'à songer à celles qui régissent l'avortement, la contraception, l'homosexualité, les relations sexuelles hors mariage. Et je ne peux pas ignorer ces rapports tellement codifiés entre hommes et femmes qui ont fini par provoquer la révolte. Oui, nous nous sommes révoltés, et les femmes davantage que les hommes. Cependant, je suis d'avis que nous manquons de réalisme et de bonne foi en faisant porter tout le poids de notre mal d'être à une religion que nous trouvons désuète.

Nous demeurerons toujours préoccupés par ces grandes questions existentielles : Qui suis-je ? Pourquoi l'univers existe-t-il ? Qu'ai-je à accomplir ici-bas ? Pour quelles raisons dois-je mourir ? etc. Nous voulons tous donner un sens à nos vies, trouver des réponses sécurisantes. Il existe des raisons pour lesquelles les religions, quelles qu'elles soient, nous ont imposé des codes, des coutumes et des principes. En effet, ne serait-il pas utopique de croire que nous pouvons nous octroyer une liberté totale sans subir quelques conséquences fâcheuses ? Comment, par exemple, dans le domaine de la sexualité, laisser totalement libre cours à une pulsion aussi forte sans subir des retombées dévastatrices pour nous-mêmes et pour l'environnement dans lequel nous vivons ? Il serait essentiel, à travers cette nouvelle vision du monde que nous voulons nous donner, que nous ne perdions pas de vue qu'il s'avère important de se donner certaines limites à respecter. La liberté ne tombe pas des nues. L'individu l'acquiert par tout un processus d'introspection qui lui permet de bien se centrer sur une éthique innée qu'il possède — du moins, je l'espère fortement — et que son cœur, tout autant que sa raison, lui permet de suivre.

En philosophie, nous réfléchissons sur le bien et le mal, sur le sens des conduites humaines. Nous parlons alors d'éthique, des règles fondamentales qui sont à la base de nos actes : Qu'est-ce que le bien ? Qu'est-ce que le mal ? Quelles sont les normes les plus fondamentales du bien et du mal ? Aristote dit que la fin première de l'homme, c'est le bonheur. Cela pourrait effectivement être un choix... une espèce de morale hédoniste, finalement. Pourtant, certaines morales ne poursuivent pas le bonheur. Kant, par exemple, nous parle plutôt d'une morale axée sur le bien ou le mal, dans le sens où nous devons respecter les règles fondamentales qui sont conformes à la connaissance du bien. Ce n'est pas une question de bonheur pour lui, mais une question de respect de principes fondamentaux.

Actuellement, les hommes et les femmes se retrouvent de plain-pied dans un immense vide insécurisant qu'ils n'arrivent pas à combler. Était-ce vraiment indispensable de renier d'emblée la plupart de nos valeurs ? En modifier quelques-unes me semblerait plus sage. Laissés à nous-mêmes et apeurés, nous clamons haut et fort notre immense désir de liberté. Nous nous voulons libres, alors que nous étouffons sous le poids de nos propres conflits intérieurs et que nous avons de plus en plus de mal à harmoniser nos rapports avec les autres. Les hommes et les femmes ont laissé s'installer entre eux des jeux de pouvoir qui sont en train d'avoir raison de leur équilibre psychologique et physiologique. Il me semblerait très sage qu'ils fassent un pied de nez au chauvinisme, et ce, qu'il soit exercé par un homme ou une femme, car je crois fermement qu'une société plus équilibrée ne peut que reposer sur une alliance entre les hommes et les femmes.

Il serait donc urgent de rééquilibrer ces forces qui nous habitent respectivement. Mais changer la dynamique entre hommes et femmes, hommes et hommes, femmes et femmes ne peut se faire que si chacun modifie d'abord le rapport qu'il entretient avec lui-même : Qui suis-je ? Quels sont mes peurs, mes désirs, mes forces, mes limites, mes espoirs ? etc. Nous disons donner et voulons recevoir. Mais donner et recevoir avec gratuité implique inévitablement que nous nous soyons d'abord donné à nous-mêmes ce que nous recherchons si fortement à l'extérieur de nous. Ce faisant, nous nous donnons, entre autres choses, la conviction d'être dignes d'une offrande et le pouvoir de l'accepter puisque nous sommes capables d'y croire. Nous faisons également naître en nous le merveilleux sentiment de donner inconditionnellement. Il faut donc modifier le rapport que nous entretenons avec nous-mêmes pour être en mesure de modifier celui que nous instaurons avec l'autre.

Devenir son propre guide est laborieux. Se fixer des règles de conduite et respecter certains principes sont de lourdes responsabilités. Réfléchir de l'intérieur sans se centrer uniquement sur soi-même est souvent difficile. Garder le sens de soi sans laisser pour compte le sens de l'autre est ardu. Mais je crois que la liberté ne peut s'obtenir qu'à cette condition.

À ses débuts, une relation amoureuse saine n'est pas teintée de sentiments romanesques excessifs, mais de sentiments réels. Elle ne s'appuie pas sur des projets de vie que, impulsivement, un couple nouveau dit avoir en commun. Elle débute simplement en reposant sur le seul plaisir que nous éprouvons à être ensemble, sur la capacité que nous avons de vivre dans l'ici et le maintenant, sur ce que nous nous donnons comme pouvoir partagé au sein de la relation, sur la motivation qui nous habite à l'idée de pouvoir régler nos différends sans tomber dans des interprétations erronées et des accusations gratuites, sur le sentiment que nous avons de nous montrer tels que nous sommes, d'être vus pour ce que nous sommes et d'avoir la même attitude envers l'autre. Ce livre a tenté de vous apporter quelques moyens pour y parvenir. J'espère qu'il aura atteint son but, même si ce n'est qu'en partie. Les Tibétains disent que nous, les Occidentaux, admirons celui qui atteint le sommet dans n'importe quelle entreprise, tandis qu'eux, de leur côté, admirent celui qui abandonne son ego en cours de route. Je nous souhaite donc d'avoir trouvé cette route, car elle est sûrement faite de lumière et d'histoires d'amour heureuses.

Bibliographie

ALLEN, Jeffner. *La maternité : annihilation des femmes*, Montréal, Lesbian philosophy : Explorations, Librairie L'essentielle.

AMERICAN PSYCHIATRIC ASSOCIATION. *Manuel diagnostique et statistique des troubles mentaux (DSM-IV)*, Paris, Éditions Masson, 1996, 1056 p.

BEAUDRY, Madeleine et Jean-Marie BOISVERT. *Psychologie du couple : quand la science se met à parler d'amour*, Montréal, Éditions du Méridien, 1988, 405 p.

BIRCHLER, G. R., L. WEISS et J. P. VINCENT. «A multimethod analysis of social reinforcement exchange between maritally distressed and nondistressed spouse stranger dyads», *Journal of personnality and social psychology*, vol. 31, p. 349-360.

BLONDIN, Robert. *Le mensonge amoureux*, Montréal, Les Éditions de l'Homme, 1985, 174 p.

BOBIN, Christian. *La plus que vive*, Paris, Éditions Gallimard, 1999, 110 p.

BOLDUC, Daniel. «Les caractéristiques de la détresse conjugale», *Science et comportement*, vol. XVIII, n° 3, 1988, p. 141-152.

BOMBARDIER, Denise. *La déroute des sexes*, Paris, Éditions du Seuil, 1993, 138 p.

CARMEL, Marlène. *Ces femmes qui n'en veulent pas*, Montréal, Éditions Saint-Martin, 1990, 159 p.

COTTRAUX, Jean. *Les thérapies comportementales et cognitives*, Paris, Éditions Masson, 1998, 353 p.

CRÉPAULT, Claude. *La sexoanalyse*, Paris, Éditions Payot, 1999, 422 p.

CRÉPAULT, Claude et Jean-Yves DESJARDINS. *Le mythe du péché solitaire,* Montréal, Les Éditions de l'Homme, 1969, 127 p.

DEUTSCH, Hélène, dans Charlotte WOLFF, *Bissexualité,* Paris, Éditions Stock, 1981, 392 p.

DE VILAINE, Anne-Marie, Laurence GAVARINI et Michelle COADIC. *Maternité en mouvement,* Montréal, Éditions Saint-Martin, 1986, 244 p.

DORAIS, Michel. «L'homosexualité revue et non corrigée», *Le médecin du Québec,* vol. XXVIII, n° 9, septembre 1993.

ELLUL, Jacques, dans *Le pardon : briser la dette et l'oubli,* sous la direction de Olivier Abel, Montréal, Éditions Autrement, 1991, 255 p.

ELLIS, Albert, dans Jean COTTRAUX. *Les thérapies comportementales et cognitives,* Paris, Éditions Masson, 1998, 353 p.

ELLIS, Albert et Édouard SAGARIN. *Les nymphomanes et les hypersexuelles,* Paris, Les Éditions Buchet-Chastel, 1967, 255 p.

EPSTEIN, Rob et Jeffrey FREIDMAN. *De l'ombre à la lumière,* film documentaire produit par Telling Pictures.

FINE, Alain, Diane LE BEUF et Annick LE GUEN. *Bisexualité,* Paris, Les Presses Universitaires de France, 1997, 166 p.

FISCHER, Helen. *Histoire naturelle de l'amour,* Paris, Éditions Robert Laffont, 1994, 453 p.

FRANCOEUR, Robert Thomas. *A descriptive Dictionary and Atlas of Sexology,* New York, Greenwood Press, 1991, 768 p.

FREUD, Sigmund. *Trois essais sur la théorie de la sexualité,* Londres, Éditions Gallimard, 1962, 211 p.

FREUD, Sigmund, dans Charlotte Wolff, *Bissexualité,* Paris, Éditions Stock, 1981, 392 p.

FROMM, Éric. *L'art d'aimer,* Paris, Édition française: EPI, 1968, 156 p.

GAVARINI, Françoise, dans DE VILAINE, Anne-Marie, Laurence GAVARINI et Michelle COADIC. *Maternité en mouvement,* Montréal, Éditions Saint-Martin, 1986, 244 p.

GOTTMAN, J. M., C. NOTARIUS, H. MARKMAN, S. BANK, B. YOPPI et M. E. RUBIN. « Behavior exchange theory and marital decision », *Journal of personality and social psychology*, 1976, vol. 34, p. 14-23.

GOTTMAN, J. M. *Marital interaction: experimental investigation/John Mordechai Gottman*, New York, Academic Press, 1979, 315 p.

GRAFENBERG, E, dans Y. FAULON, *Cahier de sexologie clinique*, Montréal, 1989, p. 55.

GRODDECK, Georg, dans Charlotte WOLFF, *Bissexualité*, Paris, Éditions Stock, 1981, 392 p.

GUÉNETTE, Suzanne. « La relation entre l'estime de soi globale et la capacité à trouver un conjoint chez la femme hétérosexuelle », Montréal, Rapport d'activités de maîtrise, Université du Québec à Montréal, 1990, 85 p.

HEILBRUN, Alfred B. et D. K. FROMME. « Parental Identification of Late Adolescents and Level of Adjustment: the importance of Parental Model Attributes, Ordinal Position and Sex of the child », *Journal of genetic Psychology*, 1965, vol. 107, p. 49-50.

HITE, Shere. *Le rapport Hite sur les hommes*, Paris, Éditions Robert Laffont, 1983, 847 p.

JANUS, Samuel et Cynthia L. JANUS. *The Janus report on sexual behavior*, New York, Editions J. Wiley, 1993, 430 p.

KAPLAN, Helen S. « Hypoactive sexual desire », *Journal of Sex and Marital Therapy*, vol. III, n° 1, 1977, p. 3-9.

KAPLAN, Helen. S. *La nouvelle thérapie sexuelle*, Paris, Éditions Buchet/Chastel, 1979, 411 p.

KAPLAN, Helen S. *Comprehensive evaluation of disorders of sexual desire*, Washington, american Psychiatric Press, 1985, 76 p.

KAPLAN, Helen. S. *Sexual aversion, sexual phobias and panic disorder*, New York, Brunner/Mazel, 1987, 181 p.

KAPLAN, Helen. S. *The sexual desire disorders: dysfunctional regulation of sexual motivation*, New York, Brunner/Mazel, 1995, 332 p.

KHAN LADAS, Alice, Beverly WHIPPLE et John D. PERRY. *Le point G*, Paris, Éditions Robert Laffont, 1982, 220 p.

KINSEY, Alfred. *Sexual behavior in the human male*, Philadelphia, Saunders, 1948, 804 p.

KINSEY, Alfred. *Sexual behavior in the human female*, Philadelphia, Saunders, 1953, 842 p.

KÜBLER-ROSS, Élisabeth. *Les derniers instants de vie*, Genève, Éditions Labor et Fides, 1975, 279 p.

LACAN, Jacques, dans Michel SIMON, *Comprendre la sexualité aujourd'hui*, Lyon, Éditions Chronique Sociale, 1982, 146 p.

LADOUCEUR, Robert, Ovide FONTAINE et Jean COTTRAUX. *Thérapie comportementale et cognitive*, Paris, Éditions Masson, 1992, 234 p.

LAZARUS, Arnold A. *Multimodal Behavior Therapy*, New York, Springer, 1976, 241 p.

LEBLANC, Louise. *L'homme objet*, Montréal, Éditions Alain Stanké, 1980, 224 p.

LELEU, Gérard. *Le traité du désir*, Paris, Éditions Flammarion, 1997, 357 p.

LE PETIT LAROUSSE ILLUSTRÉ. Dictionnaire encyclopédique, Montréal, Les Éditions françaises Inc., 1988, 1798 p.

LEVINE, Stephen B. «Intrapsychic and individual aspects of sexual desire», dans S. R. LEIBLUM et R. C. ROSEN (Éd.). *Sexual Desire Disorders*, New York, Guilford Press, 1988, 470 p.

LOPICCOLO, Leslie. «Low sexual desire», dans S. R. LEIBLUM (Ed.). *Principles and practice of sex therapy*, New York, Guilford Press, 1980, p. 29-64.

LOPICCOLO, Joseph et J. M. FREIDMAN. «Broad-Spectrum treatment of low sexual desire: Integration of cognitive and Systemic Therapy», dans S. R. LEIBLUM et R. C. ROSEN, *Sexual Desire Disorders*, New York, Guilford Press, 1988, 470 p.

LOPICCOLO, Joseph, Leslie PICCOLO et Julia HEIMAN. *Orgasme*, Montréal, Les éditions Québécor, 1979, 206 p.

MASLOW, A. *Dominance, self-esteem, self-actualization*, Montery, Calif. : Brooks, Cole, 1973, 207 pages.

MASTERS, W. H. et V. E. JOHNSON. *Les mésententes sexuelles et leur traitement*, Montréal, Le Jour, 1971.

MATTE, Benoît. « Étude des interactions verbales négatives des couples présentant un problème de désir sexuel avec l'utilisation du système de codage des interactions maritales », Montréal, Mémoire de maîtrise, Université du Québec à Montréal, 1990, 73 p.

MCCARTHY B. W., dans Gilles TRUDEL, *Les dysfonctions sexuelles : évaluation et traitement par des méthodes psychologique, interpersonnelle et biologique*, 2ᵉ éd., Sainte-Foy, Presses de l'Université du Québec, 2000, 716 p.

MONTIGNY, Gilberte. *L'intimité : essai sur l'intimité avec soi et les autres*, Montréal, Éditions Saint-Martin, 1998, 128 p.

MUCCHIELLI, Roger. *Psychologie de la vie conjugale*, Paris, Les Éditions ESF, 1974, 69 p.

NOWINSKI, J. K. et J. LOPICCOLO. « Assessing sexual behavior in couples », *Journal of Sex and Marital Therapy*, 1979, Vol. V, p. 225-243.

NUTTER, D. E., et M. K. CONDRON. « Sexual fantasy and activity patterns of females with inhibited sexual desire versus normal controls », *Journal of Sex and Marital Therapy*, 1983, vol. IX, p. 276-282.

PARADIS, Ann-Frances et Josée S. LAFOND. *La réponse sexuelle et ses perturbations*, Montréal, Éditions G. Vermette, 1990, 295 p.

POUDAT François-Xavier et Noëlla JAROUSSE. *Traitement comportemental et cognitif des difficultés sexuelles*, Paris, Éditions Masson, 1992, 272 p.

RAVART, Marc. « Processus cognitifs associés aux troubles du désir : une étude évaluant le fonctionnement cognitif des femmes présentant un trouble de désir sexuel hypoactif et l'impact d'un programme de traitement béhavioral-cognitif de thérapie sexuelle de couple ». Thèse de doctorat, Montréal, Université du Québec à Montréal, 1999, 392 p.

REICH, Wilhelm, dans Michel SIMON, *Comprendre la sexualité aujourd'hui,* Lyon, Éditions Chronique Sociale, 1982, 146 p.

ROSEN, Raymond et Sandra Risa LEIBLUM. *Principles and practice of sex therapy,* New York, Guilford Press, 1989, 413 p.

ROSEN, Raymond et Sandra Risa LEIBLUM. *Case studies in sex therapy,* New York, Guilford Press, 1995, 400 p.

SALOMÉ, Jacques. *Heureux qui communique,* Paris, Éditions Albin Michel, 1993, 95 p.

SALOMÉ, Jacques et Sylvie GALLAND. *Si je m'écoutais, je m'entendrais,* Montréal, Les Éditions de l'Homme, 1990, 336 p.

SALOMÉ, Jacques et Sylvie GALLAND. *Aimer et se le dire,* Montréal, Les Éditions de l'Homme, 1993, 272 p.

SHOVER, L. R., J. M. FREIDMAN, S. H. WEILER, J. R. HEIMAN et J. LOPICCOLO. *Multiaxial problem-oriented system for sexual dysfonctions: an alternative to DSM-III,* Archives of general psychiatric, 1982, vol. 39, p. 614-619.

SHOVER, L. R. et Joseph LOPICCOLO. «Treatment effectiveness for dysfunctions of sexual desire», *Journal of Sex and Marital Therapy,* 1982, vol. VIII, p. 179-197.

SIMON, Michel. *Comprendre la sexualité aujourd'hui,* Lyon, Éditions Chronique Sociale, 1982, 146 p.

SUZANNE, Natalie. «L'influence d'une autocommunication sexuelle sur la capacité de la femme à éprouver du désir sexuel», Montréal, Rapport d'activités de maîtrise, Université du Québec à Montréal, 2001, 103 p.

SUZANNE, Natalie. «Le métier d'animateur de télévision: vocation ou improvisation?», Montréal, mémoire de maîtrise, Université du Québec à Montréal, 1998, 188 p.

TRUDEL, GILLES. «Désir sexuel hypoactif: évaluation et traitement», *Science et comportement,* 1991, vol. XXI, n° 1, p. 26-40.

TRUDEL, GILLES. «Le désir sexuel hypoactif chez le couple: perspective cognitivo-comportementale», *Revue québécoise de psychologie,* 1993, Vol. XIV, n° 2, p. 139-151.

TRUDEL, Gilles. *Les dysfonctions sexuelles: évaluation et traitement par des méthodes psychologique, interpersonnelle et biologique*, 2ᵉ éd., Sainte-Foy, Presses de l'Université du Québec, 2000, 716 p.

VALAGRÈGUE, Catherine. *Des enfants, pourquoi?*, Paris, Éditions Stock, 1978, 168 p.

VALVERDE, Mariana. *Sexe, pouvoir et plaisir,* Montréal, Éditions Remue-ménage, 1989, 241 p.

VINCENT, J. P., R. I. WEISS et G. R. BIRCHLER. «A behavior analysis of problems solving in distressed and nondistressed married and stranger dyads», *Behavior Therapy,* 1975, vol. VI, p. 475-487.

WEINBERG, Martin S., Colin J. WILLIAM et Douglas W. PRYOR. *Dual Attraction,* New York, Oxford University Press, 1994, 437 p.

WOLFF, Charlotte. *Bissexualité,* Paris, Éditions Stock, 1981, 392 p.

Table des matières

Avant-propos 11

Introduction 15

Chapitre premier 21
L'amour dans tous ses états

Chapitre 2 51
Je m'aime : un peu, beaucoup, passionnément !

Chapitre 3 73
Une réponse sexuelle perturbée

Chapitre 4 123
Parents aimants, enfant gagnant

Chapitre 5 157
Bien jouer son rôle, mal jouer sa vie

Chapitre 6 179
Un féminisme à deux voies

Chapitre 7 201
Pardonner pour se libérer

Chapitre 8 219
Une communication non filtrée

Chapitre 9 231
L'autocommunication sexuelle : un corps à cœur avec soi

Chapitre 10 255
La communication sexuelle : un corps à cœur avec l'autre

Chapitre 11 271
Sommes-nous tous bisexuels?

Chapitre 12 293
La force de la solitude

Conclusion 311

Bibliographie 315

En plus de faire de la thérapie individuelle et de couple, l'auteur organise des séminaires et des thérapies de groupe sur différents thèmes.

Veuillez vous adresser à:

Natalie Suzanne
Téléphone: (514) 705-7396
Courrier: natsu@cam.org

LES ÉDITIONS DE L'HOMME

Affaires et vie pratique

   26 stratégies pour garder ses meilleurs employés, Beverly Kaye et Sharon Jordan-Evans
* 1001 prénoms, leur origine, leur signification, Jeanne Grisé-Allard
   100 stratégies pour doubler vos ventes, Robert L. Riker
* Acheter et vendre sa maison ou son condominium, Lucille Brisebois
* Acheter une franchise, Pierre Levasseur
   À la retraite, re-traiter sa vie, Lucie Mercier
* Les annuelles en pots et au jardin, Albert Mondor
* Les assemblées délibérantes, Francine Girard
* La bible du potager, Edward C. Smith
   Le bon mot — Déjouer les pièges du français, Jacques Laurin
* Bonne nouvelle, vous êtes engagé!, Bill Marchesin
* La bourse, Mark C. Brown
* Bricoler pour les oiseaux, France et André Dion
* Le chasse-insectes dans la maison, Odile Michaud
* Le chasse-insectes pour jardins, Odile Michaud
* Le chasse-taches, Jack Cassimatis
* Choix de carrières — Après le collégial professionnel, Guy Milot
* Choix de carrières — Après le secondaire V, Guy Milot
* Choix de carrières — Après l'université, Guy Milot
   Clicking, Faith Popcorn
* Comment cultiver un jardin potager, Jean-Claude Trait
   Comment lire dans les feuilles de thé, William W. Hewitt
   Comment rédiger son curriculum vitæ, Julie Brazeau
   Comment voir et interpréter l'aura, Ted Andrews
* Comprendre le marketing, Pierre Levasseur
   La conduite automobile, Francine Levesque
   La couture de A à Z, Rita Simard
   Découvrir la flore forestière, Michel Sokolyk
* Des bulbes en toutes saisons, Pierre Gingras
   Des pierres à faire rêver, Lucie Larose
* Des souhaits à la carte, Clément Fontaine
* Devenir exportateur, Pierre Levasseur
* Écrivez vos mémoires, S. Liechtele et R. Deschênes
* L'entretien de votre maison, Consumer Reports Books
* L'étiquette des affaires, Elena Jankovic
* EVEolution, Faith Popcorn et Lys Marigold
* Faire son testament, Mᵉ Gérald Poirier et Martine Nadeau
* Fleurs de villes, Benoit Prieur
* Fleurs sauvages du Québec, Estelle Lacoursière et Julie Therrien
* La généalogie, Marthe F.-Beauregard et Ève B.-Malak
* Gérer ses ressources humaines, Pierre Levasseur
* Les graminées, Sandra Barone et Friedrich Oehmiche
   Le grand livre de l'harmonie des couleurs, Collectif
* Le grand livre des vivaces, Albert Mondor
   La graphologie en 10 leçons, Claude Santoy
* Le guide Bizier et Nadeau, R. Bizier et R. Nadeau
* Le guide de l'auto 2001, J. Duval et D. Duquet
* Guide complet du bricolage et de la rénovation, Black & Decker
   Guide complet pour rénover sa maison, Black & Decker
* Guide des arbres et des plantes à feuillage décoratif, Benoit Prieur
* Guide des fleurs pour les jardins du Québec, Benoit Prieur
* Le guide des plantes d'intérieur, Coen Gelein
* Guide des plantes pour la maison, Benoit Prieur
* Guide des voitures anciennes tome I et tome II, J. Gagnon et C. Vincent
* Guide du jardinage et de l'aménagement paysager au Québec, Benoit Prieur
* Guide du potager, Benoit Prieur
* Le guide du savoir-écrire, Jean-Paul Simard
* Le guide du vin 2001, Michel Phaneuf
* Le guide du vin 2002, Michel Phaneuf
* Guide gourmand 97 — Les 100 meilleurs restaurants de Montréal, Josée Blanchette
* Guide gourmand — Les bons restaurants de Québec — Sélection 1996, D. Stanton
* Le guide Mondoux, Yves Mondoux
   Guide pratique des premiers soins, Raymond Kattar
   Guide pratique des vins d'Italie, Jacques Orhon
* Guide Prieur saison par saison, Benoit Prieur
* Les hémérocalles, Benoit Prieur

* J'aime les azalées, Josée Deschênes
* J'aime les bulbes d'été, Sylvie Regimbal
  J'aime les cactées, Claude Lamarche
* J'aime les conifères, Jacques Lafrenière
* J'aime les petits fruits rouges, Victor Berti
  J'aime les rosiers, René Pronovost
* J'aime les tomates, Victor Berti
* J'aime les violettes africaines, Robert Davidson
  J'apprends l'anglais…, Gino Silicani et Jeanne Grisé-Allard
  Le jardin d'herbes, John Prenis
* Jardins d'ombre et de lumière, Albert Mondor
  Les jardins fleuris d'oiseaux, France et André Dion
* Lancer son entreprise, Pierre Levasseur
  Le locataire avisé, Option consommateurs
* La loi et vos droits, Mᵉ Paul-Émile Marchand
  Ma grammaire, Roland Jacob et Jacques Laurin
* Mariage, étiquette et planification, Suzanne Laplante
* Le meeting, Gary Holland
  La menuiserie, Black & Decker
  Mieux connaître les vins du monde, Jacques Orhon
  Le nouveau guide des vins de France, Jacques Orhon
* Nouveaux profils de carrière, Claire Landry
  Les nouvelles stratégies de coaching, Pierre J. Gendron et Christiane Faucher
  L'orthographe en un clin d'œil, Jacques Laurin
* Ouvrir et gérer un commerce de détail, C. D. Roberge et A. Charbonneau
* Passage obligé, Charles Sirois
* Le patron, Cheryl Reimold
  La peinture et la décoration, Black & Decker
* Le petit Paradis, France Paradis
* La planification fiscale étape par étape, Diane Blais et Michel Lanteigne
  La plomberie, Black & Decker
* Prévoir les belles années de la retraite, Michael Gordon
  Le principe 80/20, Richard Koch
  Le rapport Popcorn, Faith Popcorn
* Les secrets d'une succession sans chicane, Justin Dugal
  Souriez, c'est lundi, Bill Marchesin
  La taxidermie moderne, Jean Labrie
* Les techniques de jardinage, Paul Pouliot
  Techniques de vente par téléphone, James D. Porterfield
* Tests d'aptitude pour mieux choisir sa carrière, Linda et Barry Gale
* Tout ce que vous devez savoir sur le condominium, Robert Dubois
  Les travaux d'électricité, Black & Decker
  Une carrière sur mesure, Denise Lemyre-Desautels
  L'univers de l'astronomie, Robert Tocquet
  Un paon au pays des pingouins, B. Hateley et W. H. Schmidt
  La vente, Tom Hopkins
  Votre destinée dans les lignes de la main, Michel Morin

Cuisine et nutrition

* Les 250 meilleures recettes de Weight Watchers, Collectif
* À la découverte des fromageries du Québec, André Fouillet
  L'alimentation durant la grossesse, Hélène Laurendeau et Brigitte Coutu
  Les aliments et leurs vertus, Jean Carper
  Les aliments miracles pour votre cerveau, Jean Carper
  Les aliments pour rester jeune, Jean Carper
  Les aliments qui guérissent, Jean Carper
* Apprêter et cuisiner le gibier, collectif
  Balsamico, Pamela Sheldon Johns
  Le barbecue, Patrice Dard
  Le barbecue – Toutes les techniques pour cuisiner sur le gril, Steven Raichler
* Bien manger sans se serrer la ceinture, Marie Breton
* Biscuits et muffins, Marg Ruttan
  Bon appétit!, Mia et Klaus
  La bonne cuisine des saisons, Victor-Antoine d'Avila-Latourette
  Bonne table, bon sens, Anne Lindsay
  Bonne table et bon cœur, Anne Lindsay
  Les bonnes soupes du monastère, Victor-Antoine d'Avila-Latourette
* Bons gras, mauvais gras, Louise Lambert-Lagacé et Michelle Laflamme

Les bons légumes du monastère, Victor-Antoine d'Avila-Latourrette
Le boulanger électrique, Marie-Paul Marchand
* **Le cochon à son meilleur,** Philippe Mollé
* **Cocktails de fruits non alcoolisés,** Lorraine Whiteside
Combler ses besoins en calcium, Denyse Hunter
Comment nourrir son enfant, Louise Lambert-Lagacé
La congélation de A à Z, Joan Hood
Les conserves, Sœur Berthe
* **Crème glacée et sorbets,** Yves Lebuis et Gilbert Pauzé
Cuisine amérindienne, Françoise Kayler et André Michel
La cuisine au wok, Charmaine Solomon
* **La cuisine chinoise traditionnelle,** Jean Chen
La cuisine des champs, Anne Gardon
La cuisine du monastère, Victor-Antoine d'Avila-Latourrette
La cuisine, naturellement, Anne Gardon
* **Cuisiner avec le four à convection,** Jehane Benoit
Cuisine traditionnelle des régions du Québec, Institut de tourisme et d'hôtellerie du Québec
Le défi alimentaire de la femme, Louise Lambert-Lagacé
* **Délices en conserve,** Anne Gardon
Des insectes à croquer, Insectarium de Montréal et Jean-Louis Thémis
* **Les desserts sans sucre,** Jennifer Eloff
Devenir végétarien, V. Melina, V. Harrison et B. C. Davis
* **Du moût ou du raisin ? Faites vous-même votre vin,** Claudio Bartolozzi
* **Faire son pain soi-même,** Janice Murray Gill
* **Faire son vin soi-même,** André Beaucage
Fruits & légumes exotiques, Jean-Louis Thémis
Gibier à poil et à plume, Jean-Paul Grappe
* **Le guide des accords vins et mets,** Jacques Orhon
Harmonisez vins et mets, Jacques Orhon
Huiles et vinaigres, Jean-François Plante
Jus frais et boissons santé, Anne MsIntyre
Le juste milieu dans votre assiette, Dr B. Sears et B. Lawren
Le lait de chèvre un choix santé, Collectif
* **Le livre du café,** Julien Letellier
Mangez mieux, vivez mieux!, Bruno Comby
Ménopause, nutrition et santé, Louise Lambert-Lagacé
* **Menus et recettes du défi alimentaire de la femme,** Louise Lambert-Lagacé
* **Les muffins,** Angela Clubb
Nouilles, Vicki Liley
* **La nouvelle boîte à lunch,** Louise Desaulniers et Louise Lambert-Lagacé
La nouvelle cuisine micro-ondes, Marie-Paul Marchand et Nicole Grenier
La nouvelle cuisine micro-ondes II, Marie-Paul Marchand et Nicole Grenier
Les passions gourmandes, Philippe Mollé
* **Les pâtes,** Julien Letellier
* **La pâtisserie,** Maurice-Marie Bellot
Plaisirs d'été, Collectif
* **Poissons, mollusques et crustacés,** Jean-Paul Grappe et l'I.T.H.Q.
Le porc en toutes saisons, Le Porc du Québec
* **Les recettes du bien-être absolu,** Dr Barry Sears
Réfléchissez, mangez et maigrissez!, Dr Dean Ornish
La sage bouffe de 2 à 6 ans, Louise Lambert-Lagacé
La santé au menu, Karen Graham
* **Soupes et plats mijotés,** Marg Ruttan et Lew Miller
Sushis et sashimis, Masakuzu Hori et Kazu Takahashi
Telle mère, telle fille, Debra Waterhouse
Les tisanes qui font merveille, Dr Leonhard Hochenegg et Anita Höhne
Un homme au fourneau, Guy Fournier
Une cuisine sage, Louise Lambert-Lagacé
* **Votre régime contre l'acné,** Alan Moyle
* **Votre régime contre la colite,** Joan Lay
* **Votre régime contre la cystite,** Ralph McCutcheon
* **Votre régime contre la sclérose en plaque,** Rita Greer
* **Votre régime contre l'asthme et le rhume des foins,** R. Newman Turner
* **Votre régime contre le diabète,** Martin Budd
* **Votre régime contre le psoriasis,** Harry Clements
* **Votre régime pour contrôler le cholestérol,** R. Newman Turner
* **Les yogourts glacés,** Mable et Gar Hoffman

Plein air, sports, loisirs

* 30 ans de photos de hockey, Denis Brodeur
* L'ABC du bridge, Frank Stewart et Randall Baron
* Almanach chasse et pêche 93, Alain Demers
  L'arc et la chasse, Greg Guardo
* Les armes de chasse, Charles Petit-Martinon
  Les armes de chasse et de tir, Jean-Georges DesChenaux
  L'art du pliage du papier, Robert Harbin
  Astrologie 2001, Andrée D'Amour
  Astrologie 2002, Andrée D'Amour
  La basse sans professeur, Laurence Canty
  La batterie sans professeur, James Blades et Johnny Dean
  Beautés sauvages du Québec, H. Wittenborn et A. Croteau
  Les bons cigares, H. Paul Jeffers et Kevin Gordon
  Le bridge, Viviane Beaulieu
  Carte et boussole, Björn Kjellström
  Le chant sans professeur, Graham Hewitt
* Charlevoix, Mia et Klaus
  Ciel de nuit, Terence Dickinson
* Circuits pittoresques du Québec, Yves Laframboise
  La clarinette sans professeur, John Robert Brown
  Le clavier électronique sans professeur, Roger Evans
  Comment vaincre la peur de l'eau..., R. Zumbrunnen et J. Fouace
  Le golf après 50 ans, Jacques Barrette et Dr Pierre Lacoste
* Les clés du scrabble, Pierre-André Sigal et Michel Raineri
  Corrigez vos défauts au golf, Yves Bergeron
* Le curling, Ed Lukowich
* De la hanche aux doigts de pieds — Guide santé pour l'athlète, M. J. Schneider et M. D. Sussman
* Devenir gardien de but au hockey, François Allaire
* Les éphémères du pêcheur québécois, Yvon Dulude
  L'esprit de l'aïkido, Massimo N. di Villadorata
* Exceller au softball, Dick Walker
* Exceller au tennis, Charles Bracken
* Les Expos, Denis Brodeur et Daniel Caza
  La flûte à bec sans professeur, Alain Bergeron
  La flûte traversière sans professeur, Howard Harrison
* Les gardiens de but au hockey, Denis Brodeur
  Le golf au féminin, Yves Bergeron et André Maltais
  Le grand livre des patiences, Pierre Crépeau
  Le grand livre des sports, Le groupe Diagram
  Les grands du hockey, Denis Brodeur
  Les grands noms du jazz, Christophe Rodriguez
* Guide complet de la couture, collectif
  Le guide complet du judo, Louis Arpin
  Le guide complet du self-defense, Louis Arpin
* Le guide de la chasse, Jean Pagé
* Guide de la forêt québécoise, André Croteau
* Le guide de la pêche au Québec, Jean Pagé
  Guide de mise en forme, P. Anctil, G. Thibault et P. Bergeron
* Le guide des auberges et relais de campagne du Québec, François Trépanier
* Guide des jeux scouts, Association des Scouts du Canada
  Le guide de survie de l'armée américaine, Collectif
  Guide d'orientation avec carte, boussole et GPS, Paul Jacob
  Guide pratique de survie en forêt, Jean-Georges Deschenaux
  La guitare électrique sans professeur, Robert Rioux
  La guitare sans professeur, Roger Evans
  L'harmonica sans professeur, Alain Lamontagne et Michel Aubin
* Les Îles-de-la-Madeleine, Mia et Klaus
* Initiation à l'observation des oiseaux, Michel Sokolyk
* Jacques Villeneuve, Gianni Giansanti
* J'apprends à nager, Régent la Coursière
* Le Jardin botanique, Mia et Klaus
* Je me débrouille à la chasse, Gilles Richard
* Je me débrouille à la pêche, Serge Vincent
* Jeux cocasses au vieux Forum, Denis Brodeur et Jacques Thériault
  Jeux de puissance au hockey, Charles Thiffault
* Jeux pour rire et s'amuser en société, Claudette Contant
  Jouer au golf sans viser la perfection, Bob Rotella et Bob Cullen
  Jouons au scrabble, Philippe Guérin

   Le karaté Koshiki, Collectif
   Le karaté Kyokushin, André Gilbert
* **Leçons de golf,** Claude Leblanc
   Le livre des patiences, Maria Bezanovska et Paul Kitchevats
   Le livre du billard, Pierre Morin
* **Manon Rhéaume,** Chantal Gilbert
   Manuel de pilotage, Transport Canada
   Le manuel du monteur de mouches, Mike Dawes
   Le marathon pour tous, Pierre Anctil, Daniel Bégin et Patrick Montuoro
* **Mario Lemieux,** Lawrence Martin
* **Maurice Richard,** Craig Macinnis
   La médecine sportive, Dr Gabe Mirkin et Marshall Hoffman
   Mouvements d'antigymnastique, Marie Lise Labonté
* **La musculation pour tous,** Serge Laferrière
* **La nature en hiver,** Donald W. Stokes
* **Nos oiseaux en péril,** André Dion
   L'ouverture aux échecs pour tous, Camille Coudari
* **Les papillons du Québec,** Christian Veilleux et Bernard Prévost
   Parlons franchement des enfants et du sport, J. E. LeBlanc et L. Dickson
   Pêcher la truite à la mouche, Collectif
   La photographie numérique, Bill Corbett
* **La photographie sans professeur,** Jean Lauzon
   Le piano jazz sans professeur, Bob Kail
   Le piano sans professeur, Roger Evans
   La planche à voile, Gérald Maillefer
   La plongée sous-marine, Richard Charron et Michel Lavoie
   Poker!, Martin Dupras
   Pour l'amour du ciel, Bernard R. Parker
* **Les Québécois à Lillehammer,** Bernard Brault et Michel Marois
* **Racquetball,** Jean Corbeil
* **Racquetball plus,** Jean Corbeil
   The St. Lawrence, the untamed beauty of the great river, Jean-François Hamel et Annie Mercier
* **Rivières et lacs canotables du Québec,** Fédération québécoise du canot-camping
   Le Saint-Laurent : beautés sauvages du grand fleuve, Jean-François Hamel et Annie Mercier
   Le Saint-Laurent, un fleuve à découvrir, Marie-Claude Ouellet
   S'améliorer au tennis, Richard Chevalier
* **Le saumon,** Jean-Paul Dubé
   Le saxophone sans professeur, John Robert Brown
* **Le scrabble,** Daniel Gallez
   Les secrets du blackjack, Yvan Courchesne
   Le solfège sans professeur, Roger Evans
* **Sylvie Fréchette,** Lilianne Lacroix
   La technique du ski alpin, Stu Campbell et Max Lundberg
   Techniques du billard, Robert Pouliot
* **Le tennis,** Denis Roch
* **Tiger Woods,** Tim Rosaforte
* **Le tissage,** Germaine Galerneau et Jeanne Grisé-Allard
   Tous les secrets du golf selon Arnold Palmer, Arnold Palmer
   365 activités à faire après l'école, Cynthia MacGregor
   La trompette sans professeur, Digby Fairweather
* **Les vacances en famille : comment s'en sortir vivant,** Erma Bombeck
   Villeneuve — Ma première saison en Formule 1, J. Villeneuve et G. Donaldson
   Le violon sans professeur, Max Jaffa
   Voir plus clair aux échecs, Henri Tranquille et Louis Morin
   Le volley-ball, Fédération de volley-ball

Psychologie, vie affective, vie professionnelle, sexualité

   20 minutes de répit, Ernest Lawrence Rossi et David Nimmons
   101 conseils pour élever un enfant heureux, Lisa McCourt
   1001 stratégies amoureuses, Marie Papillon
   À dix kilos du bonheur, Danielle Bourque
   L'adultère est un péché qu'on pardonne, Bonnie Eaker Weil et Ruth Winter
* **Aider mon patron à m'aider,** Eugène Houde
   Aimer et se le dire, Jacques Salomé et Sylvie Galland
   Aimer un homme sans se laisser dominer, Harrison Forrest
   À la découverte de mon corps — Guide pour les adolescentes, Lynda Madaras
   À la découverte de mon corps — Guide pour les adolescents, Lynda Madaras
   L'amour comme solution, Susan Jeffers

* L'amour, de l'exigence à la préférence, Lucien Auger
* L'amour en guerre, Guy Corneau
  L'amour entre elles, Claudette Savard
  Les anges, mystérieux messagers, Collectif
  Apprendre à dire non, Marcelle Lamarche et Pol Danheux
  Apprenez à votre enfant à réfléchir, John Langrehr
  L'apprentissage de la parole, R. Michnik Golinkoff et K. Hirsh-Pasek
  L'approche émotivo-rationnelle, Albert Ellis et Robert A. Harper
  Arrête de bouder!, Marie-France Cyr
  Arrosez les fleurs pas les mauvaises herbes, Fletcher Peacock
  L'art de discuter sans se disputer, Robert V. Gerard
  L'art de parler en public, Ed Woblmuth
  L'art d'être parents, Dr Benjamin Spock
  Attention, parents!, Carol Soret Cope
  Au bout du rouleau, Debra Waterhouse
  Au cœur de l'année monastique, Victor-Antoine d'Avila-Latourrette
  Balance en amour, Linda Goodman
  Bébé joue et apprend, Penny Warner
  Bélier en amour, Linda Goodman
  Bientôt maman, Janet Whalley, Penny Simkin et Ann Keppler
* Le bonheur au travail, Alan Carson et Robert Dunlop
  Le bonheur si je veux, Florence Rollot
  Cancer en amour, Linda Goodman
  Capricorne en amour, Linda Goodman
  Ces chers parents!..., Christina Crawford
  Ces gens qui remettent tout à demain, Rita Emmett
  Ces gens qui vous empoisonnent l'existence, Lillian Glass
* Ces hommes qui méprisent les femmes... et les femmes qui les aiment, Dr Susan Forward et
  Joan Torres
  Ces pères qui ne savent pas aimer, Monique Brillon
  Cessez d'être gentil, soyez vrai, Thomas d'Ansembourg
  Ces visages qui en disent long, Jeanne-Élise Alazard
  Changer en douceur, Alain Rochon
  Changer ensemble — Les étapes du couple, Susan M. Campbell
  Changer, oui, c'est possible, Martin E. P. Seligman
  Les clés du succès, Napoleon Hill
  Comment aider mon enfant à ne pas décrocher, Lucien Auger
  Comment communiquer avec votre adolescent, E. Weinhaus et K. Friedman
  Comment contrôler l'inquiétude et l'utiliser efficacement, Dr E. M. Hallowell
  Comment développer l'estime de soi de votre enfant, Carl Pickhardt
  Comment faire l'amour sans danger, Diane Richardson
* Comment parler en public, S. Barrat et C. H. Godefroy
  Comment s'amuser à séduire l'autre, Lili Gulliver
  Comment s'entourer de gens extraordinaires, Lillian Glass
  Communiquer avec les autres, c'est facile!, Érica Guilane-Nachez
  Le complexe de Casanova, Peter Trachtenberg
* Comprendre et interpréter vos rêves, Michel Devivier et Corinne Léonard
  La concentration créatrice, Jean-Paul Simard
  La côte d'Adam, M. Geet Éthier
  Couples en péril réagissez!, Dr Arnold Brand
  Découvrez votre quotient intellectuel, Victor Serebriakoff
  Découvrir un sens à sa vie avec la logothérapie, Viktor E. Frankl
  Le défi de vieillir, Hubert de Ravinel
* De ma tête à mon cœur, Micheline Lacasse
  La dépression contagieuse, Ronald M. Podell
  La deuxième année de mon enfant, Frank et Theresa Caplan
  Développez votre charisme, Tony Alessandra
  Devenez riche, Napoleon Hill
* Dieu ne joue pas aux dés, Henri Laborit
  Dominez votre anxiété avant qu'elle ne vous domine, Albert Ellis
  Les douze premiers mois de mon enfant, Frank Caplan
* Du nouvel amour à la famille recomposée, Gisèle Larouche
  Les dynamiques de la personne, Denis Ouimet
  Dynamique des groupes, Jean-Marie Aubry
  En attendant notre enfant, Yvette Pratte Marchessault
* Les enfants de l'autre, Erna Paris
  Les enfants de l'indifférence, Andrée Ruffo
  L'enfant dictateur, Fred G. Gosman
  L'enfant en colère, Tim Murphy
* L'enfant unique — Enfant équilibré, parents heureux, Ellen Peck

L'Ennéagramme au travail et en amour, Helen Palmer
Entre le rire et les larmes, Élisabeth Carrier
L'esprit dispersé, Dr Gabor Maté
* L'esprit du grenier, Henri Laborit
Êtes-vous faits l'un pour l'autre?, Ellen Lederman
* L'étonnant nouveau-né, Marshall H. Klaus et Phyllis H. Klaus
Être soi-même, Dorothy Corkille Briggs
* Évoluer avec ses enfants, Pierre-Paul Gagné
Exceller sous pression, Saul Miller
* Exercices aquatiques pour les futures mamans, Joanne Dussault et Claudia Demers
Fantaisies amoureuses, Marie Papillon
La femme indispensable, Ellen Sue Stern
La force intérieure, J. Ensign Addington
Le fruit défendu, Carol Botwin
Full Sexuel – La vie amoureuse des adolescents, Jocelyne Robert
Gémeaux en amour, Linda Goodman
Le gout du risque, Gert Semler
Le grand dauphin blanc, Bruno Saint-Cast
Le grand livre de notre enfant, Tim Murphy
* Le grand manuel des cristaux, Ursula Markham
La graphologie au service de votre vie intime et professionnelle, Claude Santoy
Guérir des autres, Albert Glaude
* La guérison du cœur, Guy Corneau
Le guide du succès, Tom Hopkins
* Heureux comme un roi, Benoît L'Herbier
Histoire d'une femme traquée, Gaëtan Dufour
L'histoire merveilleuse de la naissance, Jocelyne Robert
Horoscope chinois 2001, Neil Somerville
Horoscope chinois 2002, Neil Somerville
Les initiales du bonheur, Ronald Royer
L'insoutenable absence, Regina Sara Ryan
J'ai commis l'inceste, Gilles David
* J'aime, Yves Saint-Arnaud
J'ai rendez-vous avec moi, Micheline Lacasse
Jamais seuls ensemble, Jacques Salomé
Je crois en moi et je vais mieux!, Christ Zois et Patricia Fogarty
Je réinvente ma vie, J. E. Young et J. S. Klosko
Le jeu excessif, Ladouceur, Sylvain, Boutin et Doucet
* Le journal intime intensif, Ira Progoff
Le langage du corps, Julius Fast
Lion en amour, Linda Goodman
Le mal des mots, Denise Thériault
Maman a raison, papa n'a pas tort…, Dr Ron Taffel
Maman, bobo!, Collectif
Les manipulateurs et l'amour, Isabelle Nazare-Aga
Les manipulateurs sont parmi nous, Isabelle Nazare-Aga
Ma sexualité de 0 à 6 ans, Jocelyne Robert
Ma sexualité de 6 à 9 ans, Jocelyne Robert
Ma sexualité de 9 à 12 ans, Jocelyne Robert
La méditation transcendantale, Jack Forem
Le mensonge amoureux, Robert Blondin
Nous divorçons — Quoi dire à nos enfants, Darlene Weyburne
Mère à la maison et heureuse! Cindy Tolliver
Mettez du feng shui dans votre vie, George Birdsall
* Mon enfant naitra-t-il en bonne santé?, Jonathan Scher et Carol Dix
* Mon journal de rêves, Nicole Gratton
Parent responsable, enfant équilibré, François Dumesnil
Parle, je t'écoute…, Kris Rosenberg
Parle-moi… j'ai des choses à te dire, Jacques Salomé
Parlez-leur d'amour et de sexualité, Jocelyne Robert
Parlez pour qu'on vous écoute, Michèle Brien
Partir ou rester?, Peter D. Kramer
Pas de panique!, Dr R. Reid Wilson
Pensez comme Léonard de Vinci, Michael J. Gelb
Père manquant, fils manqué, Guy Corneau
Petit bonheur deviendra grand, Éliane Francœur
La peur d'aimer, Steven Carter et Julia Sokol
Les peurs infantiles, Dr John Pearce
Peut-on être un homme sans faire le mâle?, John Stoltenberg
* Les plaisirs du stress, Dr Peter G. Hanson

La plénitude sexuelle, Michael Riskin et Anita Banker-Riskin
Poissons en amour, Linda Goodman
Pour en finir avec le trac, Peter Desberg
Pour entretenir la flamme, Marie Papillon
Pourquoi l'autre et pas moi? — Le droit à la jalousie, Dr Louise Auger
Pourquoi les hommes s'en vont, Brenda Shoshanna
Pourquoi les hommes marchent-ils à la gauche des femmes?, Philippe Turchet
Le pouvoir d'Aladin, Jack Canfield et Mark Victor Hansen
Le pouvoir de la couleur, Faber Birren
Le pouvoir de la pensée «négative», Tony Humphreys
Le pouvoir de l'empathie, A.P. Ciaramicoli et C. Ketcham
Préparez votre enfant à l'école dès l'âge de 2 ans, Louise Doyon
* Prévenir et surmonter la déprime, Lucien Auger
Le principe de Peter, L. J. Peter et R. Hull
Les problèmes de sommeil des enfants, Dr Susan E. Gottlieb
Psychologie de l'enfant de 0 à 10 ans, Françoise Cholette-Pérusse
* La puberté, Angela Hines
La puissance de la vie positive, Norman Vincent Peale
La puissance de l'intention, Richard J. Leider
La puissance des émotions, Michelle Larivey
Qui a peur d'Alexander Lowen?, Édith Fournier
Réfléchissez et devenez riche, Napoleon Hill
La réponse est en moi, Micheline Lacasse
La réussite grâce à l'horoscope chinois, Neil Somerville
Les rêves, messagers de la nuit, Nicole Gratton
Les rêves portent conseil, Laurent Lachance
Rêves, signes et coïncidences, Laurent Lachance
Rompre pour de bon!, Joyce L. Vedral
* Rompre sans tout casser, Linda Bérubé
Ronde et épanouie!, Cheri K. Erdman
* S'affirmer au quotidien, Éric Schuler
S'affirmer et communiquer, Jean-Marie Boisvert et Madeleine Beaudry
S'aider soi-même davantage, Lucien Auger
Sagittaire en amour, Linda Goodman
Scorpion en amour, Linda Goodman
Se comprendre soi-même par des tests, Collaboration
Se connaître soi-même, Gérard Artaud
* Le secret de Blanche, Blanche Landry
Secrets d'alcôve, Iris et Steven Finz
Les secrets de la flexibilité, Priscilla Donovan et Jacquelyn Wonder
Les secrets de l'astrologie chinoise ou le parfait bonheur, André H. Lemoine
Les secrets des 12 signes du zodiaque, Andrée D'Amour
Séduire à coup sûr, Leil Lowndes
* Se guérir de la sottise, Lucien Auger
S'entraider, Jacques Limoges
* La sexualité du jeune adolescent, Dr Lionel Gendron
La sexualité pour le plaisir et pour l'amour, D. Schmid et M.-J. Mattheeuws
Si je m'écoutais je m'entendrais, Jacques Salomé et Sylvie Galland
Le Soi aux mille visages, Pierre Cauvin et Geneviève Cailloux
* Superlady du sexe, Susan C. Bakos
Surmonter sa peine, Adele Wilcox
La synergologie, Philippe Turchet
Taureau en amour, Linda Goodman
Te laisse pas faire!, Jocelyne Robert
Le temps d'apprendre à vivre, Lucien Auger
Tics et problèmes de tension musculaire, Kieron O'Connor et Danielle Gareau
Tirez profit de vos erreurs, Gerard I. Nierenberg
Tout se joue avant la maternelle, Masaru Ibuka
* Travailler devant un écran, Dr Helen Feeley
Un autre corps pour mon âme, Michael Newton
* Un monde insolite, Frank Edwards
Une vie à se dire, Jacques Salomé
* Un second souffle, Diane Hébert
Verseau en amour, Linda Goodman
* La vie antérieure, Henri Laborit
Vieillir au masculin, Hubert de Ravinel
Vierge en amour, Linda Goodman
Vivre avec un cardiaque, Rhoda F. Levin
Vos enfants consomment-ils des drogues?, Steve Carper et Timothy Dimoff
Votre enfant est-il trop sensible?, Janet Poland et Judi Craig

Votre enfant est-il victime d'intimidation?, Sarah Lawson
Vouloir c'est pouvoir, Raymond Hull
Vous valez mieux que vous ne pensez, Patricia Cleghorn

Santé, beauté

Alzheimer — Le long crépuscule, Donna Cohen et Carl Eisdorfer
Arbres et arbustres thérapeutiques, Anny Schneider
L'arthrite, Dr Michael Reed Gach
L'arthrite — méthode révolutionnaire pour s'en débarrasser, Dr John B. Irwin
Au cœur de notre corps, Marie Lise Labonté
Bien vivre, mieux vieillir, Marie-Paule Dessaint
Bon vin, bon cœur, bonne santé!, Frank Jones
Le cancer du sein, Dr Carol Fabian et Andrea Warren
La chirurgie esthétique, Dr André Camirand
* **Comment arrêter de fumer pour de bon,** Kieron O'Connor, Robert Langlois et Yves Lamontagne
Le corps heureux, Thérèse Cadrin Petit et Lucie Dumoulin
Cures miracles, Jean Carper
De belles jambes à tout âge, Dr Guylaine Lanctôt
* **Dites-moi, docteur…,** Dr Raymond Thibodeau
Dormez comme un enfant, John Selby
Dos fort bon dos, David Imrie et Lu Barbuto
Dr Dalet, j'ai mal, que faire?, Dr Roger Dalet
* **Être belle pour la vie,** Bronwen Meredith
Être jeune et le rester, Dr Alan Bonsteel et Chantal Charbonneau
La faim de vivre, Geneen Roth
Guide critique des médicaments de l'âme, D. Cohen et S. Cailloux-Cohen
* **Guide de la santé (le),** Clinique Mayo
H$_2$O — Les bienfaits de l'eau, Anna Selby
L'hystérectomie, Suzanne Alix
L'impuissance, Dr Pierre Alarie et Dr Richard Villeneuve
Initiation au shiatsu, Yuki Rioux
* **Maigrir: la fin de l'obsession,** Susie Orbach
Maladies imaginaires, maladies réelles?, Carla Cantor et Dr Brian A. Fallon
* **Le manuel Johnson & Johnson des premiers soins,** Dr Stephen Rosenberg
* **Les maux de tête chroniques,** Antonia Van Der Meer
Maux de tête et migraines, Dr Jacques P. Meloche et J. Dorion
Millepertuis, la plante du bonheur, Dr Steven Bratman
La médecine des dauphins, Amanda Cochrane et Karena Callen
Mince alors… finis les régimes!, Debra Waterhouse
Perdez du poids… pas le sourire, Dr Senninger
Perdre son ventre en 30 jours, Nancy Burstein
La pharmacie verte, Anny Schneider
Plantes sauvages médicinales, Anny Schneider et Ulysse Charette
Pourquoi les femmes vivent-elles plus longtemps que les hommes?, Royda Crose
* **Principe de la technique respiratoire,** Julie Lefrançois
* **Programme XBX de l'aviation royale du Canada,** Collectif
Qi Gong, L.V. Carnie
Renforcez votre immunité, Bruno Comby
Le rhume des foins, Roger Newman Turner
Ronfleurs, réveillez-vous!, Jocelyne Delage et Jacques Piché
La santé après 50 ans, Muriel R. Gillick
Santé et bien-être par l'aquaforme, Nancy Leclerc
Savoir relaxer — Pour combattre le stress, Dr Edmund Jacobson
Se guérir autrement c'est possible, Marie Lise Labonté
* **Soignez vos pieds,** Dr Glenn Copeland et Stan Solomon
Le supermassage minute, Gordon Inkeles
Vaincre les ennemis du sommeil, Charles M. Morin
* **Vaincre l'hypoglycémie,** O. Bouchard et M. Thériault
Vivre avec l'alcool, Louise Nadeau
Le yoga, Sandra Anderson

* Pour l'Amérique du Nord seulement.

(2002/8)

Cet ouvrage a été achevé d'imprimer
au Canada en août 2002.